"十二五"普通高等教育本科国家级规划教材

北京高等教育精品教材
BEIJING GAODENG JIAOYU JINGPIN JIAOCAI

21世纪汉语言专业规划教材
专业基础教材系列

语言学纲要

（修订版）

叶蜚声　徐通锵　著
王洪君　李　娟　修订

图书在版编目(CIP)数据

语言学纲要(修订版)/叶蜚声,徐通锵著;王洪君,李娟修订.—北京:北京大学出版社,2010.1
(21世纪汉语言专业规划教材)
ISBN 978-7-301-16310-8

Ⅰ.语… Ⅱ.①叶…②徐…③王…④李… Ⅲ.语言学—教材 Ⅳ.H0
中国版本图书馆 CIP 数据核字(2009)第 222757 号

书　　　　名:	语言学纲要(修订版)
著作责任者:	叶蜚声　徐通锵　著
	王洪君　李　娟　修订
责 任 编 辑:	李　凌
标 准 书 号:	ISBN 978-7-301-16310-8/H・2392
出 版 发 行:	北京大学出版社
地　　　　址:	北京市海淀区成府路 205 号　100871
网　　　　址:	http://www.pup.cn　新浪官方微博:@北京大学出版社
电 子 邮 箱:	zpup@pup.cn
电　　　　话:	邮购部 62752015　发行部 62750672　编辑部 62753027
	出版部 62754962
印　刷　者:	三河市北燕印装有限公司
经　销　者:	新华书店
	650 毫米×980 毫米　16 开本　18.25 印张　270 千字
	1981 年 10 月第 1 版　1991 年 5 月第 2 版　1997 年 4 月第 3 版
	2010 年 1 月第 4 版　2025 年 8 月第 39 次印刷
定　　　　价:	69.00 元(含数字课程)

未经许可,不得以任何方式复制或抄袭本书之部分或全部内容。
版权所有,侵权必究
举报电话:010-62752024　电子邮箱:fd@pup.cn

修 订 版 序

叶蜚声、徐通锵二位先生编写的《语言学纲要》已出版发行多年,多次再版。全书清晰严谨的理论构架、精当而全面的内容选择、深入浅出的阐述方式,都深受读者的欢迎。

为了及时反映学科的发展,教育部规定,上世纪出版的高校教材在新的世纪必须进行修订。根据这一精神,本次修订在内容上有所扩充,同时努力在整体上保持原书的特色:大的章节没有变动,大的理论框架也没有改变,修订内容力求与原书有机地统一成整体。

全书修订主要包括三个方面:(一)补充新的研究内容;(二)对于已有的概念或观点增加例证和解释说明;(三)个别观点和材料的修正。

主要补充了哪些新内容呢?最近半个世纪语言学有许多新进展,我们认为,其最主要的进展表现在语义与语用、语言接触、文字与语言的关系这几个领域,它们代表了语言学发展的趋势:对语言的理解从封闭的静态的系统转向了开放的动态的系统。因此,语言与外界经验世界的关系、语言与所在社会的关系、语言与语言使用者的关系、语言与文字的关系正在得到越来越多的重视:结构主义只谈形式不谈意义的禁锢被突破,句法语义范畴、语用范畴成为语言学功能派和形式派共同关注的重点。历史语言学只研究语言内部演变的桎梏被突破,多种语言或语言的不同变体在不同社会环境下彼此接触的不同类型及其与语言变迁的关系成为新的研究热点。在新的信息时代,文字对于知识积累的重要性日益凸显,文字与语言的关系需要新的阐述。因此,本次修订主要集中在以上几个方面。另外,考虑到形式语言学更适合于专书式系统介绍,本次修订基本未涉及形式语言学的成果,特别是他们的形式化描写手段。

本次修订由李娟负责导言和第一、二、四、五章,王洪君负责第三、六、七、八、九章,并负责全书的统稿。统稿过程中两人共同对第五章进行了反复多次的修改。各章所做主要修订,请参看"修订版各章主要的修订说明"。

修订版初稿曾蒙教研室同仁陈保亚、叶文曦、董秀芳、汪锋提出宝贵意见，语音和音系一章蒙孔江平、王韫佳指正多处。语言学博士生乐耀、李榕细细通读了全稿并改正多处文字，语音学硕士生吴君如协助制作了有关语图，香港浸会大学黄良喜和深圳大学梁源提供了发音部位示意图。责任编辑李凌、白雪认真细致的工作，保证了书稿排印的质量。在此谨对他们表示衷心的感谢。

徐先生临走前的托付一直是我们修订的主要动力，谨以本次修订献给培育我们的叶蜚声先生、徐通锵先生。

王洪君　李娟

2009 年 9 月 13 日

重 印 说 明

这次趁新排重印之机,我们除了改正原书中的一些错漏之外,对有些不确切的提法(如"思维的全人类性"之类)也作了一些补正和调整。

作 者
1996 年 12 月

修 订 说 明

本书出版以来，不少兄弟院校采用作为教材或参考书，也陆续有同志来信表示鼓励，提出意见或讨论问题。现在国家教育委员会把本书列为高等学校文科教材，我们趁再版的机会对全书作了一次修订，除了订正原书的疏漏和排印错误以外，还调整了一些章节的内容，有的作了改写。我们感谢陈松岑、贾彦德、索振羽三位同志，他们根据在北大的授课情况，提供了很多宝贵的意见。我们也要感谢四川阿坝师专的林向荣同志，他提供的当地"土汉语"的情况为本书关于混合语的分析补充了新的重要材料。我们希望通过这次修订，使本书的质量能在初版的基础上有所提高。欢迎同志们继续提出批评和指正。

作　者

1985 年 12 月

序

最近两年，我们给北京大学中文系汉语专业一年级学生和西语、东语、俄语各系一、二年级学生讲授"语言学概论"，试用了新编的讲义。这本书是在总结试用经验的基础上，对讲义进行全面的补充修订而写成的教材。汉语专业有一系列语言学方面的课程，"语言学概论"是其中的先行课，它的任务是阐明语言学的基本理论和基本概念，为学习各门语言课程提供必要的理论知识，也为以后学习语言理论课程打下基础。在外语系各专业，"语言学概论"是唯一的一门语言学基础理论课，它要求在阐述理论问题的同时，注意联系外语教学的实际。本书以中文系的要求为主，兼顾外语系的需要。这是一本教材，有一定的深度，我们大体上以北京大学中文系汉语专业一年级学生在教师的指导下能够理解的程度作为掌握的标准。有些章节的内容偏深、偏难（如第三章第二节"音质的音响分析"），教学中可酌情安排。本书也可供语言学爱好者自学之用。

语言学是一门既古老而又年轻的学科。推动语言学前进的传统的动力是语言的教学和运用。最近几十年来，现代科学技术的发展需要利用语言学的成果，同时也向语言研究提供新的材料、观点和方法。语言学在这股新的力量的推动下，进入了迅速发展的轨道。从 50 年代末期开始，语言学理论出现了剧烈的震荡，各种学说竞相争鸣。在这种背景之下，我国语言学界也活跃起来，汉语研究，特别是现代汉语的研究，取得了一些扎实的进展。语言学的这些新进展，当然应该在本书中有所反映。我们参考了国内外新出版的一些专著、教材，对各种新的学说、理论采取客观、谨慎的态度，不尚新异，不拘一家，选择切实可靠的论点编入教材。贯穿全书的语言结构的总框架是瑞士语言学家德·索绪尔在本世纪初阐述的组合关系和聚合关系。经过半个多世纪的语言研究实践的检验，这种框架是比较稳妥、可靠的，至少用来组织和安排各种语言现象，使之各得其所，是比较合适的。在联系汉语和汉语研究的实际方面，我们也作了一些努力，我们想在上述几方面对"语言学概论"教材的改革作一点尝试。

本书在编写过程中承石安石、王福堂、王理嘉、陆俭明、符淮青、裘锡圭、侯学超、郭锡良、蒋绍愚诸同志分别审阅有关章节,胡双宝同志通读了全稿,他们都提出了很好的批评和修改意见。初稿完成后又承王力、岑麒祥、朱德熙诸师审阅、指导。对各位老师和同志们的关怀和帮助,十分感激,谨此致谢。

这是一本概述语言的各个方面规律的基本理论著作,涉及的问题很多,加之我们水平有限,因而在论点和材料的取舍、组织、阐述、评价等方面肯定有错漏片面的地方,渴望读者批评指正。

作　者

1980 年 11 月

目 录

导 言 ··· 1
  一　语言学的对象和学科性质 ······································· 1
  二　语言学在科学体系中的地位 ····································· 4
  三　语言学的应用价值 ··· 5

第一章　语言的功能 ·· 7
第一节　语言的社会功能 ·· 7
  一　语言的信息传递功能 ··· 7
  二　语言的人际互动功能 ··· 8
第二节　语言的思维功能 ··· 10
  一　语言和思维的关系 ·· 10
  二　语言思维功能的生理基础 ······································ 11
  三　儿童语言习得与思维的发展 ···································· 14
  四　关于聋哑人的语言和思维 ······································ 17
  五　思维能力的普遍性和思维方式的特殊性 ·························· 18

第二章　语言是符号系统 ·· 20
第一节　语言的符号性质 ··· 20
  一　语言和说话 ·· 20
  二　语言与符号 ·· 22
第二节　语言符号的系统性 ······································· 26
  一　语言符号的任意性和线条性 ···································· 26
  二　语言符号的层级体系 ·· 28
  三　组合关系和聚合关系 ·· 30
第三节　语言符号系统是人类特有的 ······························· 32
  一　人类语言符号和其他动物"语言"的根本区别 ····················· 32
  二　语言是其他动物和人类之间无法逾越的鸿沟 ······················ 36

第三章　语音和音系 ········ 40
第一节　语音和音系的区别与联系 ········ 40
    一　语音学和音系学 ········ 40
    二　语音和音系的最小线性单位——音素与音位 ········ 42
    三　国际音标 ········ 44
第二节　从声学看语音 ········ 45
    一　语音四要素 ········ 45
    二　音质的声学分析 ········ 47
    三　声学分析的仪器和软件 ········ 49
第三节　从发音生理看语音 ········ 52
    一　发音器官 ········ 52
    二　两类音素：元音和辅音 ········ 54
    三　元音 ········ 55
    四　辅音 ········ 57
第四节　音位与音系 ········ 64
    一　对立和互补 ········ 64
    二　音位和音位变体 ········ 66
    三　音质音位和非音质音位 ········ 68
第五节　音位的聚合 ········ 69
    一　区别特征 ········ 69
    二　音位聚合群 ········ 70
第六节　语音单位的组合 ········ 73
    一　音节 ········ 73
    二　语流音变 ········ 75
    三　韵律层级 ········ 78

第四章　语　法 ········ 81
第一节　语法和语法单位 ········ 81
    一　语言结构是有规则的 ········ 81
    二　语法的组合规则和聚合规则 ········ 82
    三　语法单位 ········ 85
第二节　组合规则 ········ 89

一　语素组合成词的规则 …………………………………………… 89
　　二　词组成词组和句子的规则 ……………………………………… 91
　　三　组合的层次性 …………………………………………………… 95
　　四　组合的递归性和开放性 ………………………………………… 98
　第三节　聚合规则 ………………………………………………………… 99
　　一　词类 ……………………………………………………………… 99
　　二　形态 ……………………………………………………………… 103
　　三　语法范畴 ………………………………………………………… 104
　第四节　变换 ……………………………………………………………… 108
　　一　变换和句型 ……………………………………………………… 108
　　二　变换和句法同义 ………………………………………………… 110
　　三　变换和句法多义 ………………………………………………… 111
　第五节　语言的结构类型和普遍特征 ………………………………… 114
　　一　语言的语法结构类型 …………………………………………… 114
　　二　语法结构不能分优劣 …………………………………………… 116
　　三　语言的普遍特征 ………………………………………………… 117

第五章　语义和语用 …………………………………………………………… 120
　第一节　词汇和词义 ……………………………………………………… 120
　　一　词和词汇 ………………………………………………………… 120
　　二　词的词汇意义 …………………………………………………… 122
　　三　词义的概括性 …………………………………………………… 124
　第二节　词义的各种关系 ………………………………………………… 126
　　一　一词多义 ………………………………………………………… 127
　　二　同义关系 ………………………………………………………… 130
　　三　反义关系 ………………………………………………………… 133
　　四　词义的上下位关系 ……………………………………………… 136
　　五　词的语义特征和语义场 ………………………………………… 137
　第三节　句义 ……………………………………………………………… 139
　　一　词语的搭配和词义在句义中的实现 …………………………… 139
　　二　句子的语义结构和人类经验的映像 …………………………… 141
　　三　句法语义范畴和属于说话者的人类经验映像 ………………… 145
　　四　句子的真值和句义的蕴涵、预设关系 ………………………… 147

第四节　语用 …………………………………………………… 148
　　一　语境与语境义 ………………………………………… 149
　　二　话题和说明 …………………………………………… 151
　　三　焦点和预设 …………………………………………… 154
　　四　日常生活和文学作品中的言内意外 ………………… 156
　　五　言语行为 ……………………………………………… 157

第六章　文字 ……………………………………………………… 161
　第一节　文字和语言 ………………………………………… 161
　　一　文字在人类历史上的重要作用 ……………………… 161
　　二　文字的基本性质 ……………………………………… 163
　　三　汉字和汉语 …………………………………………… 163
　第二节　文字的基本性质与文字的产生 …………………… 165
　　一　实物记事 ……………………………………………… 166
　　二　图画记事 ……………………………………………… 166
　　三　刻划符号 ……………………………………………… 168
　　四　早期文字：原始的图画文字 ………………………… 169
　第三节　共时文字系统的特点及分类 ……………………… 172
　　一　从文字的次小单位看文字的共性和分类 …………… 172
　　二　从文字的最小单位看文字的不同类型 ……………… 174
　第四节　文字的发展与传播 ………………………………… 175
　　一　早期自源文字：不完善的意音文字 ………………… 176
　　二　自源文字的发展 ……………………………………… 178
　　三　他源文字的创新与文字的换用 ……………………… 180
　　四　文字适应语言和文字的相对独立性 ………………… 182
　　五　汉字与汉语拼音 ……………………………………… 183
　第五节　书面语 ……………………………………………… 184
　　一　口语和书面语 ………………………………………… 184
　　二　书面语的保守性和书面语的改革 …………………… 187
　　三　书面语的规范 ………………………………………… 189

第七章　语言演变与语言分化 …………………………………… 191
　第一节　语言演变的原因和特点 …………………………… 191

一　社会、人际交流是语言演变的基本条件 …………… 191
　二　语言中各种因素的相互影响和语言的演变 ………… 192
　三　语言演变的特点 ………………………………………… 193
第二节　语言的分化 …………………………………………… 196
　一　语言随着社会的分化而分化 ………………………… 196
　二　社会方言 ……………………………………………… 198
　三　地域方言 ……………………………………………… 200
　四　亲属语言和语言的谱系分类 ………………………… 203

第八章　语言的接触 …………………………………………… 207
第一节　社会接触与语言接触 ………………………………… 207
第二节　不成系统的词汇借用 ………………………………… 208
　一　借词 …………………………………………………… 208
　二　借词与社会 …………………………………………… 212
第三节　语言联盟与系统感染 ………………………………… 214
　一　语言联盟与社会 ……………………………………… 214
　二　系统感染 ……………………………………………… 215
第四节　语言的替换和底层 …………………………………… 218
　一　语言替换 ……………………………………………… 218
　二　语言替换的社会原因 ………………………………… 219
　三　自愿替换和被迫替换 ………………………………… 221
　四　语言替换的过程 ……………………………………… 223
　五　语言换用与底层遗留 ………………………………… 225
第五节　不同类型不同等级的通用语言进入方言或
　　　　民族语的层次 ……………………………………… 226
　一　通用书面语与地方语 ………………………………… 226
　二　文白异读与汉语方言中的通用语层次 ……………… 227
　三　外族书面语的层次 …………………………………… 229
　四　民族通用语言和国家通用语言 ……………………… 231
第六节　语言接触的特殊形式——混合语 …………………… 233
　一　"洋泾浜" ……………………………………………… 233
　二　混合语 ………………………………………………… 236
　三　我国境内的土汉语和混合语 ………………………… 237

四　世界语 ……………………………………………………… 240

第九章　语言系统的演变 …………………………………………… 242
　第一节　语音的演变 ……………………………………………… 242
　　一　何以知道语音的演变 ……………………………………… 242
　　二　语音演变的规律性和演变机制 …………………………… 246
　　三　语音对应关系和历史比较法 ……………………………… 249
　第二节　语法的演变 ……………………………………………… 252
　　一　组合规则的演变 …………………………………………… 253
　　二　聚合类的演变 ……………………………………………… 255
　　三　类推 ………………………………………………………… 257
　　四　结构的重新分析 …………………………………………… 259
　　五　语法化 ……………………………………………………… 261
　第三节　词汇和词义的演变 ……………………………………… 262
　　一　新词产生、旧词消亡和词语替换 ………………………… 262
　　二　词汇演变与语言系统 ……………………………………… 265
　　三　词义的演变 ………………………………………………… 268

修订版各章主要修订说明 …………………………………………… 273
《语言学纲要》数字课程（精华版）内容 ………………………… 276

导　言

一、语言学的对象和学科性质

　　语言学,顾名思义,是研究语言的科学。语言是语言学的研究对象。

　　语言现象是人类社会普遍具有的现象,是人类生活中最司空见惯的现象。人们一来到这个世界,就处在一个语言社会中,周围的人们都借着某种语言彼此沟通交流协作。正常的人长到两三岁,自己也开始学会说话,并在学话的过程中,越来越多地认识这个世界。在文明的社会里,进入学龄的儿童还要学习阅读和书写,掌握文字和书面语的理解运用能力。通过书面语,语言发挥了更大的功效,人们可以跨越时空,更深入地理解生活的世界,同时也极大地增强了和周围世界的联系沟通能力。世界上的语言是多种多样的,如果离开自己从小生长的社会,到世界上其他文化地区生活,还必须学会其他种类的语言,以便在那个社会中也能自由地与人交流。这样,一个人从出生到离世,可以说一辈子都生活在语言当中。

　　在人的日常生活中,语言像饮食起居一样不可或缺,人们太习以为常了。每个正常的人都会说话,这就像每个人都用两条腿走路一样,极其平常。正因为它太平常了,一般人才不去想它究竟是怎么回事情。其实,平凡的现象中隐含着深邃的哲理。谁能够揭示这个哲理,谁就能够推动科学的发展。牛顿看到成熟的苹果从树上掉下来,研究它的原因,发现了万有引力的秘密,开创了物理学的一个新时代。瓦特从水开时蒸汽顶起壶盖的现象中受到启发,发明了蒸汽机。语言中也隐藏着很深奥的秘密。人类有语言,会说话,实在是一件了不起的大事。它是把人和其他动物区别开来的一个重要的标志。自古以来,历代都有人探索语言中的奥妙,取得了不少成果。

　　语言现象是最早纳入人类研究视野的现象之一。人类对于世界上的各种自然现象和社会现象的理性认识以及相关的许多抽象观念,是在各个古典文明形成的时期出现的。有关语言的理性思考也是从这一时期开始的。中国先秦时期的思想家、古希腊的哲学家、古代印度的思想家等等,都提出了对语言的一般看法,并且对后人产生了深远的影响。这是对语言的最早的理性认识。

此后,在各个文明的发展过程中,古代文化典籍的传承成为文化发展延续的重要途径。这些政治、哲学、宗教、历史、文学等方面的经典著作要得到学习和继承,首先都需要语言方面的分析和解释,许多学者从事这样的研究工作。这样,在许多有着悠久历史文化传统的地区都出现了语文学研究,这是语言的系统研究的开始。中国、印度和希腊-罗马在传统语文学的研究上都取得了辉煌的成就,是语言学的三大发源地。

在中国,文字和书面语很早就出现并成熟起来。先秦时期已经出现了大量的文化典籍,它们所使用的古代书面语体被后人学习继承,称作文言文。直至20世纪初,正式的书面语一直使用这种文言文的形式。中国传统的语言研究主要是围绕着解读文言文典籍的需要进行的。由于汉语书面语使用的文字——汉字的特点,中国传统语言研究主要是抓住汉字,分析它的形体,探求它的古代读音和意义,形成了统称"小学"的文字、音韵、训诂之学,也就是中国传统的语文学。

在印度,文化经典主要是宗教典籍,所用的语言是古代的梵语。最初这些经典是靠口耳相传,后来由文字记载下来。古代印度的语言研究主要是对这些经典的解读。古代印度的学者在对语言一般性质的认识以及具体的语音和语法研究等方面,都有卓越建树,对世界其他地区的语言研究也产生了深远影响。

在欧洲,古希腊有丰富的文化典籍,语文学非常发达,已经有了系统的语法研究成果。后来罗马人继承了古希腊的语言研究传统,形成了拉丁语的语法研究体系。西欧各国有一千多年时间在正式的场合都使用古典拉丁语,语言研究主要围绕拉丁语进行,语法、修辞、逻辑成为学校传授的主课,编出了种种语法、词典和读本。语言研究越来越深入,逐渐形成了传统的西方语言学。

语文学时期的语言研究虽然成果巨大,但语文学研究所关注的,首先是反映在古代书面文献中的古代思想观念、政治制度等等,其直接目的大多是解读古典文献,而不是自觉地探索语言自身的规律,对同时代活生生的口语更是完全不感兴趣。这必然会使人们对语言的认识受到限制。因此,语文学时期的语言研究还不是独立的学科。

欧洲文艺复兴之后,社会的政治、经济、文化各方面都有了发展变化。随着近代思想观念和科学技术的进步,以及对世界语言广泛的了解,语言研究的观念和方法也有了发展,研究对象不再局限在古代书面语,许多活的口头的语言也得到了客观的观察描写。到19世纪,语言的历史研究取得了辉煌的成就,语言自身独自具有的发展规律被越来越多地认识到,形成了历史比较语言学,这标志着语言学不再是其他学科的附庸,已经成为一门独立的学科。

语言现象是丰富而复杂的。语言研究发展的过程,也是人们对研究对象的界定逐渐明确的过程。在这一过程中,研究对象的性质也得到了越来越深入的认识。20世纪初,瑞士语言学家索绪尔(F. de Saussure)在《普通语言学教程》中提出,存在于语言社团中每个人头脑中的共同的语言形式结构是语言学研究的真正对象。这是明确语言学研究对象的重要一步,极大地促进了语言研究的深入和发展,为形成系统的现代语言学理论体系奠定了基础。语言学从此成为一门现代科学。语言整体的结构和发展得到了较全面的研究。

语言本身的构造很复杂,需要从不同的角度、不同的方面进行研究。通常来说,语言系统大致可以分为语音、语法、语汇等几个子系统。语言研究可以分别描写语言每个子系统在某一个特定时期的共时状态和不同子系统之间的关联,这是共时语言学的研究角度;也可以研究语言每个子系统在不同时期所发生的变化及其变化中不同子系统之间的关联,这是历史语言学的研究角度。语言研究可以具体地研究某一个语言,也可以通过多语言的比较探求所有人类语言的语音、语法、语汇在共时结构上的共性,探求所有人类语言在历史发展中的共同规律。综合各种语言的研究成果,归纳成语言的一般规律,这就是理论语言学的任务。理论语言学,也称普通语言学,是关于语言的一般规律的理论研究。理论语言学的水平在很大程度上决定于具体语言的研究成果。世界上有几千种语言,有些语言的研究已经比较深入,但大部分语言还研究得很不够,甚至还没有人去研究。所以理论语言学就目前的状况来说,只是综合了一部分语言的研究成果,还有待于不断补充和修正。

语言既有自身结构的独立性和自主性,同时也与人类自身以及社会环境存在着密切的关联。语言学除了关注语言本体的结构性质和发展规律,同时也要探究语言系统与人、与社会之间错综复杂的联系。20世纪下半叶出现的社会语言学、心理语言学、计算语言学等新的语言学分支,以及关于语言功能的研究,语言认知基础的研究,逻辑和语义的关系的研究,等等,都涉及语言系统之外的众多问题,这些研究的深入也促进了对语言本体结构性质的认识。

从语言学的研究对象和发展过程可以看出，语言学是关于人类社会生活中的最基本现象的研究之一，对语言性质的认识直接影响到人类对于自身和周围世界的一些基本理念，从这一点讲，语言学像数学、逻辑学、物理学、生命科学等基础学科一样，是一项基础研究。语言研究是人类探求自身奥秘的重要途径，具有永恒的魅力和价值。

二、语言学在科学体系中的地位

在人类的科学体系中，任何一门学科的产生、存在和发展都不是孤立的，语言学也是这样。

运用语言进行交际的过程是瞬间的事情，但却包含着一系列复杂的问题。如果借用信息论的术语来说，这一过程大体上可以分为"编码—发送—传递—接收—解码"五个阶段。说话人为了表达某一信息，首先需要在语言中寻求有关的词语，按照语言的语法规则编排起来，进行编码；说话人力求编码清晰、明确，避免失误。编码完成，通过发音器官输出，口语的发音器官是肺、声带、咽腔、口腔、鼻腔等。信息一经输出，说话人发音器官所发出的声音就通过空气等媒介传递，到达听话人一方；听话人的听觉器官开始运转，接收语言，大脑进行解码，将它还原为说话人要表达的信息。整个过程涉及人的生理机制的运作，心理机制的运作，还有声波在空气中传播的物理过程。在整个语言交际过程中，语言学关心的核心是编码和解码的过程，它涉及对语言结构本体的研究，包含形式和内容两个方面，语言形式和内容的关系，是语言研究的最根本的问题。

但是，要真正把语言交际的过程认识清楚，则不是语言学所能独立完成的，还需要各门学科的配合和协作。很多学科都从自己关心的角度来研究语言。生理学研究语言发音的生理基础，物理学研究语音产生和传递的物理过程，心理学关心语言的听觉接收，神经学研究语言在中枢神经系统中的生理基础，病理学通过说话的种种现象判断和治疗失语症，情报学和信息科学研究语言的情报编码和计算机编码以便情报和信息的储存和利用，数学把语言看作素（elements）及其可允许组合的一套数学体系，等等。这些学科研究的目的不完全在于语言自身，但这些研究对于全面认识和把握语言的各个侧面和各种特性是必需的，有益于语言本体研究的深入。

从语言学的发展历史看，语言研究的产生与发展和同时代的各种学术思想有着密切的关联。语言学既受其他学科研究的影响，同时也在很大程度上影响着其他学科的发展。

语言研究首先和其他人文学科关系密切。在语言学成为独立的学科之前，语言研究就是哲学、逻辑学、文学或文献学的一部分，可见语言研究的成果对于这些学科的重要性，而这些领域曾是语言学最初产生的土壤，直接影响了最初语言研究的视角。当语言学成为独立的学科后，这些传统的人文学科和语言学之间仍然有着千丝万缕的联系，同时历史学、考古学、社会学、人类学等人文社会学科也在很大程度上受益于语言学的研究成果。

　　随着时代的发展和科学思想的进步，语言学和各个时代的自然科学思潮同样体现出密切的相关性。19世纪的历史比较语言学在语言观念和研究方法上都与生物学的发展关系密切。20世纪初的语言结构思想则与科学的整体论思想息息相关。进入20世纪下半叶，语言学和信息科学、认知科学以及数理逻辑等学科之间表现出了前所未有的密切关联，这些学科在研究取向、理论方法和阐释方式上都直接影响了语言学研究，同时，这些学科的发展也亟待语言学的研究成果为其提供必要的条件。

　　无论从语言现象的特征看，还是从语言学的历史看，语言学在科学体系中都具有独特而重要的地位。可以说，语言学是自然科学和人文社会科学联系的桥梁。

　　语言既存在于社会，又是人类天赋的能力，既承载着人类已有文明的成果，又是人类新的精神创造的工具。语言是联系人类主观认知和外在客观世界的中介，是认识人类自身和外在世界的必要途径。面对这样独特的研究对象，语言学在揭示语言的根本性质的过程中，需要不断借鉴融合其他学科的理论方法，不断开拓新的研究视角，提供新的具有创造性的理论，在加深认识语言现象的同时，也为其他学科的发展提供理论方法的参照。语言学需要并正在成为一门领先的科学。

三、语言学的应用价值

　　社会需求是任何学科存在和发展的根本前提，语言学也同样如此。语言学的研究成果在人类社会生活中有着广泛而重要的应用价值。

　　在历史上，语言研究曾为解读古代经典、继承传统文化提供了基本保证。人类文明的发展离不开对文化传统的继承，社会生活中对语言学的这一需求将会一直存在下去。语言文字教学也是传统语言研究的重要应用领域，包括本族语的教学和外语教学，也包括古代书面语的教学，等等。语言教学需要建立在对语言的理性认识之上，是语言研究成果最直接的应用。此外,在文化交流中,不同语言之间的口语和书面语的翻译工作起着非常重要的作用,古已有之,同样需要语言研究成果为其提供帮助。

随着社会发展和科学体系的完善,语言学的应用价值越来越广泛。我们在前一节谈到了语言学在科学体系中的地位。语言学和其他学科间的密切关联体现出语言学在科学技术发展中的重要作用。今天,语言学的研究成果不仅在哲学、逻辑学、文学、历史学、考古学、社会学、人类学、心理学等人文学科中起着重要作用,而且在神经生理学、信息科学、认知科学等自然学科中也产生了重大的影响,并促使形成了许多交叉学科,如社会语言学、心理语言学、神经语言学、病理语言学、计算语言学、认知语言学、语言人类学等等。有些学科本身就是应用学科,具有直接的应用价值,如病理语言学,就是把语言学成果用于分析治疗像失语症、聋哑疾病等语言障碍临床症状。语言学在科学发展中正发挥着越来越大的作用。

除此之外,由于语言在社会生活中的重要地位,有关语言的一些政策法规成为国家政府规划政策的一部分,比如民族共同语的确定和规范,文字的规范,各民族语在教育中的地位,等等。国家语文政策的制定需要顺应语言自然的规律,语言学研究的成果会为这些政策的正确制定提供参考和依据。中国幅员辽阔,民族众多,有多种民族语言,汉语方言分歧很大,在民族语文政策的制定、普通话的推广等工作中都需要语言学的研究成果。这也是语言学重要的社会需求。

总之,语言学既有作为基础学科的魅力和学术价值,同时也有广泛的应用前景,是一门既有悠久的历史又具有科学前沿性的充满活力的科学。

第一章 语言的功能

第一节 语言的社会功能

一、语言的信息传递功能

语言的功能是客观存在的。功能既是语言的属性,也是我们认识语言的一个视角。语言的功能是多方面的,如果从宽泛的意义上讲,大致都可归入语言的社会功能和思维功能两个方面。

语言是一种社会现象,和人类社会有紧密的联系。所谓"社会"就是指生活在一个共同的地域中、说同一种语言、有共同的风俗习惯和文化传统的人类共同体。每一个社会都必须有自己的语言,因为,语言是组成社会的一个不可缺少的因素。人与人之间的联系得靠语言来维持。没有语言,人与人之间的联系就会中断,社会就会解体。

语言的社会功能中最基本的是信息传递功能。这一功能体现在语言上就是内容的表达。信息的传递是社会中人与人交流的基本方式。通过信息的交流,人们才可以在社会中彼此分享各自的经验感知,更好地分工协作。与其他某些具有一定社会性的动物群体相比较,人类语言的信息传递功能极其卓越。语言所能传递的信息可以没有穷尽,信息内容可以跨越时空。无论多么丰富的信息,都可借助语言的形式传递给他人。从古至今,人类知识的积累,社会文明的进步,首先得益于信息的可传递性。人类社会能够建立起如此辉煌的文明,是以语言的信息传递功能为基础的。

在信息传递的过程中,人们也可以借助于语言之外的其他形式,比如,文字,旗语,信号灯,电报代码,数学符号,化学公式等等,都是传递某种信息的形式。这里,文字打破了语言交流中时间和空间的限制,在社会生活中起着重大作用,中小学语文教学基本是关于文字使用和阅读写作的教学。但是,语言是第一性的,文字是第二性的,文字是对语言的再编码系统,只有几千年的历史。在文字产生之前,语言早已存在,估计至少有几万年。今天世界上没有文字的语言仍然比有文字的语言多很多。旗语、电报代码等信息传递的形式,大多是对语言或文字的再编码,是更后起的,离开语言与文字,它们就不能独立存在,而且使用的领域也有很大的局限性,而语言的使用是全社会的。

人们在使用语言传递信息时,面部表情、手势以及躯体姿态常常可能会参加进来,它们也在帮助语言传递某种信息。有些时候,离开这些特定的伴随动作,说话者要传递的信息还可能被错误地理解。《红楼梦》第四十四回有这样一段描写:贾琏、凤姐听说鲍二媳妇上吊自杀,她娘家的人要打官司,"都吃了惊"。可是凤姐"忙收了怯色,反喝道:'死了罢了!有什么大惊小怪的'"!从说的话看,气壮如牛,从实际的神态看,却是"吃了一惊","忙收了怯色"。林之孝家的后进来,没有看到这种神态,也就听不懂凤姐下面一段话:"我没一个钱。——有钱也不给他!只管叫他告去。也不许劝他,也不用镇唬他,只管叫他告!——他告不成,我还问他个'以尸讹诈'呢!"多厉害的言辞!实际的含义却是想吓唬吓唬人家,给点钱,早一点了结,以免把事情闹大。林之孝家的,没有联系凤姐当时一些特定的神态,不知就里,因而感到为难,等到贾琏和他使眼色,才明白过来。生活中类似这样的例子是不少的。有些所谓的反话只有联系神态、身势等伴随动作才能听出真意。在这种情况下,身势、神态等伴随动作往往更接近事情的核心。

在一定的条件下,身势等伴随动作还可以脱离语言独立传递信息。如,鼓掌欢迎,举手为礼,挥手送别,伸舌头表示惊讶,这些都是常用的身势。用手指刮着脸皮羞人,是汉族人特有的动作;西方人摊手耸肩,表示不知道,据说源于法国。这些身势等伴随动作传递的信息,在各民族中有自己的特点。汉族人点头表示同意,摇头表示不同意。而我国境内的佤族人就用摇头表示同意。马来半岛的塞孟(Semang)人头往前冲表示同意。西南非安哥拉的奥文本杜人(Ovimbundu)人伸出食指在脸前晃动表示不同意。不过,总体上这些身势动作所能传递的信息还是非常有限的。

总而言之,在各种信息传递形式中,身势等非语言的形式,独自传递的信息有限,多半是辅助语言来传递信息;文字是建立在语言基础之上的再编码形式;旗语之类则是建立在语言或文字基础之上的再编码形式。语言是人类社会信息传递第一性的、最基本的手段。

二、语言的人际互动功能

语言的社会功能的另一个重要方面是建立或保持某种社会关联,这可称为语言的人际互动功能。互动包括两个方面,一个是说话者在话语中表达自己的情感、态度、意图,另一方面这些又对受话者施加了影响,得到相应的语言或行动上的反馈,从而达到某种实际效果。说话者在把经验信息组织成话语形式传递给听话者时,已经不可避免地站在了说话者的立场上,具有一定的主观性。说话者在传递客观经验信息的同时,也在表达着主观的情感、态度和意图,寻求听话者的反馈。而受话者在接收说话者传递的客观经验信息的同时,也了解了说话者的主观情感态度,从而做出回应。这样语言就成为说话者和听话者间交际互动的工具。例如,甲和乙在等一个朋友,有这样的对话:

甲:快到时间了,小王肯定不会来了。
乙:还有五分钟,他一定会来的。

这里,甲先传递的信息是他对时间的判断,然后传递的信息是,他认为小王来的可能性非常小,并且他表达了他确信的态度。乙接收到了甲话语中的信息,同时也了解了甲话语中的主观态度,对此做出了回应。乙虽然首先传递的信息也是时间的,但重点已不在客观的时间,因为甲对于此刻的时间事实是清楚的。"还有五分钟",表达了乙针对甲强调的"时间不多了",表达了他认为还有时间的主观态度。接着进一步传递了这样的信息,他认为小王到来的可能性很大,表达了肯定的态度。这完全是针对甲的话语中表达的态度的反馈。交际双方在主观情态表达上是彼此互动的。

这一功能在语言的日常使用中尤其能体现出来。在人们每天的交往言谈中,甚至有相当一部分话语的主要目的并不是传递什么客观的信息,而只是用以达到人际互动的目的。例如,两个住在同一公寓的熟人都要出门,在电梯里碰到,可能有这样的对话:

甲:出去啊?
乙:出去。

很难说他们彼此间传递了什么实质的信息,因为事实是显而易见的。这时语言主要是起到了人际互动的作用。说话者都感到彼此的人际关系正常友好并且对话使这种关系得到了保持。如果什么也不说,两个人就都会感到发窘,或者感到对方有敌意。日常见面时寒暄问候的话语,其主要目的不是传递客观的信息,而是为了人际关系的互动。

书籍、报刊上的话语似乎只有说话者,看不到受话者。但是,每一个阅读者都是话语的接收者。写作者在用语言传递经验信息的同时,也以说话人的身份向阅读者表达着作者的情感态度,使阅读者也会有情感态度的回应和共鸣。在诸如感谢信、情书之类的书面形式中,更明显地表现出人际互动的功能。

口头话语在有些情况下,只有说话者独自一人。例如,一个人走在路上,突然被一块石头绊倒了,他爬了起来,粗鲁地对着石头咒骂了一句。这个时候是否也表现出了语言的社会功能呢?从话语环境看,只有说话人,没有受话者,但说话者在说话时,是把石头假想为受话者了。而一个人自言自语时,是把自己当作受话者,呼天抢地时,是把天地作为受话者。语言在表达说话者的主观情感和态度时,是以接收者的存在为前提的。虽然是独自一人,语言的社会功能仍然是存在的。

第二节　语言的思维功能

一、语言和思维的关系

语言是社会现象,是社会的交际工具,同时也是心理现象,是人类思维的工具。思维功能是语言功能的另一重要方面。

思维和思想不同,思想是人们对现实世界的认识,思维是认识现实世界时的动脑筋的过程,也指动脑筋时进行比较、分析、综合以认识现实的能力。思维的时候需要用语言。语言和思维形影相随,不可分离。

思维在传统上是哲学和逻辑学的概念。在现代科学中,它也属于心理学的范畴,同时也是认知神经科学的研究对象。逻辑学关注思维的基本形式,心理学关注思维的心理过程,认知神经科学关注思维的生理机制。无论是思维的形式、思维的过程还是思维的生理机制都和语言密切相关。

哲学中把思维看作是人类对客观事物间接的、概括的反映。人的感觉器官对外在事物直接的感觉和知觉属于感性认识,还算不上思维。思维是理性的认识。思维以感觉器官的感觉和知觉为基础,同时借助一定的知识和经验,可以概括事物的本质和内在联系。例如:一个苹果,人眼的视觉会感受它的色泽,手的触觉会感受到它表皮的温度和光滑度,口的味觉会感受它的味道,这些都是感性认识。当人综合这些感性认识,并且借助以往关于各种水果的经验知识,得出"这是苹果"的判断时,就经历了抽象思维的过程,达到了理性的认识。在这一过程中人离不开语言。语言是思维活动的动因和载体,是思维成果的贮存所。逻辑学把概念、判断和推理看作思维的基本形式。这些思维的基本形式都要依靠语言。概念表达要依托词语,判断和推理要在话语中实现。即使使用像数学符号那样的表达形式,也是以语言为基础的。传统的哲学和逻辑学一直都把语言看作思维研究的重要途径。

从心理学的角度看,思维是知识的认知、获取和运用的过程,是一个信息加工的过程。人际交往中,信息的传递是社会现象。但信息的生成和理解过程是在人的大脑中进行的,是心理的思维过程。客观的现实通过认知转化为主观化的信息必须有一套符号。而符号的使用又使主观信息具有了客观存在的物质载体。图形、图像、身体动作等视觉形象都可作为符号。有研究表明,视觉符号在人类思维中起着相当重要的作用。但人类使用的最基本最重要的符号是语言,我们在下一章将专门讨论语言的符号属性。语言符号帮助人达成对外界的认知,储存认知的成果,并且发展人的认知能力。

认知神经科学的研究成果证明,思维作为人脑的活动,具有大脑神经生理的基础。大脑中有专门控制语言功能的区域,和人的抽象思维能力密切相关。目前新兴的认知神经语言学就是综合了语言学、认知心理学和神经生理学的成果,专门探求语言、思维和大脑神经网络之间关系的一门交叉学科。语言和思维的密切关系得到了越来越多的科学的验证,语言的思维功能是语言研究的重要课题。

二、语言思维功能的生理基础

人的大脑分左、右两半球,中间有"脑桥"(神经纤维)连接,使两个半球互相沟通。左半球管右半身的动作,右半球管左半身的动作。比方右手拿香蕉,左手拿苹果,信息传入大脑的情况如下图(下面三图均选自 V. Fromkin 和 R. Rodman 著 *An Introduction to Language* 第二版,第 33—34 页):

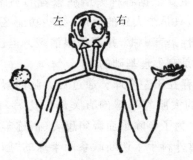

对于人类左右大脑的分工,已经有了一百多年的研究了。人们发现,人类的左右大脑不仅仅分别控制相对一半的身体,它们还有其他的分工。

比如,大脑左半球还控制着语言功能以及相关的计数、分类、推理等功能,掌管抽象的、概括的思维,而大脑右半球则在音乐等艺术感知、人的面貌识别、立体图形的识别、整体把握能力、内在想象力等方面起着主要作用,掌管不需要语言的感性直观思维。如果一个病人大脑左半球发生损伤,他尽管说不出所住医院的名称、病房和病床的号码,却认得医院、病房和自己的病床。相反,如果大脑右半球受到损伤,病人尽管能说出他所住病院的名称,却找不到所在的病房、病床,也认不出熟人;能说出他家的住址,却找不到自己的家门。可见人脑的左右两半球是有分工的。

总体上说,大脑的结构和功能之间是有对应关系的,虽然有些并不是绝对的一一对应的关系。目前已知,人类大脑有躯体运动区、躯体感觉区、视区和听区,这四个区对称地在大脑两个半球中存在。除此之外,大脑还有人类特有的语言功能区:

(1) 说话中枢,也称布洛卡区,在大脑左半球前部,是19世纪60年代,法国神经解剖学家保罗·布洛卡(Paul Broca)发现的。这一区域受到损伤就会得失语症,丧失说话能力,但基本能听懂别人的话。[①]

(2) 书写中枢,也在大脑左半球前部,靠近布洛卡区。这一区域受伤的人,其他运动能力尚好,但失去写字、绘画等精细动作的能力,称作失写症。

(3) 视觉性语言中枢,在大脑左半球的后部,具有阅读理解功能。这一区域受损的人在视觉上并无障碍,但无法理解文字的意思,称作失读症。

(4) 听觉性语言中枢,也在大脑左半球的后部,靠近视觉语言中枢。1874年德国神经学家卡尔·韦尼克(Carl Wernicke)发现,也叫韦尼克区。这一区域受损的人可以听到别人说话,但不能理解,同时自己表达也有问题,称为感觉性失语症。

语言功能的分区主要依据各种失语症患者的临床症状和脑部受损区域的对应关系来确定,只是个大致的分区,有些功能区之间的界限,比如听觉性语言中枢和视觉性语言中枢,并不是很清楚。但已有的研究成果足以揭示出人的语言能力是有生理基础的。

语言功能区主要存在于左半球。通过对大脑的解剖,人们可以直观地看到,控制语言活动的大脑左半球的有关部位比另一半球的相同部位要大,连婴儿也不例外。为了解除重症癫痫患者(俗称羊痫风)的痛苦和控制病情的发展,可以通过外科手术切断联系两半球的"脑桥"。动过这种手术

---

① 最近的研究显示,布洛卡区受到损害对语言理解能力也会有影响。

的人，如果蒙住他的眼睛，把他平常用的铅笔、纸烟放在他的左手上，信息传入右脑，他可以正确地使用它们，但说不出它们的名称；如果把它们放在右手上，信息直达控制语言活动的左脑，就能立即用语言正确地说出它们的名称。有的科学家还做了这样一种实验：把一种叫做阿米妥钠的药物注入病人的一侧颈内动脉，使同侧大脑半球的功能暂时发生故障，如果注入控制语言活动的左侧，那病人就不会说话；如果注入另一侧，则说话能力正常。这一切都说明大脑的左半球掌管着人类的语言活动。

以上是来自病人的证据，对正常的人也可以进行实验，办法是让两耳同时听各种声音，比较它们的反应。比方通过耳机一边传入"苹果"这个词，一边传入"香蕉"这个词；或一边传入笑声，一边传入咳嗽声，如果刺激是语言性质的（词，没有意义的音节等），右耳（左脑）的反应比较正确；如果刺激是非语言性质的音，则左耳（右脑）的反应比较正确。先看下面两个图：

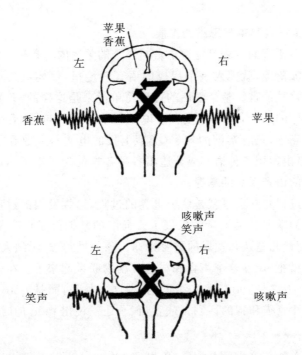

右耳听到"苹果"，信息直达专司语言的大脑左半球，立刻在那里得到了处理，反应不易出错；让左耳听到"香蕉"，信息直达右脑，然后通过"脑桥"转

到左脑去处理,拐了一个弯,反应就容易出错。反之,对于笑声,从左耳听到的就不易出错。右耳听语言刺激的能力强,这也证明掌管语言的机制在大脑左半球。

人类大脑的功能分区是人类进化的奇迹。大脑的两半球的分工是人类特有的。有人给猴子做过实验,发现它的大脑左右两半球能够完成同样的任务。人类以外的动物既掌握不了语言,也没有逻辑思维的能力,这与它们大脑两半球缺乏分工有密切的关系。①

科学实验证明,语言能力和思维认知能力的密切关联是有生理基础的。初生婴儿的大脑的两半球没有专业的分工。约五六岁前的孩子大脑的左半球如果受到损害,右半球可以部分地代替左半球的功能。如果孩子已经到了十二三岁,大脑左半球受到损害,丧失的语言能力就很难恢复了。可见大脑两半球的专业化与学话的过程一致,也是和儿童的认知发展过程一致的。我们可以从儿童语言习得过程看到语言和思维认知的密切联系。

三、儿童语言习得与思维的发展

儿童学习语言的过程是考察语言与思维的关系的一条很好的途径。

婴儿呱呱落地,就堕入一个现成的语言环境里,他要花几年时间才能学会周围的这种语言。整个学话的过程简单说来是这样的:开始的时候发出"咿咿呀呀"的声音,一周岁左右会说一些单个词的句子,后来发展到会说两个词的句子,只有实词的句子(类似电报的电文),大致到了五六岁的时候,就能自由运用各种语言成分造出各种各样的句子来了。这一过程还包括对母语的语音系统的掌握。

学话的过程实际上也就是认识世界的过程,思维发展的过程。这首先体现在词汇的掌握和词汇量的发展上。词汇的掌握既是语言掌握的重要方面,也是衡量儿童认知发展的重要指标。孩子见到猫,听到大人说 māo,他的脑子里就把 māo 这个声音和猫这种动物联系起来了。在另一种场合孩子见到狗,他说是 māo,大人纠正他,说这不是猫,而是 gǒu。这个纠正促使孩子去注意猫和狗的区别。或者,孩子还没说出 māo 的时候,就注意

---

① 由于人脑这一研究对象的特殊性,关于大脑两半球的分工以及各结构功能区的研究,还只是初步。有证据显示,有些右脑受伤的患者,也会表现出对日常语言的情感色彩等理解困难,判断不出说话者情感态度。失语症患者的症状也往往不是单一的。人脑分工是存在的,但其运用是综合性的。

到大人指着狗说的是 gǒu 而不是 māo，这也促使孩子去注意猫和狗的区别。同样，大人连带示指的言语形式和纠正，也会促使孩子去注意不同的猫的共性。词是一类事物的名称。孩子经过对大人言语行为的观察，经过自己的失误和被纠正，学会了一个词，把它跟它所表示的那类事物联系起来，这样他就认得了这类事物。词汇量的发展是一个持续的过程，但大体上一到六岁的孩子，词汇量增长很快，从几个很快增加到几千个，反映出这一阶段孩子对外在世界的概念认知的发展。

儿童的思维和认知的发展在语法掌握方面有更明显的体现。一岁到一岁半的儿童都有独词句的阶段。在这个阶段，孩子只会用单个的词表达意思。这时候孩子的思维能力主要表现为词和某类事物或某种行为挂钩，初步学会了概括。如果语言里区分 māo 和 gǒu，那么他就能把看到的一只只猫归为一类，一只只狗归为另一类，同时也就把猫和狗区别开来了。孩子能说出独词句，既表明孩子掌握了某类概念，同时也包含着对于概念的运用，用掌握的知识对现实做出判断。

进一步，孩子在独词句的基础上学会两个词的组合。比方说，孩子借助于词识别了猫和狗以后，又听得大人说 bái māo, huā māo, bái gǒu, huā gǒu，他又按照词的指示辨出了白猫和白狗的共同点，花猫和花狗的共同点，进而把物和物的属性区分开来。后来他知道一种东西叫 màozi，他就有可能把 bái 和 huā 加在 màozi 上，区别两顶不同颜色的帽子。这时候，孩子不仅注意到不同事物之间的区别，而且注意到不同事物中共同的东西，抽象出事物的属性（例如"白猫""白狗"中的"白"），同时也会把统一的事物分析成不同的要素（例如"白"和"狗"）。"猫跳""狗叫"之类的句子也是在这个阶段学会的。

独词句的出现和从独词句到双词句，这是孩子学话中的关键的两步，因为语言的基本的奥秘已开始渗入这些简单的学习之中。独词句体现了词和事物的联系，特别是词指称整类事物的概括性。双词句体现了造句的基本原理，就是选择需要的词，按照学会的格式把它们组合在一起。这就是说，孩子已不仅仅注意词与事物的联系，而且已注意词与词之间的关系。随着从双词句到实词句，进而掌握表示语言单位之间的关系的虚词，孩子在学习语言的道路上就逐步摆脱事物的具体形象的影响而愈来愈注意语言本身的事实。就是说，当孩子能熟练地使用语言时，外界的现象就越来越多地被概念范畴化，反映在孩子的头脑里的外在世界就成为透过语言这副"眼镜"所认识到的世界。

上述的几个阶段只就孩子学话的大体发展趋势而言，不是说可以划分出截然不同的界线。

孩子在学话的过程中从大人那里学来的现成的句子是有限的，而孩子却能够理解从来没有听说过的句子，也能说出从来没有说过的句子。可见他学到的不光是一些词和现成的句子，更重要的是语言中的规则；他正是根据这些规则造出自己想说的句子来的。这个道理有点像小学生学算术：小学生通过老师的举例，学到了加、减、乘、除的算法规则。他掌握了这些算法规则，就什么样的算术题也都能计算了。

语言非常复杂，可是孩子学会说话却在学习简单得多的算术规则之前，这个问题引起了科学家的兴趣。有人认为儿童是通过对大人语言的不断模仿学会说话；有人认为儿童在学话过程中要不断受到大人的肯定或纠错，这种强化刺激会帮助儿童掌握语言；还有人猜测人的大脑有从遗传而来的学习语言的"装置"。

可以肯定的是，儿童语言的习得一定具有先天生理基础，其中最重要的就是大脑的结构和功能。其他动物都缺乏这一生理基础。但儿童语言的习得也离不开外界的社会条件。只有生活在正常的语言环境中，大脑的这种语言潜能才能得到开发。儿童语言能力的开发还有时间的限制，最迟到十二三岁，如果在此之前没有机会学习语言，那么此后就不能像正常人那样自如地运用语言了。这正和大脑语言区的确定时间是大致平行的。如果孩子出生之后就离开正常的人类语言环境，是不会自动说话的。在世界上曾经发现有出生后就远离人群和狼生活在一起的孩子，称为"狼孩"。印度在1920年曾发现过七八岁大的女性狼孩，后来取名为卡玛拉。她生活习性完全不同于人类，更不会说话。经过多年的训练和教育，这个狼孩才勉强掌握几十个词，能说几句话。她去世时大约十六岁，而智力水平也只相当于正常三四岁的孩子。可见儿童语言的习得和心智的发展是同步的，并且有所谓的临界期，即当人出生后过了一定的期限，如果没有后天的正常的社会环境，其语言习得和心智发展的潜能就失去了。这一临界期和大脑的分工时间也是一致的。

孩子的最早的智力活动就是学话，在学话的过程中认识周围世界，发展思维能力。语言和思维从每个人的孩提时期起就如影随形，始终保持着密切的关系。

四、关于聋哑人的语言和思维

既然思维离不开语言,那么聋哑人能不能进行思维呢？这是一个特殊的问题。

耳聋是指由于听觉器官在不同区域受到不同程度的损害而导致的听力障碍。患者由于听力的缺失,听话的能力受到影响,同时由于失去了对自己发音的监控能力,说话的能力也受到影响,造成掌握语言的障碍,成为所谓的"聋哑人"。

聋哑人也是能够思维的。第一,聋哑人和常人一样,生活在人类社会中,有健全的大脑和发音器官。他们主要是因为耳聋听不见别人说话,才学不会语言。一旦恢复或获得了听觉,聋哑人也就可以逐渐学会说话。目前,利用助听仪器提高耳聋儿童的听力水平,进而帮助他们开口说话,学习自然语言,是耳聋儿童教育的重要方面。不能把聋哑人不能说话和其他动物不能说话的情形相提并论。其他动物的大脑,左、右两半球没有专门的分工,没有专门管语言的大脑机构,而且发音器官也发不出人类语言那样多种多样的音,因此它们根本不可能学会语言,这与聋哑人的语言障碍是根本不同的两回事情。

其次,大脑是人的一切活动的司令部,人的各种感觉器官由它统一指挥,组成一个完整的体系。聋哑人不能利用听觉符号传递信息表达思想,但可以通过别的感觉器官得到补偿。视觉符号的掌握和自然语言符号的掌握一样,是以大脑的生理机制为基础的。视觉符号同样可以承载信息,具有思维和表达功能。像手语这样的视觉符号成为聋哑人中重要的表达方式。有研究表明,出生在聋哑父母家庭的孩子如果把手语作为"母语",其习得的过程和正常孩子自然语言的习得过程类似,具有临界期。经过专门的训练,聋人还能够掌握"手指语",用约定的手指动作拼写语言中的词语,传递复杂而丰富的思想和情感。教会聋哑人观察和模仿常人说话时的口形,是帮助他掌握语言的另一条途径。他们用"看话"代替"听话",自己也能发出含混而依稀可辨的音来表达意思。通过这类专门的训练,聋哑人就能进行正常语言的交际,进而还能够掌握文字,看书作文,像正常人一样思想和交流。

看来,抽象思维总得以某种物质的形式作为依托,最方便、灵活的依托是声音。此外视觉、触觉也能作为依托。没有任何依托的"赤裸裸"的思维是不存在的。

五、思维能力的普遍性和思维方式的特殊性

思维是大脑的功能。人类大脑的生理构造都是一样的,没有民族性,因而大脑的功能——思维能力也没有民族性,全人类都一样。正因为这样,不同民族的人都有能力认识相同的事物,同一部著作或同一部电影可以译成多种语言,在世界各地发行。在国际性的运动会上,来自世界各地的观众都了解一场球赛的经过和结果,在紧张关头异口同声地喝彩或表示惋惜。语言能力和思维能力是密切相关的,人类思维能力的普遍性与语言能力的普遍性是一致的。语言的普遍性质也是语言的最根本的性质。

但是思维能力的全人类共同性不等于各民族想问题的方式都一样,相反,它们之间可以表现出很大的差异。我们怎么知道存在这种差异?就是根据对语言差异所作的分析得到的。

前面谈到,思维在很大程度上是依托于语言的。思维的过程伴随着语言的运用,语言的差异会导致思维方式的差异。世界上有几千种语言,在不同的社会群体中使用。这些不同的语言既有共同性也有明显的差异性。因此,虽然思维能力是全人类普遍的,但使用不同语言的民族在思维方式上会有所不同。每一种语言都包含着一个民族认识客观世界的特殊方式,我们学会一种语言也就学会了该民族的独特的思维方式。正是由于语言和思维的密切关联,语言的民族性不仅是语言不同,而且和思维方式的民族特点紧密地联系在一起。

语言中的词汇反映出该语言社团对现实世界的概念分类。客观世界对各民族来说是统一的,各个民族的人具有的对客观世界的认知能力也是相同的。但当需要利用一套符号编码系统进行思维运作时,不同的语言反映出不同民族的语言社团对现实世界的概念分类有很大不同。同一条光谱,人的视觉感知是共同的,但抽象为概念类,就有不同了。汉语切成红、橙、黄、绿、青、蓝、紫七段,英语切成 purple,blue,green,yellow,orange,red 六段,有的语言切成五段,三段,甚至两段,而且,即使段数相近,各段的起讫点也有差别。亲属称谓也是这方面的明显的例子。同是父母的兄弟或其姊妹的丈夫,汉语分成伯父、叔父、舅父、姑父、姨父,而英语统称 uncle;同是父母的姊妹或其兄弟的妻子,汉语分成伯母、叔母、舅母、姑母、姨母,而英语也只有一个统称:aunt。类似的现象在语言中比比皆是。除了科学术语之外,可以说两种语言里很少有意义、色彩等各方面都完全等同的词。一种语言里的词语通常要根据它所处的上下文才能在另一种语言里找到恰如其分的说法。我们从不同语言的词汇系统的差异中可以看到思维中概念分类的差异。

思维方式的差异更多地体现在不同语言在表达思想时语法方面的特点。例如英语普通名词在句中出现的时候,一般得标明它是有定(例如前面加 the)还是无定(单数前面加 a),可数名词还得标明是单数还是复数。汉语就不必。同样表达"我去买书"的意思,英语中就一定要表达出是买一本书,还是多本书,而汉语中就不强制说明。同样要表达"我去见朋友",法语一定要表达出是一个朋友还是多个朋友,是男性朋友还是女性朋友,而英语就不强制表达出朋友的性别,汉语中则可以既不表达朋友的性别,也不表达朋友是一个还是多个。可是汉语的可数名词前面通常要加量词,如"一本书","三个人","两支笔",外国人说汉语时容易把这个量词漏掉,说成"一书","三人","两笔",那是因为他们的母语中不必表达出量词的语言意义,在学汉语时受其母语思维的影响。

这些都只是语言的民族特点的举例性说明。语言复杂多样,两种不同语言的成分,无论是其词汇成分,还是语法成分,都很少能够简单地对应,而是要经过复杂的换算。从事外语教学或翻译工作的人对此都会有直接的体会。

不同的语言在不同层面上的差异充分体现出了不同的思维方式。我们不能因为人类思维能力的共同性而忽视语言的多样性,也不能因为语言的多样性而断定各民族的思维能力有强弱之分。

思维能力的普遍性和思维方式的特殊性,与语言的性质是密切相关的。人类语言既具有全人类的普遍性,也具有不同语言结构的特殊性,二者都是语言学所要探究的,是深入认识语言的本质所不能忽略的。

第二章　语言是符号系统

第一节　语言的符号性质

一、语言和说话

前一章我们分析了语言现象中体现的语言基本功能。从这一章开始，我们要进一步分析语言本身的结构。语言现象是复杂多样、无穷无尽的，但要探究语言本身的性质，需要透过具体的语言现象明确究竟什么是语言。我们可以从人们最平常的说话谈起。

人们都会说话。话是一句一句说的。话的长短差别很大。短可以只有一个词，长可以长到无止境。例如，在一定的环境中，"看"就可以是一句话，表达一个完整的意思。但这种现象不典型。说话通常是把几个词按照一定的顺序组合起来，造出一句句的话。这种话的长度在理论上说是无限的。例如：

看。
看书。
看一本书。
看一本有趣的书。
看昨天买来的一本有趣的书。
看图书馆昨天买来的一本有趣的书。
李晓明看图书馆昨天买来的一本有趣的书。
李晓明喜欢看图书馆昨天买来的一本有趣的书。
……

不论多么长的句子，似乎我们都可以再加上一些成分，使得它更长。当然，实际说话的时候，句子是不会太长的。因为太长了，说话的人（或听话的人）说（或听）到后来会忘记前面说过（或听过）的内容。

如果不考虑人在记忆上的局限，句子的长度可以无限。单从这点来看，一种语言的句子的数目就可以是无限的，何况每个人还可以根据说话的需要自由地造出各种各样的句子,说出各种各样的话来呢。所以,一种语言的句子是无限的。图书馆中成百上千万册的藏书所包含的句子,也只是可能说出的句子的一小部分。实际上,说话就是创造新句子。这是语言的基本事实。这一点对于语言理论的研究来说是非常重要的。说话的行为和说出的话都属于语言现象,语言现象是无穷尽的。

一种语言中句子的数目是无限的,那么人们是怎么学会说话的呢?如果我们从人们说出来的话中抽出一些样品来研究,就不难发现,无限的句子中包含着有限的东西:不同的句子中所包含的词是有限的。每一个词像机器的零件一样可以卸下来装上去,反复使用,因而同一个词可以和不同的词组合,构成不同的句子。更重要的是,组织这些材料的规则是极其有限的。比方说:

> 我看书
> 他写字
> 你读报
> 妹妹绣花
> 哥哥抽烟
> 客人喝茶
> 叔叔开拖拉机
> ……

这些都是由不同的词组合起来构成的不同的句子,但使用的却是同样的规则。上面的事实告诉我们,无限的句子中包含着有限的词和为数不多的规则,学话就是掌握这套材料和规则。人们可以根据交流思想的需要自由说话,但是不能杜撰词语,违反规则,必须服从社会的语言习惯。说出的一句一句的"话",和说话时所用的材料与规则是两回事。说一个人会说某种语言,是说他掌握了这种语言的材料和规则,从而能够说出所有他想要说的话。语言学所研究的"语言",也正是指由有限的材料和有限的规则组成的系统,而不是指具体的话语。

说出来的一句一句的话和说话时所用的词与规则是两回事。词与规则好比打字机的键盘,说出来的话好比是打出来的文章。用键盘上的字可以打出彼此毫不相干的种种文章来,而键盘里的字却有一定的数目,排列也有一定的规矩。这个比喻可以帮助我们大致理解语言和说话之间的关系。说话的行为和说出的话语总是具体的,在发音、词语选择、句子形式的运用等方面都有个人特点的。而每个人说话或听话时使用的材料和规则却是具有一般性的,是社会每个成员共同的。语言是能够生成话语的符号系统,而具体说出来的话语则是人们运用语言系统所产生的结果。

每个人说话是自由的,想什么时候说就什么时候说,想说什么就说什么;但说话时选择什么材料,遵循什么规则是不自由的,必须服从社会的习惯。所以,语言又是社会的规约,对每个语言使用者都具有强制性。

一个人从小学会一种语言,可以说是使用这种语言的权威,最有能耐的语言学家要研究这种语言,也得拜他为师。尽管如此,他对自己的语言究竟是什么样子,有哪些规则,却往往茫然,说不清楚。语言研究就是要把说话中反复使用的材料和规则找出来,把那隐藏在无数话语中的语言找出来,这当然是非常复杂和细致的任务。

二、语言与符号

语言是符号系统,这句话概括了语言本身的性质和特点。要理解它,必须知道符号是什么,语言符号构成什么样的系统。我们先从符号说起。①

符号包含形式和意义两个方面。形式是人们的感官可以感知的。像信号灯、旗语、上课铃、盲文等都是符号。信号灯、旗语是视觉可以感知的,上课的铃声是听觉可以感知的,盲文是触觉可以感知的。而这些可以感知的形式都具有专门的意义,因此这些形式就具有了符号的功能。

符号的形式和意义是不可分离的,二者的结合才构成符号,没有无意义的符号形式。交通信号灯拿来照明,不再用作指示交通,就只是具体的物质材料,和普通的灯没有什么差别,不再是符号形式的载体,也失去了符号作用。

符号的形式和意义都是一般性的。比如,有红绿黄三种颜色的交通信号灯是用来指示交通的符号装置。符号的形式不是指哪一个具体的信号灯,它的意义也不是专门针对某一条具体的街道上的某些车。它的形式是交替闪亮的红绿黄三种颜色的灯,分别代表了禁止通行、准许通行和警示的意义。在不同的街道上,虽然具体的信号灯的大小颜色可能有不同,道路和车辆也各不相同,但是作为交通符号的形式和意义不变。

符号的形式和意义之间没有本质上的、自然属性上的必然联系。在这一点上,符号和隐含某种信息的自然的征候不同。

---

① "符号"的含义在不同学者的论著中有广狭之分,本章讨论的"符号"指狭义的规约性符号(symbol)。

征候是事物本身的特征,它传递的某种信息,可以通过它自身的物质属性来推断。例如,在山里赶路,看到远处炊烟袅袅升起,就可以知道那里有可以歇脚或投宿的人家。中医诊断疾病,总是要号脉,看病人的气色、舌苔,闻他呼出的气息。公安人员侦查案情,要收集指纹、脚印,记录和拍摄现场。远处的炊烟,病人的脉象、气色、舌苔、口气,罪犯的指纹、脚印,这些都与它们所隐含的信息有本质的必然的联系。

但是,一种可感知的物质形式,它的符号功能的取得以及具有什么样的符号意义,全在于符号使用者的约定,不在于符号形式载体的自然属性。符号是社会的产物,它要经过人们的约定,赋以一定的价值,才能起到符号的作用。普通的浓烟不过是起火的征候,不是符号,但是经过约定,也可以成为报警的符号。中国古代的周幽王戏弄诸侯,乱举烽火,无异于自己取消烽火可以报警的符号价值,终于自食其果。

我们在语言的思维功能一节谈到,客观的现实通过认知转化为主观化的信息必须有一套符号,而语言符号的形式使得主观信息具有了客观的物质载体。语言符号与客观现实的关系比较复杂,是语言学、哲学、符号学等多个学科仍在不断探讨的问题。下面的图示是目前学界比较通行的看法:

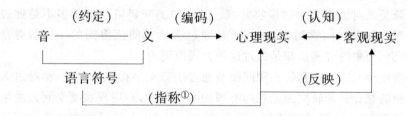

让我们先按从左到右的次序简单说明一下这个图,其中一些问题到下一节甚至后面的几章还要进一步解释。

语言符号的第一性的形式是人类发出的声音,用声音作为语言符号形式的物质载体,有其自然属性的优势。听觉符号比视觉符号运用起来有更为方便的一面,视觉器官在感知图像差异时需要一定的光线,听觉器官在感知声音差异时则不需要。空气振动足以传播语音,在距离上听觉也比视觉更少限制。说话人和听话人不一定要面对面,不用占用双手,可以一边用语言交流一边做其他的事情。有灵活的发音器官也是人类独有的高级

---

① 这里的"指称"是哲学术语,指一个词语跟语言外的某个实体(包括事物、事态等)的关系:命名、指代、称说等。

进化的结果,特别是直立行走和语言的产生有密切的关系。直立使口腔和喉咙形成直角,喉咙受到重力的作用,位置下移,延伸了从喉咙到嘴唇的发音通道。这有助于在发音时控制气流,发出更多清晰而不同的音,从而为区分意义准备了足够的声音材料。从语音上的这些自然属性看,语言符号的形式最先选择以声音为载体也是一种必然。

语言符号的意义是对它所指代的一类心理现实的概括。这首先涉及心理现实与客观现实的关系,其次涉及语言符号意义的概括性。

心理现实与客观现实有密切的关系但又各不相同。客观现实是四维时空中外在于人的所有存在:当下和历史上所有的人物、事物、现象以及它们的相互关系及其变化。心理现实则是客观现实经过人的认知贮存在人的大脑中的各种知识信息。人类大脑中的信息存在方式是以人的神经生理机制为基础的,是神经生理学、认知心理学、认知语言学等许多学科的研究对象,十分复杂。而这些信息的来源大致有两个方面。一个重要的来源是人对客观现实的直接感知,被大脑接收处理,贮存起来。我们通过听觉、视觉、味觉、嗅觉以及身体各部位触觉而得到的各种知觉,还有各种情绪感知,经过脑神经的综合处理,转化为不同的记忆信息。还有一个重要的信息来源是人对语言文字的接收处理。人脑中的知识信息有很多不是通过亲身对客观现实的感知得到的,而是通过听话和阅读得到的。我们对自然、社会、历史的许多认知是通过这种方式得到的。

直接经验感知得到信息和间接地通过语言文字得到的信息,都经过人的大脑的整合处理转化为主观的心理现实。显然,心理现实要受到人的生理心理机制、生存环境和认知水平的制约。比如:人的视觉无法感知到红外光、紫外线,在这点上还不如有些动物;不借助现代科学仪器也看不到植物棵株中的细胞;在地球上的人无法自然感知到地球围着太阳转、月亮不会自己发光,因而原始社会的人类也就没有以上心理现实。而日月轮值、四季交替和自然界种种和谐对称的美使世世代代的人类不由不赞叹,电闪雷鸣、山崩地裂等剧烈的自然现象让人们不由不敬畏,种种无法解释的现象在人类的认知中表现为上帝、观音、雷公、阎王、小鬼等超越客观现实的心理现实。

通过人的直接感知和大脑的接收处理而获得的知觉性心理现实为语言符号的最初编码提供了初步的材料。这些心理现实还要再经过大脑进一步的"概括",并经过社会的约定与特定语音形式相联系,这样知觉性心理现实才归类切分成一个个离散的意义。语言符号的意义是对人们通过感知而接收到的具体多样的心理现实现象的概括。谁见过抽象的"房子"？见到的只能是具体的平房、楼房等。汉语中把北京的四合院、天津的小洋楼都叫做"fángzi(房子)"，"fángzi"这个词只把一类建筑的共性抽出来，以便和桥梁、碉堡等别的建筑物区别开来，而不管它的大小、高低、式样等等。符号的意义是认识活动的成果，代表一个一般的概念。所以，语言符号的意义是一般的、概括的东西。这一般的、概括的东西既能指任何具体的个体（"我家的房子""镇西头那所新盖的房子"），也能指概括程度不同的类（"所有的房子"、"北京的房子"、"北京的旧房子"……）。

23页图中连线、箭头和括号内的标注，说明了符号内的音义关系和符号与现实的关系。后者又可分为编码（图中的上行）和解码（图中的下行）两个方向。

语言符号由音和义结合而成，音和义不像烟和火那样有自然属性上的联系，而是像烟和烽火那样因社会的约定而联系在一起的。语言符号的音和义是社会约定关系，这叫做语言符号的任意性，我们在下一节将有专门的论述。

当语言产生之后，人们就可以利用语言从他人那里接收间接的经验，从而极大地丰富了个人的心理现实。当我们向他人传达这些信息时，就可以运用已有语言符号，对心理现实进行再编码，用语音发送出去。可见，从编码的角度看，语言符号与心理现实之间的关系是相互的：一方面，语言的表达是对心理现实的编码，心理现实是语言符号所要表示的对象，人们所能认知到的心理现实决定语言符号所要表达的对象；另一方面，心理现实中很大一部分是通过语言获得的，语言符号也在很大程度上影响着作为心理现实的大脑信息的贮存。而从解码的角度看，语言符号"指称"离散化了的小块心理现实。当然它只能指称心理现实的一部分而非全部，所以我们常会有"言不能尽意"的遗憾。

从编码角度看，心理现实和客观现实的关系也是相互的，是以人的感官和大脑（以及其他延长的感知工具）作为中介而彼此联系的：一方面，客观现实的存在是人的心理现实的基础，同时客观现实必须为人类所认知才能成为心理现实，在发明特定的工具之前，人类无法感知到客观存在的紫外线，也就不可能具有这一心理现实。另一方面，已得到认知的心理现实，特别是心理现实有了语言编码，又会反过来提高人的认知水平，从而又可以把更多的客观现实转化为人类可认知的心理现实。从解码的角度看，语言符号的意义在指称心理现实的同时，也反映了人所观察到的客观世界。

总之,心理现实是存在于客观现实与语言符号之间的人脑中的信息存在状态,它既与客观现实互动,也与语言符号互动。一方面,通过心理现实的中介,人类已经认知到的客观现实得以用离散化的、有物质载体的语言符号固化下来。另一方面,通过心理现实的中介,离散化的、有物质载体的语言符号又使得人们得以推导出新的概念和判断、构建各种理论,更发明出新的延长性感知工具,使得人类认知客观现实的能力不断提高。客观现实是客观的,但以心理现实为中介的以上两个方面的互动使得"客观现实转化为心理现实→为语言编码提供材料→人的认知水平提高→客观现实更多地转化为新的心理现实→为语言编码提供新材料→人的认知水平进一步提高→……"的进程循环往复,所以人的心理现实是不断增量的。

从语言符号和认知的关系上,我们看到了语言符号的重要性。而语言符号的复杂性还在于,它并不是单独地与现实现象发生联系,而总是要与其他语言符号处于一定的系统关联之中,才能用于编码心理现实和认知客观现实。关于这一点我们会在后面的章节中逐步地说明。

第二节 语言符号的系统性

一、语言符号的任意性和线条性

语言符号的任意性和线条性,是 20 世纪初瑞士的语言学家德·索绪尔作为语言符号的基本性质提出的。语言符号的这两个性质和语言符号的系统性密切相关。

我们在前面的章节中已经指出,符号具有社会性,它的形式和意义之间没有必然的联系,符号的形式和意义的联系一定经过使用者的社会约定。语言符号也同样如此。语言符号的任意性就是指,作为符号系统的成员,单个语言符号的语音形式和意义之间没有自然属性上的必然联系,只有社会约定的关系。

我们知道,相近的概念,在不同的语言中其语音形式差异很大,同样表达"书"的意义,汉语发音为"shū",英语为"book"。反过来,相近的发音,在不同的语言中可能意义完全不同。赵元任先生曾在《语言问题》中讲了一个笑话,说一位中国老太太对外国人对"水"的叫法大惑不解:"这明明儿是水,英国人偏偏儿要叫它'窝头'(water),法国人偏偏儿要叫它'滴漏',只有咱们中国人好好儿的管它叫'水'!……这东西明明儿是'水'嚜!"笑的就是一些只懂一种语言的人把自己语言中语言符号的音义关联当作了必然的联系。其实,不仅是不同的语言用什么样的语音表达什么样的意义各不相同,即使是同一个语言,在不同的历史时期语音形式和意义的联系也是会变化的。比如,rise(上升、升起)在当代英语的语音形式为 r[ai]s,而在三四百年前,与同样意义相联系的语音形式却是 r[i:]s,这是由于语音演变而造成的语言符号音义关联的变化。这些都说明,语言符号的形式跟意义是没有必然联系的,只要为符号的使用者共同认可,一定的语音形式就可以与一定的意义联系在一起,所以语言符号的音义关系才是可变的。但也正是这种社会约定性,使得每个人从出生的那天起,就落入一套现成的语言符号的网子里,只能被动地接受,没有随意更改的权利。

就单个的语言符号而言,其形式和意义的关联,在很大程度受制于它所从属的符号系统,取决于它在系统中的位置。同样是拟声词,汉语的"叮叮当当"所使用的语音材料和结构方式是汉语符号系统特有的,而英语中的"jingling"也是模仿类似的声音,但使用的语音材料和结构方式就是英语符号系统所特有的。语言符号的语音形式也好,意义范畴也好,都不是孤立的,都是和符号系统的其他形式和意义相关联的。从这个意义上讲,强调语言符号的任意性,也是强调语言符号的系统性。详见第三章第四节和第五章第二节的讨论。

语言符号的线条性是指语言符号在使用中是以符号序列的形式出现,符号只能一个跟着一个依次出现,在时间的线条上绵延,不能在空间的面上铺开。这跟表格很不一样,表格分纵横两栏,占有空间,看起来一目了然,可是,要把表格逐项用语言表达清楚,就变成了线性的符号序列了。语言符号的线条性使我们要表达的复杂的意义都要通过符号序列的形式体现。在语言使用中,我们不仅要了解单个符号的音义关系,还要了解符号序列中符号之间的关系以及单个符号和符号序列整体的关系,这样才能达到完整意义的表达或理解的目的。这些关系的表达都是有一般规则的,而这些规则多体现为不同种类符号的线性组合方式。比方"香""菜""肠""瓜""油"这些都是单个的符号,"香菜""香肠""香瓜""香油""瓜香""菜香"等,则分别是由这些最小的符号组合而成的不同的符号序列,表达了不同于单个符号的新的意义。例如"香瓜"和"瓜香"的意义不同是由于符号的结构关系不同,而结构关系的不同是由符号的线性排序不同来表达的,语言结构规则就隐含在这些线性序列中。所以,线条性是语言符号系统分析的基础。

二、语言符号的层级体系

我们已经初步了解到,一个语言中的众多符号并不是互不相干的一盘散沙,而是共同构成了有组织、有条理的系统。语言的系统是什么样的?这个问题很复杂,语言学家在不断地探索。多数学者的看法可以概括成:语言符号系统是一种分层装置,这种装置靠组合和替换来运转。这里先讲语言的分层情况。

大家知道,交际所要表达的内容是无限的,所以句子也应该是无限的。要使说话的人能够随便地造出新的句子,让听话的人一听就明白,语言必须是一种经济有效而又富于弹性和灵活性的装置。这个装置的最重要的特点就是分层和不同层面上分为大大小小不同的单位。

先说单位大小的不同。说话人要表达一个相对完整的意义得靠句子。句子是由若干单个符号构成的。这些符号在线性的组合中是一个接一个,但是符号之间的结构关系不是在一个层面上一个接一个发生的,常常是小的符号先构成了更大些的结构单位,大的结构单位还可以构成更大的单位,如此类推,最后构成句子。例如:

所以,句子虽然可以很长,但结构关系是有条理的,无论是说话人还是听话人都能清晰把握。在大大小小的符号单位中,词是重要的一级符号单位,人们可以按照规则自由地运用词构成无数更大的结构单位,叫做词组,词组还可以按照需要构成更大词组,最后成为句子。词并不是最小的符号单位,音义结合的最小的符号单位是语素。语素构成词也是有一定规则的,但是语言使用者个人不能随便构造新词,词的构成有一定的社会约定性。例如前面句子里的"学校""的""图书馆""晚上""十""点""闭馆"都是词,其中"学校""图书馆""晚上""闭馆"都是由两个或两个以上的语素构成的。这样,语素、词、词组、句子构成大小不同的一套单位,语言学上称为"语法单位"(详见第四章第一节)。

语法单位都是有音有义的。如果单看它们的语音形式,语素这个最小的语法单位的语音形式又不是囫囵一团的,而是由一些可分析的、在时间上出现有先有后的音段组成的。时间上可分析出的这些最小的音段,语言学中称作"音位"(详见第三章第四节)。一个语言语素的数目可以有几千,但音位的数目却只有几十个。几十个音位按一定的规则组合成更大的单位,为语法层面的语言符号准备了足够满足需要的语音形式。

音位是语言的语音子系统的最小单位,音位按一定的规则组合成更大的单位——音节,音节之上还有音步[①]等更大的音系单位。

音位和音位组合成的更大的单位只能构成语言符号的形式,它们都属于语言的音系层。语素和语素组成更大单位则是形式和意义结合的语言符号,属于语言的语法层面。语言系统分为音系和语法两个层面,在这两个层面上都有最小单位和小单位组成大单位的多级组织结构,这是语言系统最重要的特点,即语言系统的两层性。

下面的图直观地表示出大多数语言普遍存在的两级单位。图中的各级单位究竟指的是什么,请参考后面的第三、第四两章。

音系层:音位→音节→音步→……语调段
语法层:语素→词→词组/短语→小句→句子

语言系统两层性的一大特点是形式层的最小单位一定大大少于符号层的最小单位:语言里的音位只有几十个,语素的数目则至少有几千。几十个音位就可以满足几千个语素的构形要求,这是因为音位一般不直接做语素的形式,而是组合起来才与语素或词等语法层面的单位相联系。可以设想一下,40个音位仅按最长是2个音位来组合,如果没有搭配上的限制,音位可重复,就可以形成千余种组合结果(40^2+40);而如果是最长可以4个音位长度的组合,同样的条件则可以有两百多万种组合结果($40^4+40^3+40^2+40$)。不过实际上哪些音位可以挨在一起出现是有搭配限制的,所以音位组合的结果没有上面计算的这么多,但满足几千语素对语音形式的需求,是绰绰有余了。

语素的数目虽然不少,但光有语素,还不能用来交际,还需要把它们组合起来,构成更大的语言符号。人类语言中一般最常用的词也要以万计数。比如大型英语词典里收录的词大约为42万个左右。一个词可以有几

[①] 音步指音节之上的节奏单元。在英语中音步表现为节奏为"重·轻"的一个小单元,如,brother是一个两音节的音步。在普通话中,语流中连接紧密的两音节或三音节的小单元,一般也称作一个音步,比如兄弟、共和、共和国等。音步之上还有更大的韵律单元,比如停顿的单元,语调的单元等。

个意义,例如,据《现代汉语词典》的归纳,现代汉语里由单个语素构成的词"老"就有十五个意义。一个符号可以包含若干个意义,这无形中把符号的数目又扩大了几倍。词不过是说话的材料,把词和词组合起来造成句子才能进行交际。句子是根据表达的需要临时组织起来的。语言提供了成万个词和多种灵活的造句规则,自然可以让人们造出无限的句子来。语言的层级装置为语言系统的运作提供了巨大的效能。

语言层级装置中低一层的单位比高一层的单位少得多,高一层的单位都是低一层单位按照一定的规则组合而成的。整个装置的奥妙就在于以少数有规则地组成多数,一级级地翻番增量。句子虽然无穷,但是句子里所用的材料却不出几千个语素的范围。新句子无非是现成材料的新组合,而新组合又有一定的规则可循,这就使说话人可以纵意驰骋,放手造出符合表达需要的句子来,而在听者的感觉中,新句子都似曾相识,不会发生理解的困难。

几十个音位构成不同的组合,理论上可以为符号提供众多的语音形式,但是每种语言在利用语音形式构成符号时,只选取了有限的特定的组合形式。同样,从语素到词,每次所能利用的组合的可能性也很大,但语言只利用了其中很小的一部分可能性(像语素的数量只比音位大一百多倍)。语言为什么如此"大方"呢?因为语素和词是语言的符号,符号的数目不宜太多,否则记忆会不胜负担(有谁能记住成亿个人的姓名)。翻番增量主要靠单位的组合。只要单位明确,就可以根据组合规则把单位组织起来,造成句子,而把词和语素的数目控制在适当的范围内。

三、组合关系和聚合关系

语言这个分层装置是怎么运转的呢?总的来说,是靠语言单位的组合和替换。前面说过,词是语言中能够独立运用的符号,我们这里先来看看词这一级的运转情况。

说话时有时用一个词就能表达一个相对完整的意思。但是就一般的情形说,要表达的意思总比一个词的意思复杂,于是就需要把词组合起来造成句子。由于语言符号的线条性,词的组合方式是顺着时间的线条前后相续,好像一根链条,一个环节扣着一个环节。比方说,"我进城",只能一个符号接着一个符号依次说出来。语言链条上由符号组成的每一个环节都可以卸下来,换上另一个环节,组成新的链条。例如:

我看书
他看书
小王买书
老师写文章
人们欢呼胜利
……………

所以每个符号都处在既可以和别的符号组合，又可以被别的符号替换这样两种关系当中。我们正可以从这两个不同的角度去研究语言符号的系统性。

符号和符号组合起来，形成高一级结构。处于高一级结构中的各个符号，称为结构的成分。结构中各个成分的关系称为组合关系。成分一旦组织为结构，就不再仅仅是个体，还增加了彼此之间的组合关系，增加了属于结构整体的意义。比方说"红"和"花"两个符号可以组成"红花"和"花红"两个不同的结构。"红花"和"花红"虽然所用的语素符号是一样的，但整个结构的意义不同，前者指一种事物而后者指一种现象。这种结构整体意义上的差别，就是因为成分的组合关系不同造成的。"整体大于部分之和"，是系统观的核心理念。一个常举的例子是，氧和氢都是助燃物，但当它们按一定的比例在一定的条件下组成新的水分子结构后，整体结构"水"的性质却不与任何成分相同，成了阻燃物。

"红花"和"花红"是具体的词组结构，但是这两个具体的结构所体现的组合关系却是具有一般性的。我们如何知道这一点呢？就是通过结构成分的替换和可替换成分的聚合关系。如果一些语言符号或更大的单位在组合结构的某一环节上能够互相替换并且替换后结构关系不会改变，那么这些符号在结构中就具有某种相同的作用，它们自然地聚集成群。它们彼此的关系叫做聚合关系。比方拿"红花"这个符号的结构来说，能出现在"红"这个位置上的有"蓝、白、紫、大、小、好、香……"，能出现在"花"这个位置上的有"光、线、旗、脸蛋、眼睛、房子……"，这两组词各自构成一个聚合。

根据在组合结构中具有相同的作用而成为一个聚合，这只是语言符号单位的一种聚合关系。一个连队的战士可以按照性别、年龄、籍贯、身高、体重、军事素质、会不会游泳、爱不爱看小说，甚至脚码尺寸、脑袋大小等等特征进行分类，形成各种聚合。这些聚合都为一定的目的服务，比方最后两项对于供应他们鞋帽的军需后勤部门就非了解不可。同样，语言单位也可以按照各种不同的特征聚合成群。例如词可以因为读音相同，意义相似或相反，词根相同，构成的类型相同，变化的规则相同……而形成聚合，这些聚合也是语言研究所要关心的。不过语言研究最关心组合位置中的替换，因而也比较多地从这一角度研究语言中的聚合关系。

聚合类让我们看到组合关系的一般性，比如在前面的例子中，"红花""红旗""红脸蛋""红房子"和"蓝花""白花""紫花""香花"以及"大眼睛""小房子"等都具有共同的组合关系。

每一个会说一种语言的人，头脑中都分类储存着基本的语言符号单位，掌握着符号的各种聚合关系，同时也掌握着各种组合规则。在语言运用中，就利用聚合中的单位和规则构造出具体的符号组合结构，组词成句，表达具体的意义。符号的组合关系和聚合关系犹如几何中的横轴和纵轴，我们可以借助这两个轴说明符号在语言系统中的地位。这一点，我们会在后面章节深入阐述。

组合关系和聚合关系是语言系统中的两种根本关系。不但语言符号（词、语素）处在这两种关系之中，而且构造符号的音位和意义也都处在这两种关系之中。例如北京话中和 an 有组合关系的有 b、p、m、f、d、t、n、l、z、c、s……，由于这些音能在相同的语音结构位置上出现，所以构成一个聚合——声母。在声母这个大的聚合中，还可以根据发音部位或发音方法的共同性构成小的聚合，例如汉语拼音方案的声母表，b、p、m、f 就是根据相同的发音部位归为一行的。同样，词义的搭配，同义词的选择也反映出词义方面的组合和聚合关系。这些问题都将在下面有关的部分加以论述。

组合关系和聚合关系是组成语言系统的一个纲，是我们观察、分析、归纳错综复杂的语言现象的一把总钥匙，我们需要很好地理解和掌握。

第三节　语言符号系统是人类特有的

一、人类语言符号和其他动物"语言"的根本区别

人是社会性的。语言符号是人类社会形成和发展的必要前提。不过地球上还有其他许多具有群体性的动物。哺乳动物、鸟类以及昆虫中都有许多物种是群居性的，这些动物群体内部也需要沟通与协调。现在发现好多种动物群体内部都有特定的交际方式，这就是一般所谓的动物"语言"。

狼使用多种脸部表情、尾巴动作、嗥叫声表示不同程度的威吓、焦急、沮丧、屈从。泰国北部的一种长臂猿大致有九种不同的叫声来表示不同的信息。例如碰到可能的敌人，它会发出尖叫，别的猿听到了，也会发出同样的尖叫，招呼同伴注意；小猿碰到一起，有一种伴随着游戏动作的友好的叫

声;还有一种叫声似乎是招呼在林子里觅食的同伴不要散得太开。蜜蜂的交际方式是人们研究得最多的一种。蜜蜂发现蜜源,回巢做特定的舞蹈动作,告诉伙伴们关于蜜源的方位、距离、质量等情况。同伴按照它的指示,能自己找到那个蜜源。有人对意大利一种蜜蜂的舞蹈作了细致的观察:蜂舞有走出圆形、8字形和摆尾走出两个半圆形三种模式,分别表示蜜源的距离为20英尺左右、20—60英尺和60英尺以远。三种模式都以重复走出花样的遍数和舞蹈时的活跃程度表示花蜜的质量。8字形除了反映大概的距离和食物的质量以外,还指出蜜源的方向,那就是以8字的细腰和垂直线的交角表示蜜源和太阳所成的交角。大体的情形如下图:

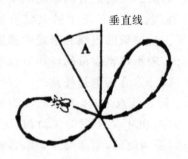 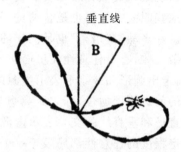

图1 太阳在左边的交角　　　　　图2 太阳在右边的交角

摆尾舞中表示方向的,是分割两个半圆的直径和垂直线的交角,同时又增加了一种信息,用前进的速度表示蜜源的确切距离:速度愈慢,距离愈长。大体的情形如下图:

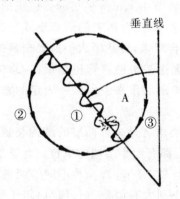 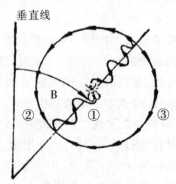

图3 太阳在左边的交角　　　　　图4 太阳在右边的交角

类似的情形在其他动物当中也有。那么,这些交际方式是否具有符号的性质呢?和人类的语言又有哪些不同呢?我们可以从语言的符号性质方面对人类语言和这些动物"语言"加以比较,从而进一步认识人类语言的特点。

人类语言符号和其他动物的交际方式如叫喊、舞蹈等,有本质的区别,主要体现在以下几个方面:

1. 任意性 任意性是符号最重要的特征。动物有表示暴怒、恐怖、警告等信息的叫喊。人的惊呼、呻吟或哈哈大笑或许可以和这种现象相比,这可以说是人类祖先还未发展成为"人"时的一些前语言的本能叫喊的遗迹。这些叫喊在人类也是普遍的,不分种族、民族,谈不上音义结合的任意性。好多动物"语言"也是同样的情况。长臂猿的叫喊和蜜蜂的舞蹈比较复杂一些,有点任意性在里面。比方说,表示花蜜质量的动作方式是任意的,走出圆形和8字形表示蜜源的大概距离,看来也是任意的。但是摆尾舞的前进速度愈慢,标志距离愈远,又是非任意的;以8字的细腰或半圆的直径和垂直线的交角表示蜜源的方向,更不是任意的。动物"语言"中一定程度的任意性都局限于一个题目,是僵硬的,不能与人类语言符号的任意性同日而语。没有任意性或任意性程度很低,都说明其符号性很弱。

2. 单位的明晰性 人类说出来的话是有界限清晰的单位的。听自己会说的语言,人们听到的是自己熟悉的音一个一个地先后发出,是自己了解其意义的词一个一个地先后发出。比如我们听到 tā xiǎng chī píngguǒ 这一段语流,听到的是5个音节,这些音节由 t、a 等更小的音位组成,组成音节后成为"他"、"想"、"吃"、"苹"、"果"等5个语素的语音形式。这些能分出界限的音或词按照一定的规则组合起来,传达了人们所要交流的各种信息。而动物的所谓"语言",其表现无论是借助声音还是形体,总体上都是不可分的,是以囫囵一团的叫喊或舞蹈动作来表示某一固定的意思,分析不出单位,也谈不上单位的组装。

3. 结构的二层性 前面说过,人类语言是一种两层的结构装置:音系层和符号层(或称语法层),两个层面上都有大小不同的单位。音系层单位的性质是纯语音的形式,从小到大有音位、音节、音步等不同等级的单位。符号层单位的性质是音义结合的,从小到大有语素、词、词组、句子等不同等级的单位。两个层面上都是以数量有限的最小单位,按照有限的规则组装起来,生成数量无限多的大单元。

结构装置分为两层,各层最小单位的数量不同。音系层面上的最小单位音位只有几十个,保证了人的发音器官有能力发出、听音器官足以辨别。音系层面的最小单位通过排列组合构成各级更大的单位,为符号层面几千个语素、以万计的词、无限多的词组和句子提供了语音外壳。具有两层结构装置的语言具有极强的效能。

相反,动物的"语言"不能分解成单位,谈不上有结构,更不用说有结构的二层性。

4. 能产性 语言的能产性,也称创造性或开放性,是指人们总是能够运用有限的语言手段通过替换和组合创造出新的话语来。人们可以理解或说出以前从未说过或听到过的句子。语言的运用是个创造性的活动,所能表达的信息是无限多的。动物的"语言"只能表达有限的信息,它所能传递的信息是固定的,是受刺激限定的。它们的交际方式及其所表示的意义可以一一列举。

5. 传授性 人类的语言能力是先天具备的,但是掌握什么语言,则是后天学会的,没有现实的语言环境,就学不会一种语言。动物的"语言"则是与生俱来的本能,不用学习。比方小鹰在出壳的时候就配备有对付未来生活中可能出现的搏击、觅食、求偶、育幼等各种事情的本能,它的"语言"是一种本能,像电路一样在脑子里预先定装好并且接通了。这一点与人类学习语言的情形完全不同。其他动物的交际模式虽然也有少许后天的成分,但大多是先天带来的,而人类的语言完全是后天学会的。

6. 不受时、地环境的限制 其他动物的交际都是由当时当地的刺激引起的,是对具体情景的感性的反应,只能传递某种信息,既不能回顾过去发生过的事情,也不能设想未来。长臂猿只有碰到了敌人的威胁才会发出尖叫;蜜蜂发现蜜源,回巢后立即做出必要的舞蹈动作,它从不为昨天的发现而舞,也不猜测未来的发现。只有人类能用语言说古道今,表达深邃的哲理,翱翔于丰富的想象,思想驰骋到哪里,语言就如影随形地跟随到那里。人类语言的这种特点说明信息的传递不受当时当地环境的限制。

我们可以把人类语言和长臂猿的叫喊、蜜蜂的舞蹈动作做如下概括的比较:

	人类语言	长臂猿的叫喊	蜜蜂的舞蹈
任意性	＋	少	少
单位的明晰性	＋	－	－
结构的二层性	＋	－	－
能产性	＋	－	－
传授性	＋	－？	－？
不受时、地环境的限制	＋	－	－

从这个比较表中我们可以看到,长臂猿的叫喊和蜜蜂的舞蹈动作是动物界比较高明的交际方式,但它们还缺乏语言的很多基本条件。上述六个方面标志着人类语言与其他动物"语言"的本质区别;只有具备这些特征,才称得上人类语言。所以,语言是人类独有的交际工具。

二、语言是其他动物和人类之间无法逾越的鸿沟

通过分析比较我们看到,所谓动物的"语言"并不具有典型的符号特征,和人类语言相比有本质的不同。那么,如果让动物和人类朝夕相处,并给予适当的训练,它们能否掌握人类的语言呢?

从 20 世纪的 30 年代开始,很多学者设想黑猩猩也许可以学会人类的语言。60 年代以后,不断有人在这方面进行实验,想了各种办法教黑猩猩说话,但是成效甚微。美国有人把一个小猩猩和自己同龄的婴儿放在一起照料。起先,小猩猩比婴儿能干,会跑,能拿东西,抢着出门,很淘气,而婴儿多半时间都是躺着,活动能力很小。过了一年多,情况发生了根本的变化,孩子逐渐学会说话,开始懂事,而小猩猩呢,不管花多大精力,也无法使它说出话来,直到最后,它能听懂的语词也没有超过十个。有人认为这个实验还不能最终证明黑猩猩掌握不了语言,因为在发展过程中,人的嘴和黑猩猩的嘴走上了两条根本不同的道路,要黑猩猩像人类那样发音是不合理的。他们改变训练方法,教黑猩猩学习类似聋哑人所使用的那种手势语,效果稍为好一些,可以在几个月的时间中使黑猩猩学会一百多个用手势表示的语词。有的人教黑猩猩排列表示不同意思的不同形状的塑料片来"造句",有的人教它按计算机的按钮来表示自己的意思。所有这些训练方法收到的效果也都十分有限,到了一定程度就无法使猩猩继续前进。特别是这些实验都是在人和猩猩或者计算机和猩猩之间进行的。有人怀疑

猩猩起着"聪明的汉斯"①的作用,猩猩和猩猩之间是不能用任何类似人类语言的符号系统来彼此交际的。经过这些实验,现在绝大多数科学家都断言,像人类语言这样复杂的交际工具是黑猩猩无法掌握的。

鹦鹉不是会说话吗?不错,它能学会人类的一些话,而且说得很像,把它的音录下来,作声谱分析,也跟人说话的声谱相似。林黛玉屋檐下的那只鹦鹉见黛玉来了便叫:"雪雁,快掀帘子,姑娘来了!"它还会模仿黛玉的长叹,念《葬花词》里的"侬今葬花人笑痴,他年葬侬知是谁"?其实,鹦鹉只能复述别人教它说的话,并不明白它复述的是什么意思。更重要的是它不能装卸话语中的单位,进行替换和组合的练习,不断造出新句子。所以,鹦鹉徒有伶俐的"口齿",却长着鸟类的脑袋,没有分析、抽象的能力,无法学会人类的语言。总之,语言是其他动物无法逾越的鸿沟。

归根结底,语言能力是人类特有的,人类以外的动物还不具备像人类这样的语言能力。我们每个人都有掌握语言的能力。这样的能力只有人类才有,其他的动物,不管是会模仿人说话的鹦鹉,还是接近人类的猩猩,都是没有的。

掌握语言需要有发达的大脑和灵活的发音器官,也就是说,要有抽象思维的能力和发音的能力。

我们在谈到语言的思维能力以及符号和认知的关系时已经了解到,语言能力和抽象思维能力相互依存,具有共同的生理基础,也就是人类的大脑。其他高等动物也具备一些智力。牛、马、猫之类的家畜,往往"解人意"、"通人情",成为人类的得力助手。黑猩猩的智力更高,例如它喜欢吃白蚁,蚁洞小,爪子伸不进去,就知道找一根又长又细的树枝伸进洞去,等白蚁爬到树枝上以后再抽出来吃。这说明黑猩猩有相当强的分析判断能力。人类祖先的智力原先不会与黑猩猩有质的差别,但在发展中人类能够把各种智力(如感觉的能力,分析的能力,记忆的能力等)结合成一体,发挥作用,而语言的运用又反过来有力地推动这些相互作用着的智力的发展。其他动物的各种智力是分散的,没有结合成为系统,因而在发展过程中越来越落后于人类,根本不能与人类的智力相比拟。

要掌握语言,还得有灵活发音的能力。一种语言几十个音位,构成上

---

① "汉斯"是 30 年代法国一个马戏团里的一匹马的名字,它能够通过踏蹄的方式来回答各种问题,包括数字的计算。后来人们弄清楚,汉斯原来是按照驯马人的暗示做出反应的,不是它真有答题的能力。

千个语素的形式,这就要求发音器官能够发出一个个清晰的音,而后加以组合。这种灵活清晰的发音能力,决不是笨嘴拙舌,只会发"哞哞""咩咩""汪汪""咪咪"的动物所具备的。人类的伶牙俐嘴是人类的祖先在劳动中长期磨炼的结果。起初,劳动巩固了类人猿的手脚分工,使它们终于站立起来,可以直立行走。前文谈到,直立行走和灵活的发音器官的形成有密切的关系。这是其他许多动物所不具备的。

抽象思维的能力和灵活发音的能力相结合,表现为人类的语言能力。这种能力是人类祖先在长期的劳动中经过许多代的艰苦磨炼而形成的。它一代一代遗传下来,又在实践中不断发展。今天,凡是正常的人,都能从小自然而然地学会一种语言,这是人类的祖先给我们留下来的一份遗产,是"非我族类"的其他动物所无法享有的。所以,人类的语言能力是先天具备的。至于运用这种能力学会一种语言,那是后天的事情。一个人生活在什么样的语言环境中就会学会什么样的语言。美国的孩子从小在北京和说汉语的中国孩子一起生活,就只会说汉语而不会说英语;汉族的孩子从小生活在说法语的巴黎,也只会说法语而不会说汉语。从小离开人群生活的孩子就不会说话,像前一章中曾谈到的印度的狼孩。

人类是在生物进化的最后时刻才和近亲的动物分家,走上独立发展道路的。科学界一般公认生物已有 36 亿年的历史,在这期间,物种发生了变化,有些消亡,有些产生。为了形象地说明问题,我们不妨把这 36 亿年缩成一年。一年有 360 多天,所以一天相当于一千万年,一天有 24 小时,每小时相当于 42 万年。照此推算,每分钟大约相当于 7 千年。按照这个缩小了的时间尺度来回顾,那就是:1 月 1 日开始出现生物,到 12 月 1 日恐龙才出现和死亡,12 月 25 日出现灵长目动物,12 月 30 日出现猿类,12 月 31 日晚上 11 点,周口店猿人才开始用火,11 点半左右才出现智人,最后 5 分钟才出现语言,而现在看到的一些原始文明的遗迹和文字都是在这一年的最后一分钟才形成的。尽管是最后的一分钟,但发展的速度却是以前的任何时候所不能比拟的。

人类的祖先在长期维持生存的劳动活动中锻炼了自己的大脑,改造了发音器官,具备了说话的能力;而在共同劳动中又有了交流思想的需要,即"已经到了彼此间有些什么非说不可的地步",[①]于是产生了语言。这是人类和其他动物分道扬镳的最后的、最重要的标志。人类和动物界最后分家

---

① 恩格斯:《劳动在从猿到人转变过程中的作用》,《马克思恩格斯选集》第 3 卷,第 511 页。

的伙伴是黑猩猩,大概只有一千万年的历史,也就是在上述压缩的时间表中到 12 月 31 日才分别走上各自独立发展的道路。由于黑猩猩和人类在生物进化的过程中有很长的共同经历,所以相互之间有很多共同的地方。例如,黑猩猩牙齿的种类和数目跟人类相似,脑的结构和神经系统也跟人类最相像,血球的构造有 99% 以上是一样的。但即使和人类如此接近的黑猩猩仍不能学会人类语言,可见语言是其他动物和人类之间无法逾越的鸿沟。

第三章 语音和音系

第一节 语音和音系的区别与联系

一、语音学和音系学

语音与自然界的其他声音也同也不同。说它们同,是因为从自然属性看声音都是因某些物体的周期性振动而引起的空气粒子的振动。说它们不同,是因为语音不仅是有自然属性的声音,还有社会属性。语音是人类交际必不可少的物质载体,它负载着语言信息,是约定俗成的语言符号的形式。自然界的声音是连续性的,没有结构和组织,语音则是由可离散的单位按一定规则组织起来的。

语音具有自然属性、社会属性的双重属性,因此可以分别从这两个方面去进行相对独立的研究。从自然属性出发、针对所有人类语言的语音研究,属于语音学的研究;从社会属性出发、针对语音在某一个具体语言的系统中起什么作用的研究,属于音系学①的研究。

语音的自然属性还可以再细分为不同的方面。语音有发音——传递——感知三个环节,分别对应于生理——物理——心理三个方面的属性,由语音学的三个分支发音语音学——声学语音学——听觉语音学分别加以研究。虽然对语音发音的研究早在大约两千年前的印度就已经开始,把声音与物体的周期性振动联系起来的声学研究也已经在17世纪的欧洲起步,但以科学仪器为研究手段、明确以语音为研究对象的现代语音学及各个分支,却是19世纪中期以后才发展起来的。首先是在一百多年前建立了发音语音学,在X光等新手段的帮助下从生理的角度大致弄清了语音是怎样发出来的。后来电子声学技术出现,人们又抓住了传递中的音波,把它变为可视的图像,更准确地揭示了语音的种种物理表现,于20世纪40

---

① 音系学旧称音位学。20世纪30—50年代,结构主义语言学对语音系统的研究集中在对音位的研究,故称音位学。后来语言学界对语音系统的研究重心转向了其他方面,就不再使用音位学这一术语。

年代建立了声学语音学。50 年代后,语音的研究开始向听觉的环节进军,研究人耳如何接收语音,如何把语音传到大脑,如何由大脑进行分析和感知。听觉的研究中最复杂的是试图搞清楚大脑处理语音的机制,这是心理学研究的一个前沿领域。20 世纪和 21 世纪之交,伴随着计算机科学、医学技术的飞速发展,对语音的发音、声学、听觉三方面的研究都进入到了图形化、数字化的信息采集和处理的新阶段,这些研究大多要借助计算机软件来分析。比如,发音时口腔、声带的动态变化(发音)、声波各种参数的数字化处理(声学)、听音时的脑电波的动态采集(听觉)等等。

语音学三个分支的研究都是自然科学和语言学的交界领域,都要大量地利用实验的手段和现代科学的仪器。其中,语音的生理、物理这两个方面的研究,属于对语音自然属性的研究,听觉方面的研究则主要是对语音心理属性的研究。语音学的研究范围这么广,方面这么多,对于初学者来说,最基本而实用的是什么呢?

我们认为是发音原理。这是学习和研究语言的人应该掌握的最重要的基础知识之一,如果不熟练,在继续学习中就会碰到很多困难。日常生活中我们常常有识别语音的需要:认字要知道字的读音,学习普通话、方言、外语,要掌握正确的发音。直接跟着别人模仿,固然是一个办法,但是模仿要有好的老师,特别是有些细微的地方,自以为模仿对了,其实不是那么回事。比方相声里有这么个笑话,说上海人把洗头叫做"打头"。这个笑话在上海人听来就不真切,因为上海人说的是"汰头"而不是"打头","汰"伴有喉头的浊气流,和没有浊气流的"打"有很大的差别。再比如,就拿"上海"这两个字来说,上海话组成这两个字的所有语音片段在北京话里几乎都没有。英语把"上海"模仿成 Shanghai,这个 sh[ʃ]又是上海话和北京话所没有的。可见在模仿的同时,还要明白发音的道理,做到自觉的模仿,避免用自己语言里近似的音去代替别的语言里的音。模仿是"口耳之学",要有老师指导,而明白了音理,就有可能无师自通。

我们常常听到一些同学说,发音原理枯燥、难学。这是一种误解。如果你把掌握发音原理与深入研究一种语言或学好一种外语的需要结合起来,你就不会有任何枯燥的感觉。发音原理难学吗?也不难。我们人人都会说自己的母语,母语中包括好些在各种语言里都有的常用的音素,这是掌握发音原理的一个有利的基础。有了这个基础,不难体会发音的道理,碰到陌生的音,就可以从它和自己会发的音有什么差别出发来掌握它。这本身就是饶有趣味的练习。我们每个人的发音器官都相同,发音原理大多可以通过自身的体验去领会,并不难学。尽管这样,语音学各个方面的内容多、术语多,还要用到其他学科的知识,不是课堂上讲解一下、练习一两次就能完全掌握的。

鉴于以上考虑,本章不打算介绍听觉语音学的研究,只简单地介绍一点声学语音学的知识,供读者选择;但将比较详细地介绍语音发音方面的知识,希望教学双方都能比较好地掌握。

音系学的知识也同样重要。由生理器官产生的物理声音只不过是语言用来表示意义的物质材料。各种语言使用哪些材料,如何使用,却各有不同。后面我们将会看到,即使是自然属性完全相同的声音,在不同的语言中的作用也可能完全不同。如果没有音系学的知识,我们就无法了解一个语言中哪些音是必须区别的,不同的音的出现条件是什么,它们的组合规律是什么,节律和语调又有哪些主要的特点,这样就无法更快地学会、学好另一种语言或方言。掌握语音在不同语言中的作用和组织方式,对于语言学习来说,其实更为重要。

音系学和语音学是有各自独立研究领域又彼此有交叉的两个学科。音系学与语音学相对独立:音系学的出发点在于语音在语言系统中的组织方式,属于语言学的核心部分;语音学的出发点在于语音自身的自然属性或听觉反映,与语言学的核心部分是间接联系。音系学和语音学的研究彼此无法截然分开:音系学研究的就是有自然属性的语音在语言系统中的作用,这自然就需要先搞清楚语音的自然属性;语音学研究的是语言中的声音和发出语言时的肌体动作,而不是自然界的声音或与语言无关的肢体动作,这就必然要在研究中关注语音自然属性在语言系统中的作用。因此,本章的前三小节先介绍语音学的一些最基础的知识,后三小节再介绍音系学的内容。

二、语音和音系的最小线性单位——音素与音位

语音出于甲之口,经过空气的传递,入于乙之耳,一发即逝,不留踪迹。要对这种抓不住、摸不着的现象作出说明,进行分析,确实很不容易。而各门学科为了研究自己的对象,往往需要把它分成最小的单位,然后才可能研究这些单位的性质、相互间的关系以及组合的规则。语音学和音系学也不例外。可以说,语音和音系研究的最早一步,就是把连续的语音流离散为小的单元,并用见诸纸面的书写符号把它们表示出来。唯此,语音才有了可以称说、可以进一步分析研究的基础。这一步,最早始于文字的发明。但不同文字离散出来的语音单元,在大小和记录语音的完备程度上有所不同(参见第六章),因为文字的发明并非只是为了记录和研究语音,它还要考虑语言中词义表达的需要。因此,语音研究还需要找到更适合自己的小单位和记录符号。

最小的语音单位和最小的音系单位都是从成串的话语中切分、归纳出来的。语音单位和音系单位有本质性的区别(详见本章第四节):语音单位是针对所有人类语言来说的,而音系单位是针对某一具体语言来说的。语音单位和音系单位又有很密切的关系,比如从单位的时间长度看,两者一般是相同的。因此,下面我们在不需要区分的时候就将两者统称为"语音单位",在需要区分的时候再做说明。

一般人自然而然地感觉到的自己语言里最小的语音单位是音节。比方表示"社会"这个意思的词,汉族人感到汉语里的 shè huì 是两个音节,俄罗斯人感到俄语里的 ob-šče-stvo① 是三个音节,法兰西人感到法语里的 so-ci-é-té 是四个音节。可是音节还不是线性音流的最小单位。这可以用比较的方法来分析。例如汉语的"大"(dà)和"杜"(dù),如果不考虑声调,开头的音都是 d,只是后面的音不同,一个是 a,一个是 u。a 和 u 不能再分,是两个最小的语音片段。同理,"堵"(dǔ)"虎"(hǔ)是后头的音相同,都是 u,前头的音不同,一个是 d,一个是 h。从音流在时间维向上的线性切分来看,无论是发音还是听音,a、u、d、h 都不能再切分为更小的单元,它们是语音最小的线性单位。以语音的自然属性和人类语音共性为研究对象的语音学,把它们叫做"音素"。以语音的社会属性和语音在具体语言中的作用为研究对象的音系学,把它们叫做"音位"。平常听到的音节,都是这些最小线性单位按照一定的结构规则组合而成的。

从语音的自然属性看,男女老少,人人都有自己的发音特点,正因为这样,我们接到熟人打来的电话,往往能听得出对方是谁。一个人反复发同一个音——比方 a,每次张嘴的程度,舌头的前后,延长的时间,用劲的大小等等都可能有细微的差别,因此发出来的 a 不会一模一样。深究起来,每个人每次发出的 a 都是不同的。那么,我们是不是需要把千万个不同的 a 都看作不同的语音单位呢?不必。因为绝大多数 a 的差别都非常细微,只有仪器才能显示;有的差别,即使人的听觉能够察觉,也可能因为差别小而不必加以区分。可见,在确定语音最小单位的时候,对于音的细节是有过一番取舍的。这有点像圆周率 π 的取值。π 带有无穷的小数,计算的时候取

---

① 此处俄语例书写采用的是西里尔字母–拉丁字母的科学学术转写体系,后文凡涉及俄语语例皆采用这一书写形式。

小数点后面几位,取决于精确度的要求,但精确度的要求再高,取到一定的位数也总得停止。语言是交际工具,在交际中只要大家认为是同一个音,就没有必要再往下细分。例如,撇开长短、高低、轻重的差别,北京人认为许许多多的 a 是同一个音。根据一个语言交际所需的必须区别而确定的语音小单元,叫做"音位"(更准确的定义参看本章第四小节)。

但语言学家不仅要研究北京话,还要研究其他汉语方言和世界上的其他语言;即使是普通人,也希望能学会多种语言或方言。基于这样的目的,就不能仅仅只根据一种语言的交际需要来确定语音的小单元,还需要根据所有人类语言对语音小单元做更为精细的区分和归纳。随着社会经济的发展,全球各地的联系越来越紧密,确定适用于所有人类语言的语音小单位,在 19 世纪末提上了语言学研究的日程。语言学家研究了好多种语言的音以后,经过多次修改,目前国际语音学会把语音区分归纳为 120 多个基本的小单元和 30 多个附加特征,这些语音单元和特征足以将所有人类语言必须要表达的语音对立都表示出来。根据这样的目的找出的语音小单元,叫做"音素"。也就是说,音素是人类语言最小的线性的语音单位(这一定义在第二节中还要有所补充)。比如,根据北京话的交际需求不需要区分的那一个 a,从自然属性看实际上是无数多个不同的 a,而根据已知的所有人类语言的研究,被归并成前 a(如"安"ān 中的 a)、后 a(如"刀"dāo 中的 a)两个音素[①]。

世界上的语言有好几千种,所用的音素是有限的,在语音学里经常谈到的不过不到二百个,就某一个具体的语言来说,用到的就更为有限。

三、国际音标

为了准确地分析语音,需要有一套书面上的音素标写符号。通行的文字不适合用来做这种标写符号。方块汉字自然不必说,即使是拼音文字的字母也不合适。比方英文中的 c,有时候发音和 k 一样,有时候又和 s 一样;同一个 a,在 car,play,map 三个词中,读音就三个样。在英文里单独一个 c 或 a 究竟指哪一个音呢? 只能说无法确定。因此需要专门制订一套明确的各国通用的音素标写符号。

记录音素的标写符号叫做音标。音标中最通行的是"国际音标"。国

---

① 有训练的语音学家可以区分出前 a、中 a 和后 a,曾分别写做[a][A][ɑ],但随着语言学家了解的语言逐渐增多,他们发现没有一个语言有三个 a 的对立。所以,2005 版的国际音标方案规定只区分前 a 和后 a。

际音标是国际语音协会于1888年制定并开始使用的,随着所了解的语言逐渐增多,随着对语音的认识逐渐加深,隔若干年修订一次。国际音标的制定原则是"一个音素只用一个音标表示,一个音标只表示一个音素",音素和标写符号一一对应,不会出现混淆或两可的现象。国际音标所用的符号大多数采用拉丁字母,拉丁字母不够用的时候再补充采用希腊字母,有时候也用一些字母的大写、倒写、连写或添加附加符号等办法来补充,以便准确地标记世界上各种语言的语音。为了与一般的字母相区别,通常把国际音标所用的标写符号放在方括号[ ]里。我们将在本章第三节中结合发音生理更详细地介绍国际音标。

国际音标所代表的音对于全世界的各种语言或方言都是一致的,我们不要把它和具体语言中形状相同的字母的读音混为一谈。要特别注意,同时用到国际音标和其他表音字母时,国际音标一定要放在[ ]里,因为它们所表示的音常常是不同的。例如汉语拼音方案的字母b和国际音标的[b],写法虽然一样,但代表的音不同。英语boy,book的第一个音素,上海话"跑""伴"的第一个音素都是[b],而北京话里"伴"的汉语拼音ban中b并不是国际音标[b]的这个音。汉语拼音方案里的字母b,如果用国际音标来标写,得用[p]。英语speak,spring里的p,上海话"比""把"的第一个音素也都是这个[p]。总之,国际音标加[ ]是音素的标写符号,是用于标写所有人类语言的;不加[ ]的字母是某一种语言的文字符号或只供某一种语言专用的标音符号。我们看到[ ]中的符号,就一定要把它和写法上相同的字母区别开来。

国际音标也可以用来标写一种语言的音位,标写音位的国际音标要放在双斜线/ /中(详见本章第四节)。

第二节 从声学看语音

一、语音四要素

狮吼虎啸,虫鸣鸟叫,我们听到的各种声音都是某种物体周期性振动引起周围空气粒子的周期性振动,形成声波,传到耳膜再传导到大脑的结果。这个过程中,空气粒子的周期性振动体现了声音的物理属性。

物体振动的情况很复杂,我们可以从一种最简单的"简谐振动"谈起。简谐振动是指物体振动的位移与时间之间是正弦和余弦的函数关系。比如有一种叫做"音叉"的专门器件,它的振动就属于简谐振动。音叉的振动以及它所产生的声波,可以用右图来表示:这里是两个完全的波,代表两次完全的振动。A 或 A′叫波峰,B 或 B′叫波谷。AA′或 BB′叫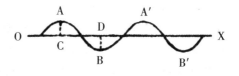
波长。AC 或 BD 则与振幅相关。每秒钟振动的次数叫频率。振幅的大小决定声音的强度;频率的多少决定声音的高低(频率的单位叫赫兹);振动时间的长短决定音的长短。不同的乐器发出的声音有质的不同,我们一听就知道是哪种乐器发出来的。声音这方面的属性叫音质。音质的问题比较复杂,留到后面再说。音高、音强、音长、音质就是一般所说的声音的四要素。语音同样也有这四个要素。a 和 i 是音质的不同。不同声调的 i(如"衣、宜、以、翼")是音高的不同。其中上声的"以"发音的时间稍长于去声的"翼",音长有差别。"帘子"的"子"念轻声,"莲子"的"子"不轻,音强有差别。

音高 音高是人们对声音高低的感知,它与发音体振动所产生的基本频率相关。人耳能够听到的频率范围在 16—20,000 赫兹之间。长而粗厚的发音体振动慢,短而细薄的发音体振动快,语音的高低和人的声带的长短、厚薄、松紧有关。一般说来,妇女和儿童的声带短而薄,所以说话时声音高一些(妇女 150—300 赫兹,儿童 200—350 赫兹),男子的声带长而厚,所以说话的声音低一些(60—200 赫兹)。同一个人的声音的高低不同,是由于人类有控制声带松紧和声带振动范围大小的能力。

音强 音强是人们对声音强弱的感知,它与声波的振幅相关。一般来说,语音的强弱跟呼出的气流量的大小和发音时用力的程度有关:发音时用力大、气流强,则发出的声音大多听起来也强,反之则听起来弱。

音长 音长是声音的长短,它取决于发音体振动的持续时间的长短。

语言中的音高、音强、音长都是相对的,不是绝对的。以音高为例:假如一个男同学和一个女同学都用北京话念"妈、麻、马、骂"四个不同声调的字,就绝对的音高来讲,女生往往比男生高,可是人们并不感到其中有什么差别。对于语言来说,重要的是"妈、麻、马、骂"这四个音之间的高低变化的对比,至于每一个音的绝对的音高变化,那是不重要的。同样,音的轻重、长短,也都是相比较而言的。

音质 音质的声学分析比较复杂,我们在下一小节再做专门的介绍。从声音的产生看,音质之所以不同,大体上由三方面的原因造成。(1)发音体不一样。同样一把胡琴,拴上丝弦和金属弦,声音就不一样。(2)发音的方法不一样,同一把胡琴的同一根弦,用弓拉和用手指弹,声音就不同。(3)共鸣器的形状不一样,把同样的弦绷在二胡上和京胡上,再用同样的弓去拉,发出的声音是不同的,这主要是由于二胡和京胡的琴筒(共鸣器)的大小、形状不同。这三个方面中只要有一个不同,就会产生不同音质的声音。

语音中音质的不同也是由这三个方面的原因造成的。具体地说,一个人发出的语音的音质决定于:(1)从肺里呼出的气流通过口腔时受不受到阻碍?如果受到阻碍,在什么部位?如果未受到阻碍,口腔的形状又是什么样的?——这些都构成不同形状的共鸣腔。(2)碰到的阻碍用什么方法克服?——这是发音方法。(3)声带振动不振动?——发音体。这几个方面,只要其中有一个不同,就会产生不同音质的音。我们前面讲到,音素是语言中最小的语音单位,现在我们要补充一句:音素是人类语言从音质角度划分出来的最小的线性的语音单位。一个音素代表一种音质,不同的音素代表不同的音质。了解音质的详细情况和它在语言中的作用,这是语音研究的首要任务。音质落实以后,才便于研究依附于它的长短、高低、轻重这些特征。相反,音乐旋律首先是音高的变化。音乐家和语言学家不同,最关心音高的变化。

二、音质的声学分析①

物体振动的情况是多种多样的。音叉的振动属于最简单的简谐振动,这种振动产生的音叫做"纯音"。一般物体的内部材料和外部性状不可能像音叉那样完全均匀一致,所以它们的振动都是复杂的:有的复杂而有规则,产生的音叫乐音,像各种乐器发出的音;语言中的元音也都是乐音。有的复杂而不规则,产生的音叫噪音,如刮风下雨、锯木泼水的声音;语言中的辅音,有的是纯粹的噪音,有的是噪音和乐音的混合。乐音是由有限多个、频率有着规则性联系的纯音构成的,噪音则是由无穷多的、频率没有规则性联系的纯音凑合成的。

每个乐音都是由若干个不同频率的纯音组合而成。频率最低的叫基音,其他的叫陪音;陪音的频率都是基音的整数倍。基音的强度最大,它的频率决定着整个音的音高。陪音的强度比较弱。由于陪音不同,才分出乐

---

① 以下两小节主要参考了王士元《实验语音学讲座》,收在《语言学论丛》第11辑,商务印书馆,1983年。

音的不同音质。

几种乐器按同一个调子合奏,它们的音高相同,发出的音的基音是一样的,可是仍能听得出钢琴、提琴、双簧管的不同,这是音质不同,是由陪音的数量、频率和强度的不同造成的。例如,有人研究钢琴的音质,在基音以外找出 15 个陪音。他求出基音为 100 赫兹时的 15 个陪音应有的频率数,然后准备了 16 支不同频率的音叉,按规定的强度给音叉以不同力量的敲击,使这些音叉同时发出声音。这时听到的音和那个钢琴的音一样。有人找出黑管的 9 个陪音,如果按同样的方法一齐敲击 10 个音叉,也能形成那个黑管的声音。

各种乐器声音的陪音不同,跟发音体和共鸣器都有很大关系。乐器总是由发音体和共鸣器两部分组成。比方胡琴的发音体是琴弦,共鸣器是安上蛇皮或木片的琴筒;笛子的发音体是笛膜,共鸣器是管身。发音体的振动是复杂的,同时产生许多不同频率的振动。共鸣器有自己的振动频率,它在发音体发出的声音的不同频率成分中选择一定的频率成分发生共鸣,加以放大,同时又抑制或吸收另一些频率成分。共鸣器的这种作用在语音音质的区分上起着非常重要的作用。

吹笛拉琴,声音的高低强弱可以千变万化,但是音质不变,始终笛子是笛子、胡琴是胡琴的声音,因为发音体和共鸣器没有改变。人类发乐音时,发音体是声带,共鸣器由咽腔、鼻腔、口腔组成,口腔咽腔能够变出更多种形状,因此能够发出"啊""伊""乌""于"等许多不同音质的乐音来。从这方面看,人类发音器官的功能比乐器高明得多。

说话时声带振动,产生的基音的频率通常叫基频,用 F0 表示,同时也产生许多陪音。这些陪音大部分被口腔、咽腔等发音声道中的共鸣腔所抑制或吸收,有一些则得到共鸣而加强,其中个别的还特别强化。人类的共鸣腔可变化为种种形状,被特别强化的陪音(在语音分析中叫共振峰,用 F1、F2、F3 等等表示)也各不一样,因而形成不同的元音。基频决定整个音的音高,这取决于声带振动的频率;共振峰决定整个音的音质,这取决于声腔的形状。正因为这样,我们保持同样的口形(共鸣腔的形状),改变声带振动的频率,可以发出同一个音的不同音高;而保持声带的振动频率不变,只改变口形,可以发出同样音高的不同元音。甚至可以没有 F0,只有 F1,F2,F3,人们仍然可以听出是哪个元音,比如在用耳语音交谈时。

在决定元音音质的共振峰频率中,最重要的是 F1 和 F2。不过 F1、F2 等等虽然各是一个数据,却代表以它为中心的一小批频率成分。所以共振峰实际上是指被共鸣腔选择和强化的一束频率成分。

下面是一些元音的共振峰分布位置示意图：

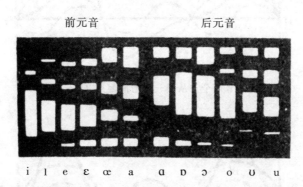

下面的一条黑带是基频，上面的依次是第一、第二、第三共振峰，其中[ɑ][ɒ][o][o]三个元音的基频和第一共振峰由于频率相近，连在了一起。

语言中的辅音都有噪音的成分。辅音的声学特点可参看第 51 页的图及有关的说明。

三、声学分析的仪器和软件

语音是一种物理现象，可以通过仪器对它进行物理分析。这是声学语音学的一项重要内容。在 20 世纪前期和中期，常见的普通仪器有浪纹计、语图仪等，20 世纪后期通常借助的工具则是专门的计算机软件。

语音一发即逝，捉摸不住，不好进行比较分析。使用这些仪器或软件的目的是要把语音变成可见的图像，以便进行分析。早期的仪器主要是浪纹计。实验者带着收音用的口、鼻、喉罩说话，声波通过导管传到鼓膜，使鼓膜上的音笔随着鼓膜的振动而上下移动，于是粘在旋转着的圆柱表面的烟熏纸上便画下振动的波纹。这种波纹就是音波的图像。

波纹变成图像，其间还有一些复杂的问题。人们听到的音一般都是由基音和陪音构成的复合波形。由于发音时基音、陪音不一定每次全都同时从一个时间起点(声学上叫做"相位")开始，这就使得同一个音各次记录下来的波形不全一样。下面的两个图显示同样的两个波的复合情况。

图 1　A,B 两个波从同一个时间起点"O"开始振动

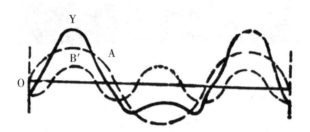

图 2　A,B′两个波从不同时间起点开始振动

如果基音 A 和陪音 B(其他从略)两个波同时从一个时间起点"O"开始向波峰升起,复合波的形状就是 X(图 1)。如果基音 A 从起点"O"开始向波峰升起,陪音从低于"O"的地方(图 2 的 B′的曲线)开始升起,复合波的形状就是 Y。Y 波和 X 波的波形不同,说明两个同样的波由于振动时基音和陪音的时间起点不同,其复合波就不一样。不过这种不同形状的复合波不会影响人们的听觉(因为耳朵不管波的振动的时间起点),只是增加了图像显示的复杂性。

浪纹计显示的音波形状都是基音和陪音结合在一起的复合波形。由于声波的振动有上述的种种复杂性,所以浪纹计所显示的复合波的形状和音质不是一对一的关系,而是多对一的关系。这说明浪纹计用于实验不够精确,还有不少问题。到了 20 世纪 40 年代,由于电声技术的发展,发明了语图仪。语图仪的工作方式不是显示一个一个音的复合波形,而是显示一个一个的音在某一范围内的全部频率的分布情况,简称频谱。这样就使语音的研究向前迈进了一步。

语图仪每次可以分析若干秒钟的录音,在记录纸上烧出疏密浓淡不等的线条。51页的图是用计算机软件做的,它与语图仪烧出的图完全相当。①

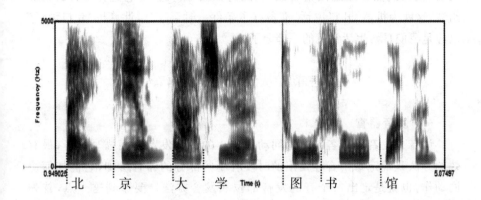

图像的横轴表示时间,即音的长短,纵轴显示这段音里每个音所含的各种频率的分布情况,线条有疏有密,有的地方是空白。每个元音都在纵轴上有若干个线条密集的带,其中位置最低的是基频(F0),反映整个音的高低。基频上面的第一个和第二个共振峰(F1,F2)的位置决定着元音的音质,有时候第三个共振峰(F3)也有重要的作用。图像的浓淡反映这个音在相应的频率区的强弱。辅音在语图上也有不同的反映。像[p、t、k]("北"、"大"、"馆"的声母)这类不送气闭塞音表现为一束窄而密集的直线条。像[ɕ][ʂ]("学"、"书"的声母)这类摩擦音的图像表现为乱纹。乱纹有比较密集的区域,叫"强频区",根据强频区的位置可以识别是什么音。"图"的声母[tʰ]是送气的闭塞音,在直线条后跟着一束乱纹,表明它是送气音。

20世纪80年代以后,语图仪也逐渐落伍,而开始使用专门的计算机用语音分析软件,比如Cooledit或互联网上就可以免费下载的Praat,都有生成语音各种声学图像的功能。比如,鼠标点点就可以显示适合观察音质的共振峰宽带频谱图、适合观察音高的共振峰窄带频谱图,或更加直观的、类似浪纹仪记录下的基频曲线。语音分析软件还可以从这些语图中提取语音分析需要的各种数据,这样就又可以反过来在这些数据的基础上人工合成语音或人工修改语音(比如把元音 a 改为 i,把上声 214 改成 212、211、21、24、35 等等,还可以把实录的男声变为女声、老年人的声音变成小孩

---

① 该图由北京大学中文系语音学硕士吴君如提供。

声音)。语音学分析仪器,特别是计算机技术的发展,终于捉住了一发即逝的音,使人们能够通过图谱看见它,通过数据分析它,对它进行多种拆卸和组装,这就为机器"开口说话"准备好了条件。时至今日,计算机"开口说话"已经是我们日常生活常见的一部分了。

第三节 从发音生理看语音

一、发音器官

语音是发音器官各部分协同动作产生的。从发音方面描写语音,最有效的办法是确定每个音在发出的时候有哪些部分的器官参加,它们如何协同动作,也就是定出每个音的发音部位和发音方法。要做到这一点,首先必须弄清发音器官的构造。

人类发音器官的整个装置像一架乐器,分三大部分:动力(肺),发音体(声带),共鸣腔(口腔、鼻腔、咽腔)。这台乐器不但发乐音,还发大量的噪音。发噪音时,发音体主要不是声带,而是口腔的有关部位,但也可以伴随声带的颤动。整个发音器官是任何乐器都望尘莫及的非常复杂的装置。

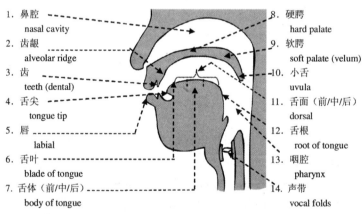

注:7(舌体)和11(舌面)是同一个部位的两个名称,前者从舌头整体的角度命名,后者仅从舌的上表面命名。4(舌尖)和6(舌叶)又统称"舌冠(coronal)"

发音器官/部位示意图①

---

① 引自黄良喜、梁源:《语音系统:从疑惑到理论的科学研究》,香港浸会大学及深圳大学,2009年草稿。

1. 肺 肺位于人体的胸腔,有左右两叶,它们可以随着胸腔的扩大缩小而扩大或缩小。肺部收缩时,里面的空气经过气管、喉头、咽腔向口腔或鼻腔外面流出,这就是呼气;肺部扩大时,空气从外边流入,这就是吸气。我们说话多利用呼气,少数语言还有一些利用吸气发的辅音。

2. 喉头和声带 喉头由软骨构成,呈圆筒形,下接气管,上通咽腔。喉头的外表是喉结,喉头内部的当中位置有一对声带。声带是两个较小的片状的肌肉组织,长度只有 13—14 毫米,前后两端黏附在软骨上,中间的通路叫声门。由于肌肉和软骨的活动,声带的打开或闭拢可以有多种状态,从而造成声门开闭的多种状态,如下面的图示。我们发 a、i、u 或 m、n、l 等浊音的时候,两片声带放松而声门闭合,气流冲击声带,声带就会发生振动,同时声门出现小的通道,从而发出元音(纯粹的乐音)和带乐音成分的辅音。不说话或者发 f、s 等音的时候,声门是大开的,气流可以自由通过,声带不颤动。

声带的位置

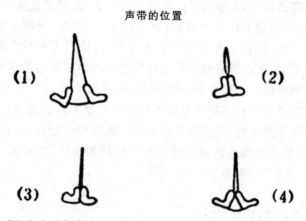

(1)声门大开,平常呼吸时的位置。(2)发浊音时候的位置。
(3)发喉塞音[ʔ]时的位置。(4)耳语时的位置。

3. 口腔、鼻腔、咽腔 口腔指位于上颌和下颌之间的空间。附在上颌的有上唇、上齿、齿龈、硬腭、软腭和小舌。齿龈是上颌前端紧接上齿的部分。齿龈的中间有一条称作"齿龈桥"的凸起,它把齿龈分为前后两部分,分别称为"龈前"和"龈后"。硬腭是在齿龈之后转向水平方向的部分,靠前的部分与齿龈相接,称为"龈腭"或"前腭",靠后的部分就是发元音[i]时与舌头最高点相对的位置,就称为"硬腭"或"中腭"。软腭也称"后腭",是腭部靠后的软的部分,它和与它连接的小舌能够上下移动。附在下颌的有下唇、下齿和舌头。舌头是最灵活的器官,在发音中起很大作用。舌头的尖端叫舌尖。舌头自然平伸时,相对于齿龈的部分叫舌叶。舌尖和舌叶又统称"舌冠",它们受控于同一肌肉群,可做出撮尖/平铺、下垂/后卷等多种动作。舌叶后面的部分叫舌面,分前、中、后三部分,其中相对于硬的前腭和中腭部分是舌面前和舌面中,相对于软腭的部分是舌面后。舌面之后转向与咽腔相对的部分叫舌根,舌根的运动可以使舌头整体向前或向后,从而使咽腔的空间扩大或缩小。咽腔在喉头上面,是口腔、鼻腔和食道会合的地方。咽腔和喉头之间有一块软骨叫会厌软骨,呼吸或说话的时候,它就打开,让空气自由出入,吃东西的时候,它就关上,让食物进入食道。由咽腔往上有两条路:一条通到口腔,一条通到鼻腔。起调节作用的是软腭(连同小舌)。软腭下垂,打开通鼻腔的通道,堵住通口腔的通道。如果软腭往上抬起,抵住喉壁,通鼻腔的路就被阻塞,气流只能从口腔出来。咽腔是人类特有的。

上述发音器官中,声带、软腭、舌根、舌面、舌冠、唇是能够主动地、彼此独立地运动的,叫做主动发音器官;而上齿下齿、齿龈、硬腭是不能主动活动的,叫被动发音器官。我们发出的声音不同,是因为参与发音动作有哪些主动发音器官、主动器官做出什么样的姿态和主动发音器官与哪些被动发音器官接触或向它们靠近等方面不同。

成人的发音器官从声带到嘴唇平均有170毫米长的通道,发音时形成咽腔和口腔两个共鸣腔,还可以打开鼻腔。喉头中声带和声门的状态复杂多变,口腔中的舌头动作快速灵活。有了这样的装置,能够发出的音的种类自然比其他动物多得多。

二、两类音素:元音和辅音

音素可以分为元音和辅音两大类。汉语拼音方案的字母 a、e、i、o、u、ü 代表的音属于元音,其他字母代表的音属于辅音。元音和辅音的区别可以从以下几个方面来考察:

1. 发元音的时候,气流通过声门使声带发生振动,发音器官的其他部位不形成任何阻碍,因而气流经过咽腔、口腔时畅通无阻。发辅音的时候都是在发音器官的某一部位造成阻碍,呼出的气流只有克服这种阻碍才能发出音来。

2. 发元音的时候,发音器官的各部分保持均衡的紧张。发辅音的时候,声道形成阻碍的那一部分器官特别紧张。例如发"东"(dōng)中的 d 的时候,只有对着齿龈的舌尖部位特别紧张。

3. 发元音的时候,呼出的气流畅通无阻,因而气流较弱。发辅音的时候,呼出的气流必须克服某种阻碍才能通过口腔或鼻腔,因而气流较强。

三、元音

元音的不同是共鸣腔的不同形状造成的。共鸣腔里面最主要的是口腔,一般元音的差别正是决定于口腔的不同形状。口腔改变形状不外三个办法:(1)把嘴张得大些或者小些,(2)把舌面的最高点放在舌面的前面或者放在舌面的后面,(3)把嘴唇撮起或者展平。舌头和下腭相连,嘴张得大,就是舌头的位置低;嘴张得小,就是舌头的位置高。所以上面三个办法可以归结为舌位的高低、前后,嘴唇的圆展。这三个因素的结合决定着每个元音的音质。

嘴唇不圆,把嘴张得最大,即开口度最大,舌面的最高点尽量往前,发出来的音像"爱"(ai)里面的前一个音,国际音标标为[a]。同样条件下把舌面的最高点向后移动,发出来的音像"昂"(ang)里面的前一个音,国际音标标为[ɑ]。

嘴唇不圆,把嘴的开口度调整到最小,舌面的最高点尽量往前,发出来的音像"衣"(yi),国际音标标为[i]。如果开口度最小但舌面的最高点尽量往后,嘴唇撮圆,发出来的音像"乌"(wu),国际音标标为[u]。

[a][ɑ]代表了舌位最低状态下的最前、最后两点,[i][u]代表了舌位最高状态下的最前、最后两点,这四个点可以作为元音发音时舌位可变动的最大范围,变更口腔的形状所能发出的元音几乎都在这个范围之内。所以,一般就以这四个点为坐标连接成一个四边形,用来表示元音发音的各种舌位,叫做"元音舌位图"(如下所示)。

图的左边一条线标志着舌位最前的限度,线上每个点代表的元音,它们的舌位前后差不多(随着口腔的张大,舌位逐步靠后,所以这条线往后偏斜),都叫前元音,差别只在舌位高低(假定嘴唇都不圆)。这条线的最高点[i],最低点[a]是我们已经知道的音。

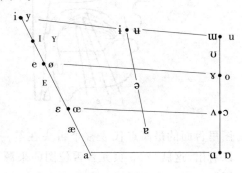

现在把从[i]到[a]的距离分成三等分,第一个三分之一处的音大致相当于"梅"(mei)里面的 e,国际音标是[e],我们称它为半高元音。第二个三分之一处的音大致相当于"街"(jie)里面的 e,国际音标是[ɛ],我们称它为半低元音。右边一条线标志着舌位靠后的最大限度,线上每个点代表的元音都是后元音,其中最高点的[u]和最低点的[ɑ],我们已经知道。其他元音我们也可以按照区分前元音的办法把右边的那条线三等分:第一个三分之一处的音相当于"波"(bo)里面的 o,国际音标是[o],第二个三分之一处的音就是英国英语 dog 里面的 o,国际音标是[ɔ]。上面介绍的八个音叫做基本元音,是一切元音的基准,其中前元音都是不圆唇的,后元音除[ɑ]以外都是圆唇的。

音标	名称	例词
[i]	前高不圆唇	北京"衣"[i]　英 beat[biːt]
[e]	前半高不圆唇	北京"梅"[mei]　英 red[red]　法"夏天"été [eˈte] 德"阅读"lesen[ˈleːzən]
[ɛ]	前半低不圆唇	北京"列"[liɛ]　英 fair[fɛə]　法"母亲"mère[mɛʀ] 德"学习"lernen[ˈlɛʀnən]
[a]	前低不圆唇	北京"担"[tan]　英 fly[flai]
[u]	后高圆唇	北京"屋"[u]　英 room[rum]
[o]	后半高圆唇	北京"波"[po]
[ɔ]	后半低圆唇	广州"火"[fɔ]　英 all[ɔːl]　法"记号"note[nɔt] 德"太阳"Sonne[ˈzɔnə]
[ɑ]	后低不圆唇	北京"刀"[tɑu]　英 half[hɑːf]

下图是 X 光照相得出的八个基本元音发音的舌位图像:

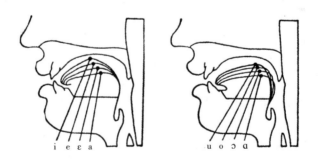

图里舌面的最高点代表整个舌头在某一前后高低坐标上的位置。我们可以看出,这就是 55 页元音舌位图的来源。舌位图只管舌位,不反映嘴唇的圆展。每一个不圆唇元音差不多都有相对应的圆唇元音,每一个圆唇元音都有相对应的不圆唇元音。按规定,所有的圆唇元音都写在斜线的右边,不圆唇元音写在斜线的左边。

按照某个音在舌位图上的位置,比较八个基本元音,我们就能知道这个元音舌位的前后、高低应该是什么样的,嘴唇的状况如何。心里有了这个坐标,再去模仿别人的发音,会比没有分析的盲目模仿更容易领会。

现在我们在舌位图上再加些常见的音。

首先,在前元音和后元音的中间可以增加央元音的系列。这个系列的高元音是[ɨ]和[ʉ],它们是从[i]到[u]的中点。不圆唇的[ɨ]代表的音相当于俄文字母 ы 的发音,圆唇的[ʉ]是美国英语中 two 中元音的发音。舌位高低为中的央元音是[ə],北京话轻读的"的""了"中的元音就是[ə],各个语言轻读音节中的元音也通常是[ə]。它的舌位不高不低,不前不后,唇介乎圆与不圆之间,是发音器官处在自然的状态下发出的音,所以还有个专门名称叫做"混元音"。[ɐ]则在北京话的儿化韵中经常出现,ai 韵、an 韵儿化后的主要元音都是这个[ɐ]。

其次,从嘴唇状况可以增加:

[y]	[i]的圆唇	北京"女"[ny]	
[ø]	[e]的圆唇	上海"干"[kø]	法"少量"peu[pø] 德"油"Öl[øːl]
[œ]	[ɛ]的圆唇	广州"靴"[hœ]	法"害怕(名词)"peur[pœʀ] 德"词(复数)"Wörter[ˈvœʀtɐ]
[æ]	在[ɛ][a]之间	苏州"好"[hæ]	英 map
[ɤ]	[o]的不圆唇	北京"哥"[kɤ]	
[ʌ]	[ɔ]的不圆唇		英 but

四、辅音

辅音的共同特点是气流在一定部位受到阻碍,通过某种方式冲破阻碍而发出音来。受阻的部位就是发音部位,形成和冲破阻碍的方式就是发音方法。发音部位还可以进一步区分为主动发音器官和被动发音器官的位置。明确了这几个方面,就能正确地发出一个辅音来。

下面先介绍几对比较常用的发音方法:

1. 清和浊 辅音的发音体是阻碍气流的发音部位,但有时声带也参与发音。发音时声门微闭、气流上来后声带颤动的辅音叫浊辅音,声门大开、声带不颤动的叫清辅音。北京话中 l、r[ɻ]、m、n、ng[ŋ]这五个辅音是浊辅音,其余都是清辅音。北京话有清音 f、s,而没有像英语里的 v、z 那样的浊音。我国好多地区的方言也是如此,所以这些地区的人在学习外语的这些浊辅音时往往发得不太准确。

2. 送气和不送气 送气、不送气在汉语里分得很清楚。比方普通话里的"爸"和"怕","大"和"踏","贵"和"愧"的区别就在前一个字的辅音是不送气的,后一个字是送气的。发送气音的时候,喉头同时带有像英语 h 那样的摩擦。所以国际音标写送气音的办法是在不送气辅音的右上角加个小"h"[①]。比方上面这三对字的辅音,不送气的是[p][t][k],送气的是[p^h][t^h][k^h]。这里要注意国际音标和汉语拼音字母的区别。按照汉语拼音,上面三个不送气的辅音写成 b、d、g,送气的写成 p、t、k。

3. 塞、爆与擦 "塞"就是闭塞,它是指发音器官的某两部分紧紧靠拢,完全堵住气流的通路,气流堵在口腔,对口腔形成很大的压力。闭塞之后突然打开,让压力很大的气流冲出而发出声音,这叫做爆[②],这种情况有点像开启汽水瓶的盖子。[p、t、k、p^h、t^h、k^h、b、d、g]等音都有闭塞过程,都是塞音。同时这些音也都有闭塞后打开让气流冲出的过程,所以也都又叫做"爆音"。"擦"就是摩擦。与塞音不同,发擦音时发音器官的某两个部分只是靠近,留下一个狭窄的缝隙,让气流从这个缝隙中挤出来。如果气流通过的缝隙在口腔的正中,这就是通常所说的擦音,例如北京话的"夫""思""喝"的起首辅音 f[f]、s[s]、h[x]。

塞和擦两个方法还可以结合起来,先塞后擦,发出塞擦音。塞擦音是部位相同、清浊一致的一个塞音和一个擦音紧密地结合在一个发音过程里发出来的音,听起来并不比单独的擦音长。例如北京话的 z[ts]是舌尖前清塞音[t]和同部位的清擦音[s]的合音,发音过程的前半段按塞的方法完全堵住气流,后半段改用擦的方法,给气流一个狭窄的缝隙,让它从中间挤出来。北京话的 z、c、zh、ch、j、q[ts、ts^h、tʂ、tʂ^h、tɕ、tɕ^h]都是塞擦音。

4. 鼻音和口音 发出的辅音是鼻音还是口音,这是软腭(连带小舌)在起作用。软腭低垂,堵住口腔的通道,让气流从鼻腔出来,就产生鼻音;软腭上升,堵住鼻腔的通道,让气流从口腔出来,就产生口音。比方"爸"(b[p])和

---

① 早期的国际音标还可以用右上加"'"的描写法,如"怕"的声母还可以写做[p']。这一写法现已废弃。

② 英文为 plosion。《语音学和音系学词典》([英]特拉斯克著,语文出版社,2000 年)译为"破裂",也有译做"爆发"或"爆破"的。

"妈"(m[m])两个字的辅音的发音过程都是双唇由紧闭到突然打开。但发"爸"时气流从口腔出来,是口音,发"妈"时气流从鼻腔出来,是鼻音(另外,发 b[p]时声带不颤动,发 m[m]时声带颤动,还有清浊的区别)。常见的鼻音还有 n("努"[nu])和 ng(上海话"饿"[ŋu])。和它们相应的口音就是 d("堵"[tu])和 g("古"[ku])。

5. 颤音、闪音或搭音、边音、近音和半元音 "颤"就是颤动,它是舌尖、小舌这两个柔软的尖状物处在十分放松并有气流的冲击的状态下连续颤动而发出的音。它们的颤动导致气流呼出的通道被堵住后又迅速打开,再迅速堵住和打开,好像是紧紧相连的一小串塞音。俄语的 r(如 ruka,手)是舌尖颤音[r],法语的 r(如 la robe,袍子)是小舌颤音[ʀ],德语的 r(如 die Reise,旅行)可以是舌尖颤动,也可以是小舌颤动。汉语没有舌尖颤音和小舌颤音,发音中也不用小舌部位。小舌颤音是汉语母语者外语学习中最难掌握的音之一。"闪音或搭音"是舌头颤一次发出的音,如英语 very 中的处于弱读音节中的 r[ɾ]。俄罗斯人说英语,常常把 r 一连打几个滚儿,这是用颤音代替了闪音。"边音"是在舌头的中间位置堵住气流出路,让气流从舌头的两边流出的发音方式。北京话的 l[l]是在舌尖和齿龈部位堵住气流、气流从舌两边流出的边音。近音、半元音介乎擦音和高元音之间,也即发音通道留有比擦音大但比高元音小的缝隙,所以气流通过时受到的阻碍小于擦音大于高元音,只是稍微有些摩擦。两者的区别在于近音的舌头姿态与辅音近似而半元音与元音近似。例如英语非弱读音节中的 r,如 red 中的 r 是个被动发音部位与 z 相同(龈后)但摩擦更小的近音[ɹ];北京话中大多数人"日"的起首辅音是个与卷舌擦音[ʂ]的发音部位和姿态都相同但声带振动、摩擦更小的近音[ɻ],英语 yes 中的 y[j]、walk 中的 w[w]则分别是与元音[i][u]发音姿态相同但摩擦稍大的半元音。另外,由于舌头两侧有通道,发边音时的气流摩擦也很小,所以边音也叫做"边近音"。

下面沿着气流通过声带进入口腔排出体外的线路,列举沿线的重要发音部位。

首先,声门本身也可以是一个发音部位。例如上面讲到的送气成分就是气流和张开着的声门发生轻微摩擦产生的。这个音就是英、德、日等语言里的 h[h]。这个部位叫喉门,比北京话的 h[x]后得多。以为北京话的[x]就是英语等的[h],用它来发 have、hand 等等,这是不对的。

气流进入口腔,发音部位的第一个大站舌面后[1]。舌面后辅音几乎所

---

[1] 有的语言还有舌根向咽壁后缩接触的咽音,本书不拟讨论。

有语言都使用,发音时舌面的后部往上抬,向软腭靠拢,使气流受阻。北京话的g、k、ng、h[k、kʰ、ŋ、x]都是舌面后音。

舌面后的前面是舌面中,它和硬腭后半部(中腭)配合发出的音叫舌面中音。这个部位正是发元音[i]时的舌位。不过[i]是气流不受阻碍的元音,如果舌头保持发[i]时的舌面高点,再往上抬一些,接近硬腭的后半部,发生轻微的摩擦,就能发出"夷"或英语的 yes 开头的 y[j]。这个[j]就是舌面中半元音。如果舌面中与中腭十分接近,气流从缝隙中通过时摩擦很大,就形成舌面中擦音,如湖南韶山方言的"奚"[çi]中的[ç]。

舌面中最靠前的部分是舌面前,它和齿龈与硬腭的交界处(前腭)配合节制气流,可以发出舌面前音。北京话的 j、q、x[tɕ、tɕʰ、ɕ]就是这一类音。

舌面前的前面是舌冠。舌冠(舌头前部)平展着上抬,和齿龈后(齿龈桥之后、硬腭之前)部位会形成一条线状的接触带,从而节制气流,发出舌冠-齿龈后音,也称"舌叶音"。例如英语的 China[tʃainə],bridge[bridʒ],short[ʃɔt]中的[tʃ、dʒ、ʃ]都是这一类音。汉语广东方言中也有这一类音,大体上北京话念[ts、tsʰ、s、tʂ、tʂʰ、ʂ、tɕ、tɕʰ、ɕ]的,广东话都念成[tʃ、tʃʰ、ʃ]。舌叶音在英、德、法、俄各种语言里都有,而汉语好多方言里没有。汉族人学外语常常不自觉地用舌面前音去代替,这点需要注意。

舌冠最前面的部分是舌尖。舌尖在发音中是最灵活的部分,可以和好几个部位配合构成阻碍,节制气流,发出各种不同的音。如果舌头卷起,以撮尖的舌尖向后翻上顶住上齿齿龈桥后的位置,可以发出顶音(舌头正面与齿龈桥后接触)或卷舌音(舌头的背面与齿龈桥后接触)。一般称作"卷舌音"的北京话的 zh、ch、sh[tʂ、tʂʰ、ʂ],实际是顶音。如果撮尖的舌尖抵住上齿齿龈桥前的位置,或者舌尖自然下垂至下齿,这两种情况都可以在上齿齿龈桥前的位置形成对气流的节制,发出舌尖-齿龈音。例如北京话中的 z、c、s[ts、tsʰ、s]有以上两种不同的情况,不同的人的舌尖位置有不同,而 d、t、n、l[t、tʰ、n、l]只有后一种情况。如果舌尖抵在上下齿之间,就可以发出舌尖-齿间音,如英语 thing[θiŋ],father[faːðə]中的[θ][ð]。

气流再往前,会受到唇的阻碍。上齿和下唇配合所发出的音叫唇齿音,如汉语的 f[f],英语的 f 和 v[f、v]。由双唇形成阻碍而发出的音叫双唇音,如北京话的 b、p、m[p、pʰ、m]。双唇音和唇齿音也可以合称唇音。

上面介绍了辅音的主要的发音方法和发音部位。如果以部位为经,方法为纬,画成辅音表,那么每个辅音的发音都可以从表上找到。辅音表和元音舌位图都是语言研究成果的结晶。下面是经过简化的辅音表,主要列出北京话和英语中使用到的或本章讨论中提到的辅音音素。为了排版的方便,发音方法的不送气/送气、清/浊放在同一格中,按照先清后浊,先不送气后送气的次序排列。下表中的阴影区域表示被认为不可能发的音,无阴影的区域,多半在其他语言中有可以发出的音,只是我们没有列出。

辅 音 表①

	双唇	唇齿	舌尖齿间	舌尖龈前	舌叶龈后	卷舌	舌面前龈-腭	舌面中硬腭	舌面后软腭	小舌	声门
塞	p pʰ b			t tʰ d					k kʰ g		ʔ
擦	ɸ β	f v	θ ð	s z	ʃ ʒ	ʂ ʐ	ɕ ʑ	ç j	x ɣ		h ɦ
塞擦				ts tsʰ dz	tʃ tʃʰ dʒ	tʂ tʂʰ dʐ	tɕ tɕʰ dʑ				
鼻	m			n					ŋ		
颤				r						R	
闪/搭				ɾ							
边近音				l							
近音和半元音	w ɥ	ʋ		ɹ		ɻ	j(ɥ)*	(w)*			

* 音素[ɥ]、[w]分别有两个发音部位。[ɥ]为唇兼舌面中-硬腭,[w]为唇兼舌面后-软腭。

发音的可能的部位很多,可能的方法也不少,每种语言都只用其中的一部分,加以搭配,构成自己的发音基础。孩子从小学习母语,一般到十二岁的时候,母语的发音基础已经生根,学习其他语言的音就比较困难。母语发音基础的干扰是学习外语语音的主要障碍,不过这种障碍是有办法克服的。

首先,各种语言选择的部位和方法有很大的共性。例如双唇、舌尖、舌面等主动发音器官,齿龈、齿龈桥、硬腭、软腭等被动发音位置,塞、擦、塞擦、鼻这些方法,几乎每种语言里面都有。困难在于部位和方法的搭配可能不同,只要改变搭配的习惯,就能正确地发出一部分陌生的外语音来。比方北京话的塞音没有伴随声带颤动的浊音,要发出浊塞音,必须设法把

---

① 本表主要根据国际语音学会颁布的国际音标辅音表的主表,但根据汉语的情况做了一定的调整。主要的不同有:A. 原主表在舌和声门之间还有"咽"这个发音部位,但没有舌面前这一列的音和各格中的送气音(这些音被放在主表之外的"其他符号"次表中)。B. 原主表第一行辅音的英文名称是 plosion,中文译名当作"爆",这里根据国内学界的习惯用了"塞"。

声带的颤动加入到相应的清塞音的发音动作中去。声带颤动这个要素是发元音的时候必然出现的,北京话里当然有。要是我们连续不断地发元音[u],同时使下唇和上齿接触,做发[f]的动作,我们就能够把声带颤动带进[f]里去,发出相应的浊音[v]。同理,也可以不断发[u]带出[b],不断发[ɤ]带出[d]或[g]。也有人用发鼻音的方法带出同部位浊塞音。

外语中有些发音部位和方法是汉语里面没有的,比方舌叶—龈后、小舌这两个部位,颤、闪这两种方法。舌叶音是学习外语时经常碰到的音,汉语除粤方言等少数方言外,没有这种舌叶音,需要自己去建立。明白音理有助于新音素的掌握。比方我们从正面知道舌叶音[tʃ]是舌头的哪一部分同上腭的哪一部分接触,从反面知道它和北京话里相近的[ts]和[tɕ]有什么差别,我们就能自觉地模仿,检验自己的发音是否正确。

明白游泳的道理对于初学游泳的人来说固然有用,可是要熟练地掌握游泳技术,还得多练。本族语的发音基础是比较顽强的习惯,要克服障碍,掌握新的音素,同样也靠多练。

辅音发音举例

国际音标	汉语拼音字母	汉语例字	外语例词
p	b	巴[pa]	
pʰ	p	怕[pʰa]	
b		(上海)排[ba]	英 be
m	m	妈[ma]	
ɸ		(诸暨)夫[ɸu]	日"船"[ɸune]
w	w	王[waŋ]	英 wait
f	f	法[fa]	
v	v	(上海)肥[vi]	
θ			英 thin
ð			英 this
t	d	打[ta]	
tʰ	t	他[tʰa]	
d		(上海)大[da]	英 day
n	n	拿[na]	
r			俄 raz 德"旅行(动词)" reisen,也可念[ʀ]
ɾ			英 very
l	l	拉[la]	

续表

s	s	苏[su]	
z		（上海）查[zo]	英 zero
ɹ			英 red
ts	z	祖[tsu]	
tsʰ	c	粗[tsʰu]	
ʂ	sh	沙[ʂa]	
ɻ	r	入[ɻu]	
tʂ	zh	煮[tʂu]	
tʂʰ	ch	出[tʂʰu]	
ʃ		（广州老派）诗[ʃi]	英 she 法"中国"Chine 德"鞋子"Schuh
ʒ			英 pleasure 法"我（第一人称单数主格）"je 德"天才"Geniet
tʃ		（广州老派）止[tʃi]	
tʃʰ		（广州老派）耻[tʃʰi]	英 watch 德"啪（象声词）"patsch
dʒ			英 jump
ɕ	x	西[ɕi]	
tɕ	j	居[tɕy]	
tɕʰ	q	去[tɕʰy]	
ç		（韶山）戏[çi]	德"我（第一人称单数主格）"ich
j	y	杨[ʲiaŋ]	英 yes
k	g	钩[kou]	
kʰ	k	口[kʰou]	
g		（上海）茄[ga]	英 go
ŋ	ng	东[tuŋ]	英 sing
x	h	好[xau]	俄"好"xorošo
R			法"玫瑰"rose 德"旅行（动词）"reisen（也可念[r]）
h		（上海）好[hɔ]	英 hot 德"有"haben

* 本表按照发音部位的前后排列，通过举例提示音值。凡是汉语例子能说明问题的，不再举外语例子，外语举例也以英语为主，兼及其他语言。

** 北京话的 r 有的教材上标做卷舌浊擦音[ʐ]，但实际上它的摩擦很小，当是卷舌近音[ɻ]。

第四节　音位与音系

一、对立和互补

我们在声学一节讲了语音的物理属性,在发音部分讲了语音的生理属性,合起来也就是语音的自然属性。这两部分都以人类可能发出的最小的线性语音单位——音素作为考察的基点。音素是可供语言使用的物质材料,各种语言都可以到这个材料的仓库里去挑选。事实上每种语言都只选择一小部分音素,按一定的方式加以使用。现在我们要进一步从语音材料的仓库追踪到具体语言的现场,考察一种语言为了适应社会交际的需要采用了哪些音素,如何加以使用。这样,我们的研究就从语音的自然属性转到语音的社会属性、符号属性,从语音的一般的生理－物理特点转到它在特殊语言系统里的作用。这些问题属于音系学探讨的范围。

音素是从音质角度划分出来的最小的线性的语音单位。同样一个音素,就其自然属性来说,对各个语言来说都是一样的,但在不同语言中所起的作用却可以很不一样,正像一棵树锯出的木料在这家做了床板,在那家打了衣柜。例如不送气的[p]和送气的[pʰ]是汉语和英语里都有的两个音素(按照汉语拼音方案,[p]写作 b,[pʰ]写作 p),但是它们的作用大不一样。[p]和[pʰ]在汉语里有区别词的语音形式的作用,比方"标"[piau]和"飘"[pʰiau]语音上的不同仅仅在于前者是不送气的[p],后者是送气的[pʰ],汉语母语者就可以听出它们是两个不同的词。两个音素在周围的音都相同的环境下独立承担区别词的语音形式的作用,叫做"对立关系"。人们对处于对立关系的音的区别十分敏感,一定会认为它们是完全不同的两个语音单位。在英语里,[p]只出现在[s]的后面,[pʰ]只出现在词的开头和其他位置,比方 sport 的 p 发成[p],port 的 p 发成[pʰ]。如果你把它们换一下,别人只会感到你发音不地道,却知道你说的是什么,不会引起混淆。在英语里,[p]出现的位置不会出现[pʰ],[pʰ]出现的位置不会出现[p],它们的出现环境互相补充,这叫做"互补关系"。与对立关系不同,互补关系的两个音不一定有区别词的语音形式的作用。比如,英美人碰到 sport,会把 p 自然地发成[p],碰到 port,会把 p 自然地发成[pʰ],可是对它们的区别往往很漠然,虽经别人点破能够意识到,但仍然认为它们可以算作一个语音单位,至少它们的差别并不重要,这就是属于没有区别词的语音形式作用的情况。[p]和[pʰ]的自然属性在汉、英两语言中是相同的,但能否区别词的语音形式的作用却完全不同。汉语拼音方案为它们设立两个字母，英文却只为它们设立一个字母，从中可以清楚地看到它们在汉英语言中的不同作用。可以说，了解音素在具体语言中的不同作用及其中的原理，对于掌握另一种语言或方言是至关重要的。

音素在一个语言中的互补关系主要体现为组合条件的不同，特别是音节中的语音组合条件。比方说，汉语里的"哀""安""啊""熬""昂"五个语素的语音形式，用汉语拼音方案写出来是这样的：

哀　安　啊　熬　昂
ai　an　a　ao　ang

其中都包含一个 a。如果我们仔细比较一下这五个语素中的 a，就会发现这里有两个不同的 a，即两个不同的音素："哀""安""啊"中的 a 是前[a]，"熬""昂"中的 a 是后[ɑ]。它们各有自己的语音条件：韵尾[i][n]之前是[a]，因为[i]是前元音，[n]是发音部位靠前的辅音，前[a]与之组合，发音比较方便；[a]单独作韵母比[i][n]韵尾之前的略微偏后，舌位居央，但也可归入前 a 的范畴①；[u][ŋ]之前是后[ɑ]，因为[u]是后元音，[ŋ]是发音部位靠后的辅音，后[ɑ]与之组合，发音比较方便。所以，虽然汉语的 a 其实有前、后两个，但它们的差别决定于出现的环境。这种差别汉族人的感觉是很漠然的，把它们当作一个语音单位，拼音方案也只设立一个字母。可是，在有的语言里，[a]和[ɑ]分得很清楚，好像汉语母语者认为[p]和[pʰ]是完全不同的语音单位一样。日语 hito（人），hata（旗），hune（船）里面的 h 随着后面元音的不同分别为[ç][h][ɸ]三个擦音。英语的 k（或写作 c,ch）花样更多：它在 s 后面是不送气的[k]，而这个[k]又随着后面元音舌位的不同，发音部位有前后的差别，例如 ski,school,scot 里面的[k]，在阿拉伯人听起来是前、后、中三个不同的[k]，英美人却认为是同一个语音单位，对它们的区别是漠然的。不在 s 后面的 k 是送气的[kʰ]，它同样也随着后面元音舌位的不同而发成不同的花样，例如 keep,cool,call 三个词开头的[kʰ]有前、后、中三种不同的部位。其实英语的 p、k（还有 t）在 s 后面发成不送气的[p][k][t]，也是它们适应 s 的结果。这从实际发音中可以体验出来。如果你愣把 sport、scot 里面的 p 和 c 发成送气的[pʰ][kʰ]，会感到不如发不送气的[p][k]自然。总之，处于互补关系中的音素由于没有区别词的语音形式的作用，

---

① 原来用音标[ᴀ]来表示，称作中 a。现在这一音标只在十分细致讨论音值的时候才使用。

这就为把不同的音素归属于一个语音单位提供了一种可能的条件。

对立和互补是语言里音与音之间的两种重要关系,是我们考察一个音素在具体语言中的作用的根据。彼此对立的音素,例如汉语里的[p]和[pʰ],英语里的[p]和[b](请比较 pig"猪"和 big"大"),都起着区别词的语音形式的作用,它们肯定是被语言社会当作不同的语音单位来使用的。而互补的音素,如汉语的[a][ɑ],英语的[p][pʰ],不起区别词的语音形式的作用,如果彼此语音相似,它们就会被语言社会当作同一个语音单位来使用。

二、音位和音位变体

我们了解了音素的对立关系和互补关系,就可以进一步讨论一种语言的语音系统中的最小语音单位了,这就是一般所说的"音位"。

凡是处于对立关系中而能区别词的语音形式的几个音素必定分属于几个不同的音位。分析音位的方法是先挑选出适当的词或语素(最好是单音节的),连续替换这个词的读音中的某一个音,看是否能形成别的词的读音。如果能够形成,说明这些彼此替换的音有区别词的语音形式的作用,它们是对立的,可以给它们立音位。比方我们选出汉语的"标"[piɑu],如分别用[pʰ][t][tʰ]替换[p],就得出[pʰiɑu](飘)、[tiɑu](刁)、[tʰiɑu](挑)……这种替换说明"标、飘、刁、挑"等词的语音形式依靠[p][pʰ][t][tʰ]来区别,我们应该给这四个音素立四个音位,写成/p/ /pʰ/ /t/ /tʰ/(音位的标写法是在左右各加一条斜线)。每个音位出现在不同环境里的时候,语音上会有一些细微的改变(请比较 pi,pu 里面的 p),由于变化太细,可以不加考虑。我们还可以举一些英语的例子:

pill	[pil]	(药丸)
bill	[bil]	(账单)
till	[til]	(抽屉)
dill	[dil]	(莳萝)
kill	[kil]	(杀)
gill	[gil]	(鱼鳃)
……		

词首辅音的不同区别了词的语音形式,因而我们应该给英语立出/p/ /b/ /t/ /d/ /k/ /g/等音位。对立关系是划分音位的主要根据。

要说明的是,由于语素、词都是音义结合的语言符号,音位区别了语素或词的语音形式,通常同时也就区别了语素和词的意义。但严格地说,"区分词的语音形式"与"区别意义"并不完全是一回事。比如北京话中"爬""耙""扒"的意义并不相同,但语音形式都是/pʰa³⁵/,也即音位并不能把这三个语素的不同意义区分开来。所以,严格地说,音位所起的是区分词或语素的语音形式的作用:音位序列相同的是语言中的同音词或同音语素,音位序列不同的是语言中不同音的词或语素。

处在互补关系中的相似的音素彼此不对立,即不起区别词的语音形式的作用,我们可以把它们归并为一个音位。如果它们被归并为一个音位,则处于互补关系中的各个音素就被看成为同一个音位在不同位置上的代表,是同一个音位的不同的变异形式,所以我们把它们叫做音位变体。英语里的[p][pʰ]处于互补关系当中,是同一个音位的两个变体。这个音位写成/p/或者写成/pʰ/都无不可,不过一般总是选择比较常用的音标,写作/p/。英语的/p/就包含[p][pʰ]两个变体。同理,我们可以把汉语里的[a][ɑ]归成音位/a/,日语里的[h][ç][Φ]归成音位/h/。上述各个音位的变体,它们的出现条件受环境的制约,可以叫做音位的条件变体。

音位的条件变体不能只凭互补关系来定,它们还需在语音上相似,彼此的差别能够用出现的环境来解释。例如北京话里的绝大多数辅音只出现在音节的开头,比方说[p][pʰ][t][tʰ],而[ŋ]只出现在音节的末尾,出现的环境是互补的。但是[t]和[ŋ]在语音上差别很大,而且我们无法说明何以音节的开头要用[t],音节的末尾要用[ŋ],所以[t]和[ŋ]不能归并为一个音位,必须分别单独设立音位。也就是说,在确定音位的时候,互补的原则一定要结合语音的近似特征来运用,不然也可能会把毫不相干的音归并为一个音位。

在有些语言或方言中,处在同样位置上的几个音可以自由替换而不起区别词的语音形式的作用。例如重庆、武汉、南京等地的[n]和[l],东北有些地方的[ts, tsʰ, s]和[tʂ, tʂʰ, ʂ],在相同的环境中随便念哪一个都可以,"南"与"兰"在武汉等地不分,既可以念[nan],也可以念[lan];"山"与"三"在东北有些地方不分,既可以念成[san],也可以念成[ʂan]。这里的[n]和[l],[s]和[ʂ]在各自的方言中就都是同一个音位的变体。因为它们之间的相互替换是自由的,没有条件的限制,可以把这种类型的变体叫做音位的自由变体。

音位是具体语言中有区别词的语音形式的作用的最小语音单位。音位的分析对拼音文字的创制有极密切的关系。理想的拼音文字应该用为数较少的字母就能有效地拼写语言中全部的音,这就需要对语言的音位有深入的分析。如果以音素为单位,一个音素就给设计一个字母,那么北京话中的[a][ɑ]就需要两个字母;日语里的[h][ç][ɸ]就需要3个字母,如果以音位为单位,只分别需要一个字母 a 和 h 就可以了。这样既有利于教学、书写,减轻人们的学习负担,也可以在印刷中节省大量的人力、物力。

关于音位和音位变体之间的关系,在语言学里有不同的说法,这里不去深究。为了方便起见,我们可以理解为类别和成员的关系。类别由成员组成,成员的数目可以多少不等。北京话的音位/a/是一个音的类别,它至少包含[a][ɑ]两个成员①,也就是/a/至少包含两个变体。北京话的/p/也是一个音的类别,按理它也有不同的成员,因为它在不同位置上的差别很小,一般算它只有一个成员[p],即北京话的/p/只有一个变体[p]。"变体"不是相对于"正体"而言的,所有的成员都叫变体。在各个变体当中,有时需要选一个变体代表整个音位。被选的往往是印刷上最常用的、或者语音上受邻近的音影响最小的那个变体。例如北京话中/a/音位选用 a,就同时符合上面两条标准。

语言里的音位是特定系统的成员。每个音位都是和系统中别的音位相对而在系统中起作用的。因此不但要看它自身的自然属性是什么,还要看它的自然属性不能是什么,也即与其他音位的相互关系是什么。比方汉语/p/的旁边有/pʰ/,/p/不能是送气的,但不妨是浊的;英语/p/的旁边有/b/,/p/不能是浊的,但不妨是送气的。所以,离开对立和系统,无所谓音位,正像把红灯从交通灯上拆下来安在洗相片的暗室里,它不再有禁止通行的作用一样。音位既然是一定系统的成员,两种语言标音上相同的音位当然不能对等。这情况很像货币,人民币的"元",美元的"元",日元的"元"各有自己的价值,要经过复杂的换算才能比较。

三、音质音位和非音质音位

前面讲的音位是以音素为材料,从音质的角度来分析的,叫做音质音位。在语音中,除了音质以外,音高、音强、音长也能区别语言单位的语音形式,从而起区别意义的作用,因此也能构成音位。我们把这种具有区别词的语音形式的作用的音高、音强、音长叫做非音质音位,以区别于由音素

---

① 事实上北京话 ian 韵中的/a/是[ɛ],anr 韵中的/a/是[ɐ]。也即北京话的/a/音位至少有[a][ɑ][ɛ][ɐ]四个变体。

(从音质角度划分出来的最小的语音单位)构成的音质音位。

在非音质音位中,我们最熟悉的是由音高构成的音位。汉语的声调有区别词的语音形式的作用,它是由一个音节之中音高的高低及其变化曲线表现出来的。同一个音节,声调不同,词或语素的语音形式就不同,因而意义也不同。"妈""麻""马""骂"的元音辅音和它们组合的顺序是一样的,都是/ma/,只是由于音高变化不同才使它们成为语音形式不同、意义迥异的四个语言单位。这种有区别词的语音形式的作用的音高变化,我们叫做调位,它是一种非音质音位。北京话有阴平、阳平、上声、去声四个调位;上海话有阴平、阳平、去声、阴入、阳入五个调位;广州话有阴平、阳平、阴上、阳上、阴去、阳去、阴入、中入、阳入九个调位。我国的藏语、苗语、壮语等语言也各有数量不等的调位。

在有些语言里,重音和轻音、长音和短音也可以有区别词的语音形式从而区别意义的作用。英语用重音来区别词的语音形式,例如 cóntent 是形容词,意思是"满足",content 是名词,意思是"内容"。语言学中把这种能区别词的语音形式的重音叫做重位或势位。英语还用元音的长短来区别词的语音形式,如 beat/biːt/(打)和 bit/bit/(少许)。这在语言学中叫做时位。

调位、重位、时位都是非音质音位,其数目和包含的具体内容在各语言或方言中是不同的。

第五节　音位的聚合

一、区别特征

语言里的音位彼此对立,所以能够区别词的语音形式,从而区别意义。音质音位是时间维向上线性切分的最小音系单位。如果不限于线性切分,则音位还可以进一步分析为一个或几个发音特征的区别。例如北京话的辅音音位/p/ /pʰ/ /t/ /k/ /m/:

/p/	双唇	口	不送气
/pʰ/	双唇	口	送气
/t/	舌尖	口	不送气
/k/	舌面后	口	不送气
/m/	双唇	鼻	

/p/以不送气与/pʰ/相区别,以双唇与/t/ /k/相区别,以口音与/m/相区别。具体语言中有区别音位的作用的发音特征,叫做该语言的区别特征。每一个音位都可以分解为几个不同的区别特征。运用区别特征比较容易说清楚音位在具体语言中的特点和具体语言语音系统的组织方式。这个道理和人们认识原子的过程是一样的:有了原子的概念,固然可以说明物质的构造,但是要说明原子本身,还得对它进行更细的分析,找出构成原子的基本粒子。

音位的区别特征虽然可以从声学方面(声谱的图形特点)来分析,也可以从发音方面来分析,但是发音方面的分析与音位在语音系统中的作用更加相关。同时,我们已经大致掌握了发音原理,从发音的方面来定区别特征也更容易理解一些。每个元音都有自己的舌位和唇形,每个辅音都有自己的主动发音器官、被动发音部位和发音方法,这些发音要素正可以用作音位区别特征的基础。上面所列的区别特征都是从发音方面来定的。

语言里的音位利用哪些特征和其他音位对立,这由它在音位系统里所处的地位而定。北京话的/p/,如上所述,以"双唇"与/t/ /k/相区别,以"不送气"与/pʰ/相区别,以"口"和/m/相区别,但不通过"清"与其他音位相对立,因为北京话的塞音、塞擦音没有浊音音位。北京话/p/的区别特征是:双唇、塞、口、不送气。这里增加了一个"塞",以区分塞音、擦音与塞擦音。英语里也有个/p/音位,它在自己的系统里所处的地位和北京话的/p/不一样,所以它的区别特征也不同于汉语的/p/。英语的/p/也通过"双唇"与/t/ /k/相区别,通过"口"和/m/相区别,但它还通过"清"和浊音/b/相区别。它的区别特征是:双唇、清、塞、口,没有北京话的"不送气"这个区别特征。

二、音位聚合群

语言中的音位不是孤立的,每个音位都通过自己的区别特征和其他有共同特征的音位联系着,聚合成群。由于一个音位常常有多个区别特征,所以同一个音位也就常常同时处于多个聚合群。比方北京话的/p/音位至少同时处在两个聚合群中:按部位,它是双唇聚合群/p pʰ m/的成员(为简化分析,这里不列擦音),按发音方法,它是不送气、塞、口音聚合群/p t k/的成员:

p		t		k
p^h				
m				

纵行是双唇的聚合,横行是(不送气)塞音的聚合,/p/处于双向的(部位的和方法的)聚合中。处于这种聚合中的音位,结构上具有平行对称的特点,/p/的双唇聚合群既然有送气的塞音/p^h/、鼻音/m/与之对立,那么/t//k/两行肯定也会有相应的同部位的送气塞音(/t^h//k^h/)和鼻音(/n//ŋ/)与之对立,相互间呈现出平行的、对称的系列。这样上表中的空格就可以用/t^h n/和/k^h ŋ/去填补,成为:

p	t	k
p^h	t^h	k^h
m	n	ŋ

纵行与纵行平行、对称,横行与横行平行、对称。聚合群之间的这种平行的、对称的系列,是音位系统性的具体表现。我们知道了聚合群中某一个音位的特点,也就可以大体上推知和它处于同一聚合群中的其他音位的特点了。

　　双向的聚合是音位系统的主流,因而平行、对称也就成为音位系统的一个重要的特点。元音音位和辅音音位一样,也都具有这种特点。音位系统的平行、对称的结构特点来自语言的发音基础(参看本章第三节)。每种语言各在可能的发音部位和发音方法中选择若干种部位和方法以及彼此的结合方式作为发音的基本要素。这些要素的充分、合理的搭配自然会使音位系统呈现出平行、对称的结构格局。例如双唇、舌尖、舌面后是汉语为塞音选择的三个发音部位,送气、鼻、口是汉语为塞音选择的三种发音方法,正是这些部位和方法的充分、合理的配合才形成了上面举出的九个音位的齐整排列。反过来说,有 p、t、k,而与之相配的只有 p^h、k^h,或虽有 p、p^h、m 但只有 k^h、ŋ,这样有缺陷的聚合则是很少见的。可是,音位系统中也还有一小部分音位,它只和某些同部位的音位聚合,而在发音方法上离群索居,说明它只有单向的聚合。请看北京话的塞擦音和擦音的系列:

ts	ts^h	s	
tʂ	tʂ^h	ʂ	ɻ
tɕ	tɕ^h	ɕ	

/ɻ/在发音方法上没有与它同系列的音位,形单影只。与此类似的还有一个/l/。这种单向聚合的音位与双向聚合的音位相比有哪些特殊性,引起了人们的兴趣和讨论。已有的研究表明,这些单向聚合的音位的确有自己的特殊性:它们是语言习得中最晚习得的音,是历史演变中最不稳定并且变化方向多变的音。比如北京话的/ɻ/声母在汉语其他方言中可能是 n、l、z、j 等多种声母。

每一个音位都处于聚合和组合两种关系中。同一聚合群中的音位,根据音位的系统性特点,应该具有相同的组合关系(例如 k kʰ x 只能与开口呼、合口呼组合,不能与齐齿呼、撮口呼组合),但实际上,在平行的、对称的系统中也常常会有一些不平行、不对称的现象。例如北京话鼻音聚合群中的/m n ŋ/三个音位在组合关系上就有很大的差异。假定 v 代表元音,那么它们和 v 的组合关系是这样的:

mv	—
nv	vn
—	vŋ

/m/只能出现在元音之前(如"马"[ma]),/ŋ/只能出现在元音之后(如"钢"/kaŋ/),而/n/既可以出现在元音之前(如"拿"[na]),也可以出现在元音之后(如"安"[an]),所以/m/ /n/ /ŋ/在组合关系上既不平行,也不对称。但是如果由此得出语音缺乏系统性的结论,未免轻率。实际上,只要我们联系其他的方言,对这种不对称的现象稍加分析,就会发现这种不对称现象的出现是有原因的。它是语言演变处于某个阶段的表现。在古代(隋唐时期),它们之间在结构上是平行的、对称的。/m/、/ŋ/和/n/一样,既可以出现在元音之前,也可以出现在元音之后。由于语言的发展,元音之后的/m/和元音之后的/n/合并,例如古代收/-m/尾的"南""参""感""粘""今"等现在都以/-n/收尾;今天的广州话这些字的读音还完整地保留着/-m/尾。元音之前的/ŋ/在一些汉语方言中消失了,成为今天北京话零声母的一个来源,例如"瓦""岸""硬"在隋唐时期都是以/ŋ-/为声母的,现代的有些方言如济南、西安、宁波、广州等地也还保留着这种声母,像"岸"在广州就念[ŋɔn]。所以,对称系统中的不对称的现象在语言的研究中具有重要的价值,它可以为我们探索语言的演变提供一些富有启示性的线索。

区分双向的聚合和单向的聚合,有利于分析音位的系统性,也有利于说明语音的演变。一般说来,处于双向聚合中的音位发生演变时会引起同一聚合群中其他音位的演变,例如/k/在/i/ /y/前变成/tɕ/,那么和/k/处于同一聚合群的/kʰ/ /x/在同样的条件下也会产生同样的变化,变成/tɕʰ/ /ɕ/,而处于单向聚合中的音位的变化,一般不会波及其他的音位。法语的小舌颤音/ʀ/是单向聚合的音位,它在非洲法语中变成舌尖颤音/r/,别的音位不受影响。汉语/ɻ/的变化也不会影响其他的音位。

第六节　语音单位的组合

一、音节

音节是语音中最自然的结构单位。确切地说,音节是音位和音位组合起来构成的最小的语音结构单位。在汉语里,一个音节通常也就是一个语素的语音形式,而在文字上也通常用一个汉字来相对应。一个音节可以由一个音位构成,如"阿"/a/,也可以由两个或两个以上的音位构成,如"他"/tʰa/,"三"/san/,"端"/tuan/等等。

说话的时候,发音器官的肌肉总是交替地一紧一松,处于增加一减弱过程中的几个音在发音动作上的联系更加紧密,因而发出的音在人们的听觉上形成一个个语音片段,这就是音节。我们每发一个音节,发音器官的肌肉就有一次紧张,先增强后减弱。肌肉紧张的最高点对应着音节的中心,叫做"音峰";肌肉紧张逐渐减弱的最低点对应着音节的分界处,叫做"音谷"。例如北京话的"干部"/kan pu/这个词,发音时发音器官的肌肉有两次紧张,所以是两个音节。在这两个音节中,音峰在/a/和/u/上面,音谷在/n/和/p/之间。为什么音峰总落在元音上头?因为它前面的辅音是从休息状态或音谷处开始发音的,发音器官的肌肉紧张程度由弱而强,突然上升(特别是塞音),而元音正是紧接着前面辅音的紧张最高点开始发音的,由此开始渐次减弱,因而在元音上显出音峰。有的音节由元音单独构成(例如"阿"/a/),发音开始时也有一个渐增的紧张,只是较为缓慢,因为从休息状态或音谷处开始发音到音峰之间总有一个过渡,不可能一下子就出现音峰。

元音前的辅音的紧张总是迅速增强的,而元音后的辅音则不同,它接着元音由强而弱的势头出现,往往发不满一个全过程,甚至只是发音器官接触一下就过去了。例如广州话入声字的收尾音-p("鸭"/ap/),-t("一"/jat/),-k("国"/kuɔk/),或者英语 connect/kənekt/中的第二个/k/。总之,元音后的辅音的紧张总是逐渐减弱的。

在一个音节内部，不同的元音音位可以直接组合在一起，构成复元音；不同的辅音音位也可以直接组合在一起，构成复辅音。复元音大多处在音节的紧张达到顶点并且开始减弱的阶段上。例如我们发"买"/mai/的时候，肌肉有一次紧张，/ai/处在紧张减弱的阶段上，是个复元音。复辅音是音节内部处在同一个紧张增强阶段或减弱阶段上的两个或两个以上的辅音组合。例如英语 star 中的/st/是两个辅音组成的复辅音，street/str/是三个辅音组成的复辅音。现代汉语普通话中没有复辅音。

语言中还有少数只由辅音构成的音节，例如表示答应的"唔"[m]，山西文水话的"你"[n̩]，上海话的"五"[ŋ̍]，杭州话"小伢儿"中的"儿"[l̩]。这时候的音峰就只能落在这个辅音上。这样的辅音，我们叫做成音节辅音，在音标的上面或下面加一个小直杠"̩"来表示。

音节是音位组合而成的结构，每种语言的音节都有自己的结构特点。音节结构可以从以下三个方面去观察：首先是音节最多可以有几个组合位置，然后是组合位置按什么样的组合层次组合起来，最后是每个组合位置上可以出现哪些聚合类的成员。例如北京话的音节通常可以分成声、韵、调三部分。声母和韵母由音质音位构成，声调由非音质音位中的调位构成。声母指音节开头的辅音，如/kʰuai⁵¹/（"快"）中的/kʰ/。韵母指声母以外其余的音质部分，它又分韵头、韵腹、韵尾三部分，韵头也叫做"介音"。韵母的三个成分中韵腹与韵尾的关系更为紧密，这两个成分结合称为"韵"。下面以/kʰuai⁵¹/为例说明北京话音节的结构格局：

声调 51（去声）			
声母	韵母		
	介音	韵	
		韵腹	韵尾
kʰ	u	a	i

也就是说，北京话音节的组合位置最多是四个音质音位和一个调位。音节每个组合位置上只能出现某些音位聚合群。比如北京话中能出现在声母位置上的只有辅音，而且除 ŋ 外的所有辅音音位都能在声母位置上出现。能在韵腹位置上出现的只有元音，各个元音音位也都能在韵腹位置上出现。介音和韵尾位置能够出现的成员较少，能做介音的只有/i、u、y/三个音位，属于高元音这个小聚合群；能做韵尾的只有/i、u、n、ŋ/四个音位，分属高元音和鼻辅音两个小聚合群。音节的各个组合位置有的是必须有成员出

现,有的则不是必须有成员出现,前者称为"必有成分",后者称为"可有成分"。北京话的音节中只有韵腹、声调是必有成分,其他成分是可以有也可以没有的。比如,感叹词"啊"没有声母、介音和韵尾,只有韵腹和声调,"快"则声母、介音、韵腹、韵尾、声调五个成分齐全。

根据不同组合位置上的音位或区别特征,大小不同的语音单位又形成更大的聚合分类①。比如,根据介音位置上的成员可以得到:凡是以/i/为主要元音或介音的韵母聚合为齐齿呼,以/u/为主要元音或介音的韵母聚合为合口呼,以/y/为主要元音或介音的韵母聚合为撮口呼,没有韵头而以/a,o,ə/为韵母的主要元音的聚合为开口呼。开、齐、合、撮四呼是北京话音位组合格局中的一个重要的特点,掌握它对于掌握北京话的声韵配合规律至关重要。根据韵尾位置上的成员则可以得到:从区别特征口/鼻的对立来看,凡是以元音/i,u/结尾的韵母聚合为元音韵尾韵,凡是以鼻音/n、ŋ/结尾的韵母聚合为鼻尾韵,凡是没有韵尾的韵母聚合为开尾韵,这一分类对于掌握语流音变的规律很有用处。从区别特征/后//非后/的对立来看,有/u、ŋ/韵尾的韵聚合为后韵尾韵,有/i、n/韵尾的韵聚合为前韵尾韵,无韵尾的仍为开尾韵。这三类韵母在儿化时各有自己的规律。

总之,音节的组合结构和每个位置上的聚合类构成一个语言音系特殊的组织方式,语言中的音只能在各自语言的这种特殊的组织方式中活动。

汉语音位的组合格局比较简单,分开、齐、合、撮四呼,没有复辅音,能够形成的音节数目比较少。外语中的复辅音,用汉语音译时,往往需要用汉语的一个音节去对外语中的一个辅音。比方英语中的姓 Swift 是一个音节,转译成汉语变成"斯威夫特"四个音节。"布尔什维克"是五个音节,它来自俄语三个音节的 bol'-še-vik。用汉语转译外语的音往往要增加音节。这种不一致是汉语音位的组合规则所引起的。

二、语流音变

音位和音位组合的时候,由于受说话时快慢、高低、强弱的不同和邻音的影响,可能发生不同的临时性的变化。这种变化,我们叫做语流音变。语流音变与音位变体有许多不同。比如,音位变体的分布条件一般只限于语素或词音形的内部,而语流音变则通常可以跨语素或跨词发生。再比如,语流音变只是可能出现的变化:在相同的语音条件下,有的人变有的人

---

① 参看王洪君:《普通话韵母的分类》,《语文建设》,1995 年第 1 期,第 3—5 页。

不变,语速快时变慢时不变,不强调时变强调时不变;而音位变体则是在一定的语音条件下一定出现的不同。另外,语流音变可能是一个音位变成另一个音位,而音位变体只能是音位内部的几个成员。虽然有这些不同,但两者在某些音理机制上也有一些共同之处,比如两者都有受相邻音的影响而发生语音上同化的现象。常见的语流音变有同化、异化、弱化、脱落四种。

同化现象在各种语言的语流音变中都十分常见,它是指一个音位受相邻音位的影响而在某个区别特征或音位整体上趋同的现象。比方北京话的"棉"/mian/、"面"/mian/中的/n/在"棉袍""面包"中变成/m/,这是被"袍""包"的声母/pʰ/、/p/在部位上同化的结果。又比方北京土话把"榆钱儿"说成/y tɕʰyanr/,"钱儿"/tɕʰyanr/,是/i/受前一音节中/y/的同化也变成了/y/。英语中的/t/[tʰ]在后接舌面中半元音/j/时颚化为舌面前的[tɕʰ],如"don't you?"快速口语中为[dun tɕʰjʊ];而弱读音节 to 中的/t/在前接 n 时可以同化为 n,如"want to go"在快速口语中变为[wannə go],不少口语教材甚至在文字上也改写做 wanna go。以上语流音变都是跨语素界、跨词界发生的。

异化现象不像同化那么频繁,但也比较常见,它是和同化相反的音变现象:两个本来相同或相近的音位,如果连着发音有困难,则其中一个发生变化,变得跟邻近的音不同或不相近。比方北京话的上声是个发起来比较费力的低曲折调,两个上声字相连时,第一个上声要变成阳平("土改"调同"涂改"),这是调位的异化。俄语中的 kto(谁),doktor(博士)有人发成 xto,doxtor,因为 k 和 t 都是塞音,连发有困难,k 被异化成擦音 x。

看来,同化是为了追求发音的顺口,异化是为了避免发音的拗口。不过同化和异化只是语流中发生变异的可能性,是否发生,如何变异,决定于语言社会。

弱化也是各个语言都十分常见的现象。弱化可有程度的不同,表现也是多种多样。弱化通常发生在轻声(汉语)或弱读(重音型语言)音节中。从元音来说,弱化最常见的表现是:复元音单化,单元音(高元音/i u y/除外)央化。比方北京话口语中"木头"/mu tʰou/弱化成/mu tʰo/,"妈妈"/ma ma/弱化成/ma mə/。英语 American 一词中起首的弱读音节的 A 音质为[ə]。另外,专门表示语法意义的词通常是弱读的。比如,英语有几十个常用的语法词有强式和弱式两种发音,弱式发音最常用的是央元音[ə]。比方英语的冠词:

冠词	强式发音	弱式发音
a	/ei/	[ə]
an	/æn/	[ən]
the	/ði:/	[ðə]

汉语的"了、着、的、得"、"什么、怎么、为什么"的"么",现在的韵母都是单个央元音[ə]。但历史文献表明它们的韵母原来各不相同,除"么"外原来还都是复元音韵或有塞尾的入声韵。可以想见,它们在历史上也经历过英语这样的强弱两式并存的阶段,最后只留下了弱式。从辅音来说,弱化通常表现为发音阻碍的减少,常见的有:清音→浊音,塞擦音→塞音(或擦音),塞音/擦音→边音/近音。比如,北京话中"爸爸"的第二音节/pa/→[ba],"搁在桌上"的"在"/tsai/→[tə]~[də](有的方言中进一步弱化为[lə])。英语中处于两个元音之间的、弱读音节中的首音 t 经常弱化为搭音,如 latter、better 中的 t →[ɾ]。汉语声调的弱化形式为轻声,轻声则丧失原有的调值,时长上变短,音高变低或承接前音节的音高曲线走向。

随着弱化程度的加深,还往往会进一步造成某些音位脱落,并有可能进一步造成音节分界的变动,或两个音节并为一个音节,后者也叫"合音"。比方北京话的"你们"/ni²¹⁴ mən·/常说成[nim²¹⁴],"我们"常说成[wom²¹⁴]或[m²¹⁴],"豆腐"/tou⁵¹ fu·/说成[tou⁵¹ f·];三词都发生了音位的脱落,前两词还发生了合音。英语里弱式发音的词也会发生音位的脱落和音节分界的变动及合音。比方 am/æm/的弱式发音是[əm],其中的[ə]还可能脱落而只剩下/m/,例如 I am coming/ai æm kʌmiŋ/口语中一般说成 [aim kʌmiŋ],原来的第二音节中的元音 [æ] 弱化进而脱落,又导致第二音节剩下的/m/并入第一音节做韵尾。is/iz/的弱式发音则是脱落了[i]的/z/,如 he's not well/hi:iz nɔt wel/弱化为[hi:z nɔt wel],is 中的/i/脱落后前两个音节合音。这个/z/在前接清辅音时被同化成/s/,如 it's all right 为[its ɔ:l rait]。英语中弱化脱落的结果不一定都是两音节的合并,还可能是音节的重组,如 not at all /nɔt æt ɔ:l/在口语中变为[nɔ-tæ-tɔ:l],在快速语流中则变为[nɔ-tɔ:l]。

语流音变一般是临时性的共时音变,不太会固定下来成为语素或词的固定读音,但也有少数例外。如果语法上总是出现于轻读的位置,或是一个语素或词在某个构词搭配中的出现频率特别高,语流音变也可能固定下来成为该语素或词的唯一形式。比如汉语中的语素"婿",中古时期还跟

"细"同音,但由于长期出现于"女婿"一词中,受前一音节韵母圆唇的影响而同化为与"女"一样的圆唇韵母。语流音变固定为历史音变的往往是个例,跟语法或构词位置及出现频率密切相关。各语言的语法词(虚词)往往发生弱化音变,这方面的研究正在引起重视。

语流音变是语言十分重要的特点,是语言系统丰富而有弹性的表现。要真正学好一种语言或方言,不仅要掌握它们的音位及其组合聚合规律,还要掌握它们的语流音变规律。

三、韵律层级

语音有音质、音高、音强、音长四要素,后三者统称为超音质要素。超音质要素有区分语素和词的语音形式的音位功能(本章第四节第三小节),还有构建一个语言独特的节奏,组建比音节更大的韵律单元的作用。这些韵律单元一般跟大于语素或词的语法单元或语用义有关联关系,下面仅介绍一些最基本的知识[①]。

我们听汉语(北京话)和日语,会感到两种语言的节奏明显不同。郭沫若先生曾说:"宇宙间的事物没有一样是没有节奏的:譬如寒往则暑来,暑往则寒来,寒暑相推,四时代序,这便是时令上的节奏;又譬如高而为山陵,低而为溪谷,陵谷相间,岭脉蜿蜒,这便是地壳上的节奏。宇宙内的东西没有一样是死的,就因为都有一种节奏(可以说就是生命)在里面流贯着的。"[②]这段话说的是广义的节奏是指两种或几种现象的周期性的交替。语言的节奏是狭义的节奏,它大致相当于音乐中的节拍,是音流中某些超音段要素在时间上等距离地、周期性地交替出现,可以等时地打拍子。当然,语言的节奏不如音乐那么规整、严格。

语言的节奏主要有两大类型。一种是"音节(或韵素)型节奏",相当于中国戏曲中"有板无眼"式(也称"流水板")节奏[③],法语、日语、韩语和汉语粤方言等都属于这一类型。另一种节奏类型是"音步型"的,相当于戏曲中的"一板一眼"或"一板多眼"式节奏,一般是两个音节组成更紧密的小单元,汉语北京话和英语属于这一类型。前一种节奏中,法语除词末音节为

[①] 更多的情况请参看王洪君:《汉语非线性音系学(增订版)》,北京大学出版社,2008年,第6、11、12三章。
[②] 郭沫若:《论节奏》,《创造月刊》第1卷第1期,1926年。
[③] 戏曲中用打一下板表示节拍中的强拍,不打板仅以鼓签击鼓的称作"眼",表示节拍中的弱拍。

词重音外,词中其余音节的长度、重度都差不多,基本上是每个音节在时间上等距离地出现,没有强弱拍的区别。日语则是短元音韵的音节长度全都一样,长元音和鼻尾韵音节的长度则相当于两个短元音音节。韵中的每个音位叫做"韵素"(mora),日语中每个韵素都大致等长等重,在时间上等距离地出现,没有强弱拍的区别。后一种节奏,比如在北京话或英语中,语流是大致每隔两个音节就有一次小的轻重、高低、长短或松紧的交替,形成语流中大致等距离出现的两音节的节奏单元。这种节奏单元有时也可以是一个或三个音节的,但一音节自成一个节奏单元的一定有音节的拖长,三音节组成一个节奏单元的一定有音节的缩短,所以每个节奏单元还是倾向于等长。这种节奏单元叫做"音步"。比如,如果以( )表示音步的界线,则北京话的"(买了)(桃-)(五斤),(其中)(蟠桃)(两斤),(水蜜桃)(三斤)"。这句话中,单音节自成音步的"桃"明显长于"蟠桃"的"桃","蟠桃"中各音节的平均长度又长于"水蜜桃",三者的长度比大致为 $1:0.73:0.66$[①],这与法语每个音节等长、日语中每个韵素等长很不相同。

  音节、音步等韵律上的小单元,与语言的词法、句法也有密切的关联关系。在现代汉语中,常常同一个意义有单音节、双音节两种说法,它们在组词造句成篇方面的作用都各不相同[②]。比如,"租汽车"一定是由"动+宾"组成的动词性词组,而"出租汽车"除了可以是动词性词组外还可以是名词性结构,后者甚至更常见。类似的例子还可以举出很多,比如,说事物时,"煤炭商店、煤店、煤炭店"这样的格式常有人说,"煤商店"却基本不能说;说动作时却是"种植大蒜、种蒜、种大蒜"常说,"种植蒜"基本不能说。"无法学习、禁止说话"可以单说,"无法学、禁止说"不能单说。单双音节的选择还跟现代汉语的文体区别有关,比如前面提到的双音节动词"种植"只出现在书面语体中,而单音节动词"种"倾向于出现在口语语体中。再比如"我国政府出于相同的考虑,认为不宜前往"是书面语体,而"咱想的跟您一样,就甭去啦"是口语对话语体[③]。总之,怎样才能说出正确的现代汉语,怎样才能在不同的场合得体地运用现代汉语,与单双音节的选择有很大的关系,这方面的研究还大有可为。

---

  ① 根据王晶、王理嘉:《普通话多音节词音节时长分布模式》,《中国语文》,1993 年第 2 期。
  ② 王洪君:《汉语非线性音系学(增订版)》,对自己和其他学者这方面的研究做了介绍,第 294—305 页。
  ③ 冯胜利:《汉语书面用语初编》,北京语言大学出版社,2006 年。

音步之上还有更大的韵律单元。由于各个语言的韵律结构十分复杂,下面只讨论汉语(北京话)的有关情况。在音步之上,汉语还有由"停延"分隔开的更大的韵律单元——停延段。"停延"指"停顿"和"延宕"两种情况,前者是在段后停止发音动作,后者是把段中最后一个音节的韵母延长,两者都可标志出比音步更大的韵律单元。比如"(中华)(人民)(共和国)|(成立了)"分为两个停延段(竖线 | 表示的是停延段的界线),前一停延段包括三个音步,后一停延段只有一个音步,前一停延段的末尾由拖长"共和国"最后一个音节"国"的韵母来体现(延宕),后一停延段之后则必须有较长的无声段(停顿)。

比停延段更大的韵律单位是"语调段"。语调段由一个或多个停延段组成,其特点是语调段的末尾部分要有承担语气的语调曲线。比如"‖(中华)(人民)(共和国)|(成立了)‖"是由两个停延段组成的一个语调段(双竖线 ‖ 表示停延段的分界),最后一个音步上带有表感叹语气的语调①。

音步、停延段、语调段等韵律单位的分界,为表达词组、句子等更大的语法单元的分界,表达语气等更高层的语法或语用意义提供了有效的手段。我们的古人早就知道节奏、停延、语调在话语组织中的作用,编出了一些有趣的典故。比如,把"下雨天留客,天留人不留"改为"下雨天,留客天,留人不?——留!"的故事,就是利用音步、停延段边界的改动,语调的改动,把语词及排序完全相同的语流改成了表达完全相反的意思。

另外也要注意的是,音步、停延段的边界与语法单位的边界也不是完全一致的。比如"来了一位白胡子老头儿"这句话,从语法上说,第一层的分界在"来了"之后,"一位白胡子老头儿"是一个语法单元;而说的时候,韵律上最大的停延却在"一位"之后,没有直接语法关系的"来了"和"一位"在同一个停延段中。韵律单元与语法单元边界虽然有不一致的地方,但这些不一致也有自己的规律②,研究其中的规律是近年来韵律研究的一个热点,可以直接为信息处理领域"文本转换为语音"的技术服务。

---

① 关于北京话各种语气的语调表现,可参考沈炯《汉语语调构造和语调类型》,《方言》1994年第3期。王洪君:《汉语非线性音系学(增订版)》,对沈炯和其他学者的意见做了简单介绍,第261—262页。

② 可参考王洪君:《汉语非线性音系学(增订版)》第11章。

第四章 语 法

第一节 语法和语法单位

一、语言结构是有规则的

话是一句一句说的,要把许多不同的语言符号组合起来,传达一个完整的信息。句子的意义不是单个符号意义的简单相加,要表达或理解一个句子的信息,不仅要掌握单个符号的意义,还要知道句子中符号之间的结构关系通过什么样的形式体现,从而把握住整个句子的表达或理解。用什么样的形式体现符号之间什么样的结构关系,这是有规则的。我们平常说话往往脱口而出,除了在特殊场合需要斟酌字句以外,一般不会在说话以前先考虑要用什么规则。那么,说话的时候是不是没有规则呢?如果说有,你怎么证明这种规则的存在呢?我们看下面的句子:

a. 张三找李四。
b. 李四找张三。
c. 张三找的李四。
d. 张三找李四的。

上面四个句子,所用的具有实在意义的单个符号完全相同;但和 a 句相比,b 句改变了语序,和 a 句意义大不相同;c 句和 d 句在不同的位置增加了一个"的",也使句义出现变化,信息的着重点不同。这四个句子意义的差异是由单个符号间的结构关系不同造成的,这些不同的结构关系要通过一定的词序、特定的虚词等语法形式体现出来,这说明语言除了有许许多多不同的语言符号之外,还要有组织它们的语法规则。

语法规则的存在还可以从人们用外族语(假定他们还没有学到家)说话时结结巴巴的费劲样子得到证明。他们不但说话困难,而且常常出错。我们不妨举一些外国学生使用汉语时出错的例子:

(1) 其实对这一点我也以前不十分清楚。
(2) 尽管天塌下来,我也能顶得住。

(3) 我看书的入神时,不时门开了,好几个同学进来。

汉族人听到或者读到这些句子,能大体上了解说话人要表达的意思,但都会感到别扭,觉得有些地方不像地道的汉语。怎么会有这种感觉呢?因为我们心底里有一种"像"的标准,并且会根据这种标准去修改上面的各个句子。例(1)的"也"要挪到"以前"的后面;例(2)的"尽管"意味着天已经塌下来,要改成"即使"或者"就是";例(3)里"的"(得)必须紧跟动词("看得""看书看得"),下半句可改成"不时有同学开门进来",因为"不时"和"了"在时态上不能相配。经过这样的修改,上面所引的那些句子都"像"地道的汉语了。

从上面的例子可以看到,语法规则是客观存在的,使用者必须共同遵守,违背这种规则,就会使听话者感到别扭甚至产生误会。

用词造句的语法规则潜存在每个人的脑子里,通过说话表现出来。奇怪的是,这些规则每个人运用起来都得心应手,灵活自如,但大多数人只知道该怎么说,不该怎么说,却说不清其中的道理。换句话说,每个人对本族语言都有丰富的感性认识,但不一定能够从理性上加以认识。语法分析的主要任务就是把人们心知其意而难以言状的规则整理出来,好让人们自觉地运用。

语法规则是大家说话的时候必须遵守的习惯,不是语言学家规定的。语言学家的任务只是归纳、整理客观存在的规则,选择恰当的方式把它们描写出来。语言的结构非常复杂,所以语言学家的任务很艰巨。如果拿地球来作比喻,现在能够说得清楚的,只是语言的"地表"层的规则。语言学家正在探索语言的"地幔"层的奥秘,希望最终能够达到"地心"。这个探索的过程需要利用其他学科的成果。

二、语法的组合规则和聚合规则

听一种陌生的语言,意思固然不懂,声音也是混沌一串,分辨不清。汉族人常用"叽里咕噜""叽叽呱呱"描绘外族人说话。古希腊人最初把异族人视为不会使用语言的野蛮人,也是因为异族人说话咿呀难辨,在古希腊人听来就不是语言。但是,当人们听到自己懂得的语言时,就仿佛收音机一下子从噪音调到了正在播音的电台,一切都变得明白而且亲切起来。因为听话者听到的是单位明晰的有意义的语言形式。

听懂一句话,首先意味着知道哪一段音和什么意义结合成一个语言符号,接着又是哪一段音和什么意义结合成一个语言符号,也就是说,能够把一句话切分成一个个有明确界限的片段。把句子划分成一个个片段,看起来很简单,其实包含着复杂的替换过程。"看书"的"书"可以用"电影"替换,变成"看电影",那"书"就是一个有明确界限的片段。在一种陌生的语言里,替换得对不对,可能一时没有把握,这就得让母语者看看替换后的句子还能不能成立,被替换下来的那个片段能不能以同样的意义在别的地方重复使用。如果都行,那么这样的替换就是正确的。例如上述的例子可作如下的替换:

> 看　　书
> 　　　电影
> 　　　小说
> 　　　画展
> 　　　戏剧表演
> 　　　……

被替换的"书"、"电影"、"小说"、"画展"、"戏剧表演"等,都能以同样的意义在别的地方重复使用,如"买书"、"拍电影"、"经典小说"、"精彩的戏剧表演"等。被替换下来的片段叫做语法单位。这些语法单位如果其中的构成成分还可以被替换,可以继续切分为更小的语法单位。比如,前例替换下来的语法单位"戏剧表演"中"戏剧"可以被"体操"等替换,那么"戏剧"也是一个语法单位。通过替换,一方面可以从语流中切分出语法单位,另一方面可以确定语法单位活动的位置,有了这两个立足点,就能逐步找出语法规则来。

组合关系和聚合关系是语言结构的两种根本关系。语法规则就体现在这两种基本的结构关系中。我们可以分别从这两种结构关系来认识语法规则。

语法单位相互连接起来构成更大的语言片断的规则叫做语法组合规则。说话不能只说一个词儿。词儿和词儿连起来变成话,得服从组合规则。比方汉语的"我买书"不能说成"书买我",在特定环境下虽然也可以说"买我书""书我买",但是跟"我买书"的意思不一样。哪个词儿在前,哪个词儿在后,这里就有汉语语法的一条组合规则管着。语法规则是具有一般性的。上面这条规则不是只管"我买书"一个句子,它要管一大片句子。比方"我写字""他开车""小王打扫屋子",都是按照"我买书"的组合规则说出来的。这条规则提出了三个可替换的位置,只要用适当的词儿把某一位置上的词替换下来,就能造出一个新的句子。可是每个位置上能用什么词去替换,除了意思要配得拢以外,在语法上还有聚合规则管着。语法上能够出现在相同句法位置上的词形成一个聚合,如果用来替换的不是从这个聚合里选出的词,句子也不能成立。比方在"我买书"里"我"的位置换上"种","买"的位置换上"花儿","书"的位置上换上"低",组成"种花儿低",就不成话。聚合规则实际上就是语法单位的归类的规则。

语法的组合规则和聚合规则构成一种语言的语法规则。这是从两个不同的角度去研究语言现象时总结出来的规则。这两类规则互相依存。我们看下面的例子

我	看	书
小明	买	报
老张	寄	杂志
……	……	……
A	B	C

这里,"我"、"小明"、"老张"等是可以在句中的同一位置出现的语法单位,可以彼此替换,我们可以把它们归为 A 类。同样,"看"、"买"、"寄"等可以归为 B 类,"书"、"报"、"杂志"等可以归为 C 类。这些构成了不同的聚合类。这样,这些句子所使用的共同的组合规则就可以概括为 A+B+C。可见,组合规则的实现依托于聚合,而聚合类的归并也是源于具体的组合。

语法的聚合犹如一座仓库,把能重复使用的最小的语法单位按照组合中的功用分门别类地储存在仓库中,只要交际需要,就可以到这个仓库中去选用合适的单位。从聚合中选出的单位如何组成句子,需要服从组合的规则,或者说,根据语法的组合规则构成的语句犹如把仓库中的各种零件按照图纸组装起来的构件,是一种用词语组织起来的成品,使语言有效地发挥它的交际工具的作用。聚合规则是潜在的,它储存于人们的脑子中,组合规则是现实的,它存在于话语中;当然,潜存在脑子中的聚合归根结蒂也是从话语中归纳出来的。说话时组合规则提出要求,聚合规则提供可能。对组合的各个位置上可能出现的词进行替换,就能造出新的句子。外语学习中的"句型"和"替换"练习正是按照组合和聚合互相结合的造句原理设计的。

三、语法单位

语法规则的总结和归纳,离不开对具体的语法单位之间的相互关系的分析。所以,在全面研究各种语法规则以前,需要先弄清楚什么是语法单位。语法单位存在于具体的语句中。凡是能在组合的某一位置上被替换下来的片段都是语法单位:

我买书。
我买一本书。
我买一本有趣的书。
我看一场精彩的足球赛。

这里,"书""一本书""一本有趣的书"在同一位置上可以互相替换,"买一本有趣的书""看一场精彩的足球赛"在同一位置上也可以互相替换,这些可以相互替换的单位在句子中的作用相同,都是语法单位。句子是这些语法单位的活动舞台,它本身也是一种语法单位。也就是说,语法单位有大有小,最大的语法单位是句子。比句子小的语法单位,依次是词组、词、语素。语素是最小的语法单位。大单位都是由小单位依照一定的规则组合起来构成的。

语素 语素是语言中音义结合的最小单位,也是最小的语法单位,所有语言都是如此。但语素和语音各级单位的关联在不同语言中有很大差异。就汉语来说,大抵是一个音节对应一个语素。比如上一段中出现的约 200 个汉字,从语音上看,对应的都是一个音节,从语法上看对应的都是一个语素。"一个音节、一个语素"的对应也有少量例外,如"玻璃""葡萄"等等,都是两个音节,但因为"玻""璃""葡""萄"单独都没有意义,所以"玻璃""葡萄"分别是一个语素。在英语中,一个语素与音系单位的对应有不同的情形,英语的一个语素可以是一个音节(如 book),也可以大于一个音节(如 mother)或不足一个音节(如 books 的 s)。

同一个语素在组合时可能有不同的语音形式。例如英语表示复数的语素有多种形式:/s/(books)、/z/(dogs)、/iz/(benches)、/ən/(oxen),还有零形式(sheep)。使用哪一种形式,有些取决于语音条件,如前三种形式,有些则不取决于语音条件而取决于具体是哪个词,如后两种形式。关于语素的不同语音形式的研究,属于形态音系学(或称"词法音系学")。语素在语法结构中的功能和分类我们在构词法中讨论。

词 词是非常重要的一级语法单位,语法研究通常以词为界分为两部分,词以上的规则叫做句法,词以下的规则叫做词法。这说明许多语言中词的组织方式与句子有较大的区别。

一般人都朦胧地知道词是什么,可是要对词下一个严格的科学的定义却很困难。一般认为,词是造句的时候能够自由运用的最小单位。理解这个定义,关键要抓住"自由运用"和"最小"这两点。

典型的"自由运用"是"独立成句",也即可以加上适当的句调直接实现为句子。凡可以独立成句的最小的语法单位都是词。比如"好""蜻蜓""粮食""桌子""自来水"等。大多数词加上适当的句调就能作为话语中的句子出现,但并不是全部,比如汉语中的虚词,像"的""从"等,就不能单独成句,它们是不是词呢?几乎所有的语言学家都认为它们也是词。这是因为,虽然它们不能单独成句,但是它们在造句中却能够与许许多多不同的词或词组搭配,而与它们搭配的那许许多多的成分在造句中又总是可以自由地拆卸下来并换上另一个词或词组。多数语言学家认为,这样的情况也可以看作一种程度较差的"自由运用",因此把"的""从"等成分也看作词。①

词是比语素大一级的单位,词由一个或多个语素组成。判定一个成分是否是词,取决于它是否是造句时自由运用的最小单位,而不在于它含有几个语素。即使只包含一个语素,只要在造句时是自由运用的,就是以词的身份出现的,比如"好""葡萄"等。如果两个或多个语素在造句时总是一起出现,在句中不能自由拆开,则它们整体构成一个词,比如"粮食""桌子""自来水""老好人""葡萄酒"等。

造句中能够自由运用的单位很多,大小各不相同。"老好人"可以独立成句,"老好人很多"、"老好人很多并不是一件好事"也可以独立成句,它们都是造句中能够自由运用的单位,但并不都是词。所以词的定义还有另外一个要点,这就是"最小"。造句时可自由运用的诸单位中只有"最小"者才是词,这一点可以把词和词以上更大的语法单位区别开来。通常用扩展的方法来测试造句的自由单位是否"最小"。通俗地说,就是词的内部不能插入别的成分,而比词大的单位可以插入其他成分。比方现代汉语中的"大衣"可以独立成句("你买什么?"——"大衣。"),也可以进入"大衣买了""去买大衣""新大衣""大衣的扣子""大衣和帽子"等更大的组合,在这些组合

---

① 这一标准只限用于可以与许许多多成分搭配的虚词,但"自由运用"的标准一经放宽,又会带来新的麻烦。可参考吕叔湘:《汉语语法分析问题》,商务印书馆,1979年,第17—31页。

中"大衣"总是在一起出现,不能在"大"和"衣"插入其他成分,比如插入"的"后的"大的衣"既不成话,意思上也与"大衣"不同。所以"大衣"是造句中不可再拆分的最小单位,又是自由的单位,所以它是一个词。而"大衣"中的"大"和"衣"则因不能自由拆开、不能自由移位而只能是语素,不是词。另一方面,"新大衣"也能独立成句,也能组成"新大衣买了""去买新大衣""新大衣的扣子"等更大的组合,但是"新大衣"并不是一个词。因为我们可以在"新"和"大衣"中间插进一个成分去,比方说插入"的"变成"新的大衣",我们还可以把"新"和"大衣"的位置加以变化再加入其他成分,组成"这件大衣很新"、"这件大衣新得耀眼"等新组合,"新"和"大衣"隔开后或移位后,意义并没有大的变化,这说明"新大衣"还可以分析为两个更小的自由单位——"新"和"大衣"。经过这番分析,我们看出"大衣"是现代汉语里可自由运用的最小单位,是一个词,而"新大衣"虽然也能够自由运用,但由于不是"最小",所以不是一个词,而是两个词。①

  从意义和作用看,词可以分为实词和虚词两大类。顾名思义,实词有实在的意义,它储存着人们对现实现象的认识成果。语言里面绝大多数的词都是实词。实词能作句子的主要成分,有许多还能够单说,单独回答问题。虚词是意义比较虚的词,它能帮助造句,但一般不能单说,不能作句子的主要成分。例如"和、或者、因为、所以、对于、在、的、了、吗、呢"等等,都是汉语里的虚词。它们为数不多,但是出现的频率高,起着非常重要的语法作用。

  词组 顾名思义,词组是词的组合,它是句子里面作用相当于词而本身又是由词组成的大于词的单位。词组由词构成,而词组和词组也可以构成新的词组。词组这一层单位的存在使句子的长度理论上可以无限。一个句子里的词组必须属于句子的一个分段,跨段的词不能组成词组。比方"英语专业的新同学都学过英语"这句话,我们自然地分为"英语专业的新同学"和"都学过英语"两段,它们就是句子里的两个词组。再往下分,"英语专业""新同学""都学过""学过"也都是词组。但是"新同学都学过英语""新同学都学过"却不是这句话里面的词组,因为它们是跨段的(参看本章第二节第三小节"组合的层次性")。

  句子里的绝大部分词组都是根据表达的需要临时作出的组合。这种

---

 ① 用扩展法并不能完全把汉语中的词与词组区分开来。可参考吕叔湘:《汉语语法分析问题》,第 17—31 页。

词组,人们不需要死记硬背,只要交际有需要,马上就能按照语法规则把有关的词组织起来,所以我们称之为自由词组。前面提到过的词组都是自由词组。语言中也有不少必须完整地记住的词的固定组合,这类词组叫做固定词组,例如"人民代表大会""北京大学"等。成语是固定词组中的一种特殊类型,它是语言发展中逐渐形成和固定下来的,往往是一些历史事件或寓言的概括(前者如"四面楚歌",后者如"狐假虎威"),古籍中的警句(如"剑拔弩张"),民间口头流传的词语(如"换汤不换药")等等。固定词组中的成分一般不能更换、增删,次序不能颠倒,它在语法结构中的作用与词完全一样。

句子 句子是最大的语法单位,也是语言用于交际时最小的使用单位。语言是交际的工具,交际的时候至少得说一句话,这样才能把说话者的一个交际诉求表达出来。交际中用来对话的一个单说的片段,不管多么短,都是一个句子。最短的句子可以只有一个符号单位,例如"谁?"——"我。"至于句子的长度,在理论上则可以说是无限的(参看第二章第一节)。句子是交际中基本的表述单位,因此句子具有一些自己特有的"成句"范畴。比如说话者的"语气",句子按表达的语气可以分为陈述、祈使、疑问、感叹等不同的类型,简称句型。陈述句是客观地叙述一件事情,祈使句是向对方发出请求或命令,疑问句是对所述的事情表示疑问,感叹句表达强烈的感情。这些成句范畴[①]要由一定的形式表达出来。从语音形式上看,句子的最大特点是一般前后都有停顿并有一个完整的语调。一般说来,陈述句、祈使句和感叹句的语调在句末是下降的,而疑问句的语调则是上升的[②]。学习外语的口语,语调最难掌握,语调不对,尽管每个词的发音都比较准确,听起来还是"不是味儿",有时甚至还会把意思弄错。词序或虚词等其他形式也可以用来表示不同语气的句型,比如英语中 Is she a student? 是疑问句,而 She is a student. 是陈述句,这是用不同的词序来表示不同的语气句型,汉语中的"吗"则是专门用于疑问句的语气词。

句子是语言交际时的最小使用单位,在语法结构上也往往有特定的组配要求。比如,在英语中,除祈使、感叹句外,一个句子必须有主语、谓语两

[①] 除"语气"外,常见的成句范畴还有"情态"、"时"、"语态"等。

[②] 这只是一般的情况,并非总是如此。比如,英语中带有疑问代词的疑问句是下降语调的,用 would you 起始的、表祈使的句子是上升语调的。汉语的语调则由于还要受单字调的制约,所以不是简单的上升或下降。

个组合位置,主语必须由名性成分担任,谓语必须由动性成分担任,谓语中必须含有一个也只能含一个(并列关系除外)有时态变化的动词(称作"定式动词"),主语必须出现在动词之前,等等。对于句子语法结构的研究,是传统语法研究的中心,也是目前语法研究最重要的方面。语法分析一般分析到句子的语法结构为止。句子以上也有段落、篇章等更大单位,它们也有自己的组织方式,但它们的组织方式与句子的结构方式有很大的区别,一般放在篇章学、话语分析中去讨论。

从语素到句子的各类语法单位构成一个像阶梯般的层级系统,上一级单位由下一级单位按一定的规则组合而成。语法研究的任务之一就是要说明各级单位的组合规则。

第二节 组合规则

一、语素组合成词的规则

词是造句中可以自由运用的最小单位,以词为枢纽,可以把语法规则分为两类。语法的组合规则包括语素组合成词的规则和词组合成词组或句子的规则,前者叫构词法,它和词的变化规则合在一起叫做词法,后者叫做句法。这里先讲词法。

词由语素构成,例如"火"这个词由"火"一个语素构成,"朋友"这个词由"朋"和"友"两个语素构成,英语中的 worker、books、return 都是由两个语素构成。

我们可以根据语素在词中的不同作用把它分成词根和词缀。词根是词的核心部分,词的意义主要是由它体现出来的。它可以单独构成词,也可以彼此组合成词,也可以和词缀一起构成词。词缀是只能黏附在词根上的语素,它本身不能单独构成词。汉语中绝大多数的词都是由词根构成的。

词缀按与词根语素的位置关系,可以分为前缀、中缀和后缀。黏附在词根前面的词缀称为前缀,黏附在词根后面的词缀称为后缀,插入词根中间的词缀称为中缀。例如汉语"第一""第二"中的"第","老张""老三"中的"老",英语的"un-known"(未知的)、"en-able"(使能够)、"im-possible"(不可能的)中的"un-""en-""im-",俄语的"vy-xod"(出口)"pere-xod"(越过)中的"vy-""pere-"等都是前缀。汉语的"小刀子""瓦盆儿"中的"子""儿",英语的"read-er"(读者)、"voice-less"(无声的)、works(工作,单数第三人称)

中的"-er""-less""-s"等都是后缀。中缀比较少见，马来语中有一些中缀，例如：patuk(啄)、pelatuk(啄木鸟)，"-el-"就是插在词根中间的中缀。在加利福尼亚的一种美洲印第安语 Yurok 语中也有中缀，如 sepolah(田野，单数)、segepolah(田野，复数)，-ge-是表复数的中缀。

词缀按其功能可以分为派生词缀和屈折词缀。两类词缀有如下重要区别：1. 派生词缀黏附在词根语素上构成新词，也即增加了新的词汇义内容或改变了词的类别归属。如英语的 work 是个动词，表"工作"义，而加了派生词缀-er 后的 worker 增加了表"……的人"的词义，词类也变成了名词。屈折词缀只能改变一个词的形式，不能构成新词。也即屈折词缀增加的是表示句法范畴的意义，并且总是不改变词的类别归属。比如英语的 book 加上-s 以后成为 books，walk 加上-s、-ing、-ed 之后而成为 walks、walking、walked，复数 s 不仅与单个名词有关，还决定句子中与它搭配的动词要用复数形式，是句法范畴的表征。加了屈折后缀之后，名词仍然是名词，动词仍然是动词。因此加了屈折后缀的词形都被看作是同一个词的不同形式，而不是不同的词。前文所举的 Yurok 语中缀例也是屈折词缀。2. 派生词缀可以与哪些词根搭配，无法用语法条件来说明，因此只能用收录词典的方式一一列举。比如"鸡"和"鸭"都是名词性词根，但后者可以加后缀"一子"，前者却不可以。屈折词缀可以搭配哪些词根，基本可以用语法条件来说明，比如英语中可以与-ing 或-ed 搭配的是动词，因此哪些词根可以加屈折词缀无须一一列举，一般用词法规则或词形变化表来说明。3. 如果一个词既有派生词缀又有屈折词缀，则屈折词缀一定出现在派生词缀之后。如 workers、work 后先出现派生词缀-er，再出现表复数的屈折词缀 s。

根据语素在词中的不同作用，我们可以把词根和派生词缀叫做构词语素，把屈折词缀叫做变词语素。构词语素构成一个词的词干。一个词除去屈折词缀，就是它的词干。例如英语的 book、walk、worker 都是词干，它们没有屈折词缀也能单独出现；俄语的 knig-(书)、xoroš-(好)、čita-(读)也是词干，它们还得带上相应的屈折词缀才能单独出现。汉语中的语素绝大部分都是词根语素，构词词缀不多，没有屈折词缀。这是汉语的一个特点。

根据语素是否可以单独成词，还可以把语素分为自由语素和黏着语素。词缀都是黏着语素，词根既有自由的，也有黏着的。汉语中大部分词根都是自由语素，可以单独成词，但也有黏着语素，像"粹""澈""律"等，英语中像"receive"中的"-ceive"，"retain"中的"-tain"，也是属于黏着语素的词根。

由一个词根语素或一个词根语素加上屈折词缀构成的词称为单纯词。汉语中的单音词,如"书""人""车""路"等以及一部分双音词,如"玻璃""琉璃""葡萄"等都是单纯词。英语中也有许多单纯词,如"books""table""run"等。

由两个或两个以上的构词语素组成的词称为合成词,其中由词根语素按一定的规则组合起来构成的合成词,称为复合词。如汉语的"黑板""大学""人民""道路""材料"等,英语的"blackboard"(黑板)"railway"(铁路)等等都是复合词。构成复合词的规则称为复合词构词法。这种构词法在汉语中占有很重要的地位。由词根语素和派生词缀组合起来构成的合成词称为派生词。例如汉语的"瓶子""花儿""木头"等,英语的"writ-er"(作者)、"re-turn"(返回)等等,俄语的"do-xod"(收入)、"Lenin-izm"(列宁主义)等都是派生词。构成派生词的规则叫做派生构词法,或叫附加法,意思是说,这种词是由派生词缀附加在词根之上构成的。这种构词法在英语、俄语等语言中占优势。

语素组合成词,这是语法单位的第一次增量。据估算,我国的中型词典《现代汉语词典》里字和词的比例约为 1∶6,这个数字大致也就是语素和词之比。按照这个比数来说,汉语从语素到词扩大了五倍。所以,掌握语素和构词法,是以简驭繁,有效地扩大词汇量的一个重要途径。我国向来重视字典,它可以说是语素的总汇。我国的语文教学向来重视识字。这些固然和汉字的特点有关,但在教学上也起着使学生熟悉语素,掌握组词的本领,以便掌握大量词汇的作用。同样的道理也适用于外语学习。西方语言的构词以派生法为主,所以前缀和后缀特别重要。懂得构词法,善于分析一个词的语素构成,对于掌握新词,扩大词汇量有很大的帮助。

二、词组成词组和句子的规则

词与词可以组成词组和句子。词组和句子是若干词的结构形式。进入词组和句子的词不再是孤立的个体,因为它们还发生了结构关系。这些结构关系具有词之上的形式表现和意义,有词之上的组织规则,称为"句法"。

本小节从组合的角度讨论句法规则,从词与词的组合会增加哪几种语法结构义(语法意义)出发,讨论结构关系的类型和每种结构关系的形式表现(语法形式)。

词组和句子可长可短,变化无穷,分析起来,又都是由一些最基本的结构一层套一层组合而成的。常见的基本结构类型可以归纳为主谓、述宾、偏正、联合、述补五种。这五种基本结构类型体现了词的五种基本的组合关系。

主谓结构 一般认为,主谓结构反映主体与主体的动作、状态、性质的关系。主谓结构关系在不同的语言中有不同的形式体现。英语中,类的选择及其次序(简称"类的配列")是体现主谓结构的主要语法形式:主语由名性成分担当,谓语由动性成分担当,主语在前而谓语在后。比如 Botter bought some butter 中名词 Botter 是主语,动词词组 bought some butter 是谓语。原本是动词的成分如果要做主语,必须把动词变成动名词的形式。比如 Teaching foreigners is very different from teaching natives。汉语中,主谓结构的语法形式也主要是类的配列,词序上也是主语在前、谓语在后,但对于类的选择限制却不像英语那样严格,主语以名性成分为典型,但也可以是动性的,谓语一般是动性的,但也可以是名性的。例如(斜线前面是主语,后面是谓语):

  张老师/来了
  苹果/吃了
  这幅画/真美
  讲课/不容易

形态在组合上的配合变化也可以作为主谓关系的语法形式。在有词形变化的语言中,主谓关系的形式表现主要是"主谓一致"的形态变化,例如俄语中,动词总是按照主语的人称和数变位后才能充任谓语。英语中也有词形变化的遗留,所以主谓一致关系也是体现主谓关系的语法形式之一。比如,I haven't read that book yet 和 That book I haven't read yet 这两个英语句子中的词序虽然不同,但定式动词 have 都是与第一人称 I 有一致关系而与第三人称单数的 the book 没有一致关系,由此可以判定两句的主语都是 I。

述宾结构 这种结构的意义比较复杂,大抵反映动作(述语)和受动作支配的事物(宾语)的关系。汉语中的述宾结构也由类的配列来体现:述语在前,宾语在后;述语几乎都是动性的,宾语大多是名性的,只有一小类动词(称作"谓宾动词")的宾语可以是动性的。例如(斜线前面的是述语,后面的是宾语):

切／西瓜
洗／衣服
吹／风
学习／开车

述宾结构是人类语言中普遍存在的结构,述宾结构中两个成分的类(述语是动性的,除与某些动词搭配的情况外,宾语是名性的),也是所有语言都相同的,但两个成分的排列次序却不同语言各不相同,因此成为语言类型学分类的一个重要指标。汉、英、法、德等语言属于宾语在述语之后的类型,日语、傈僳语、彝语等好多语言属于宾语在述语之前的类型,"写字"、"吃饭"在日语里的词序是"字写"、"饭吃"。

形态或格助词也是常见的表达述宾关系的语法形式。在有词形变化的语言中,受动词支配做宾语的名词会有相应的词形变化,变为宾格的形式,从而体现出述宾关系的结构关联。日语、朝鲜语、藏语等语言中,宾语不仅要放在动词前,宾语之后还要加宾格助词。

偏正结构 这种结构反映修饰和被修饰的关系。例如(斜线前面的是修饰语,后面的是中心语):

人民的／力量
高／水平
马上／出发
加倍／努力

这种由修饰语和中心语构成的结构叫偏正结构。在偏正结构中,修饰语和中心语两个成分不平等,一偏一正,整个结构的作用和中心语大致相同,所以把这种结构叫做偏正结构。所谓偏与正,是就结构来说的,并不是说在意义上中心语比修饰语重要。"谁的钢笔?"的中心语是钢笔,而意义的重点却在"谁的"上头,因而回答时可以只说"我的"。"马上出发"的中心语是"出发",但如果回答"什么时候出发?"可以只说"马上"。

上面所列的四个偏正结构的例子,头两个跟后两个很不一样,头两个的中心语是名词,后两个的中心语是动词(出发)或形容词(努力)。为了说明这种不同,我们把前者叫做名词性偏正结构,或定中结构,把后者叫做动词性偏正结构,或状中结构。汉语的偏正结构也主要由类的配列来体现:修饰语在前,中心语在后;定中结构的中心语是名性的,定语以名性为多,但也可以是其他类别的;状中结构的中心语一定是动性的(包括形容性的),状语以副词为多,形容词也较常见。另外,汉语还可以借助专门的虚词表示偏正关系:"的"是定语的标记,"地"是状语的标记。

有的语言,偏正结构中两个成分的次序和汉语相反,例如法语偏正结构的基本词序是中心语在前,修饰语在后,"红酒"、"快跑"、"木头房子"、"弟弟的书"在法语里的词序是"酒红"、"跑快"、"房子的木头"、"书的弟弟"。英语中,修饰动词的状语由副词充当,常常放在所修饰的动词之后,如 run quickly。

形态的一致性配合也同样可以充当体现偏正结构(主要是定中结构)的语法形式。在有词形变化的语言中,偏正结构中的修饰语如果是形容词,它必须在性、数等方面和中心语一致。具体组合的时候需用哪个变化的形式,必须到形态的聚合里面去找。比如:法语中"一些漂亮的花儿"要说成 des belles fleurs,其中的"漂亮(belles)"用的是阴性、复数形式,与后面"花(fleurs)"的性、数一致。

联合结构 联合结构的构成成分在语法上是平等的。联合结构的结构成分可以是两项,也可以是两项以上。但不管有多少项,它们在更大的结构中只能充当一个结构成分,例如下面第一个例子中的"北京、上海、天津和重庆"做整个句子的主语。下面是更多的例子(例中字体加粗的部分是联合结构):

北京、上海、天津和重庆是我国的四个直辖市。
人类的智慧能够**征服自然、改造自然**。
我们必须**重视并且办好**小学教育。

联合结构的主要语法形式是类的配列。处于联合结构关系中的各项在类的属性上应该相同,或者都是名性的,或者都是动性的。由于联合结构的各项地位平等,所以类的配列要求只在于属性相同的各项要相继出现,对各项出现的相对次序语法上没有强制的要求。另外,虚词也是体现联合结构常见的语法形式,比如汉语联合结构常常使用"和、或者、而"之类的虚词,英语中则用 and、or 等。

述补结构 述补结构是讨论汉语语法时常提到的一种结构类型。汉语中,在紧接述语之后的位置上,可以加上一些成分以表示述语的程度、结果、趋向等,这叫做补语。由述语和补语构成的结构叫做述补结构。汉语述补结构的语法形式也主要是类的配列:述语在前,补语在后;述语是动性成分,补语是形容性、状态性成分或趋向动词。例如(斜线前面的是述语,

后面的是补语):

急/哭了
站/稳
搬/出去

有时还需要虚词来体现这种结构关系,如"跑得很快",述补关系由虚词"得"体现出来。对于述补结构的结构意义,目前学界还没有一致的意见。

主谓结构、述宾结构、偏正结构和联合结构是语言里普遍存在的基本结构格式,述补结构则一般被认为是汉语的特点。

在英语等许多语言中,除祈使、感叹句和口语中的特殊情况外,只有主谓结构才能成句,述宾、偏正、联合结构则只能做句子之下的词组。汉语的情况有所不同,述宾、偏正、述补、联合等结构都可以加上语气等成句范畴而成为合格的句子,不仅祈使、感叹句如此,陈述句也如此,不仅口语有这样的情况,书面语里这样的情况也不少。

语法形式与语法意义不一定是一一对应的,有关情况我们将在第四节的第三小节"变换与句法多义"中讨论。

总之,类的配列、形态的一致性配合、虚词属于组合轴向的语法形式,前面讲的五种基本语法结构关系是这些语法形式表达的语法意义。这些组合的语法意义已经由五种结构的名称提示了出来。大致说来,主谓结构的意义是"陈述",偏正结构的意义是"修饰",述宾结构的意义是"支配",联合结构的意义是"并列"或者"选择",述补结构的意义是"补足(述语)"。这些意义都是很宽泛的。事实上,各种结构在各自宽泛的意义框架之下还能表示更多种多样的、有更进一步细致区分的语法意义,这些语法意义也有相应的更加细致的语法形式的表现。这些更细致的情况只有在分清基本语法结构的基础上才能进一步探讨。

三、组合的层次性

从表面上看,句子好像是一个挨着一个的一串词,实际上,它的内部组织是有层次的。词构成词组,但词组结构是可以再套合的,因此任何一个词组都还可以和其他的词或词组再组合而构成更大的词组。词或词组加上语气等成句范畴的表达形式(比如语调)就可以实现为句子。这样,语言中的句子,不管多么复杂,都是以上几种基本结构一层层套起来组成的。

除联合结构外,其他几种基本结构都是由两个结构成分组成的,所以不管是经过几层套合的词组,在每一个层次上除联合结构外都体现为两个结构成分的组合。根据这一情况,我们在分析句子的时候,可以先找出它是由哪两个最大的部分直接组成的,确定这两部分是什么关系(结构类型),接着用同样的方法逐一分析这两大部分,找出它们各由哪两个部分组成,又分别是什么关系,这样一层层分下去,直到全部都是单个的词为止。例如"各级干部都必须参加集体生产劳动"这个句子可以作如下的分析:

```
       各级  干部  都  必须  参加  集体  生产  劳动
(1)    └──┴──┘    └──┴───┴───┴───┴───┴───┘
(2)    └──┴──┘         └───┴───┴───┴───┴───┘
(3)                └──┘   └───┴───┴───┴───┘
(4)                         └──┘ └───┴───┴───┘
(5)                                 └───┴───┘└──┘
(6)                                     └───┴──┘
```

共分了六次才分析到词,说明这个句子的构造可以分六层。句子就是这样按照一定的规则一层一层组合起来的。每一层中直接组合起来构成一个更大的语法单位的两个组成成分叫做直接组成成分。例如"各级干部"和"都必须参加集体生产劳动"是第一层的两个直接组成成分,它们的结构关系是主谓;"各级"和"干部"是第二层前一部分的直接组成成分,它们的结构关系是偏正,其余以此类推。句子以下词以上的各级组成成分都是大小不同的词组。这样,我们就通过层次分析的方法揭示出语法结构的层次性。

句子里的组合本来是有层次的,语法分析应该把它反映出来。如果不分层次,想把整个句子在一个层次上分析完,就会眉毛胡子一把抓,好多关系说不清楚。分清了层次,不但整个句子的结构一目了然,句子里任何一个词同另一个词的关系也能清楚地说出来。如果问"集体"和"必须"是什么关系?我们可以根据上述的分析回答:"集体"是"集体生产劳动"的一部分,后者与"参加"组成更大的片段,这个片段再与"必须"发生关系;"集体"就是经过这么三重转折与"必须"发生关系的。

弄清结构的层次对正确理解语句的意义很重要。例如:

(1) 假如在这时候不适当地灌水施肥,就会造成徒长。
(2) 假如在这时候不适当地灌水施肥,就会使棉桃因缺乏营养而脱落。

在这两句话中都有"不适当地灌水施肥",但意义很不相同。前者的"不"仅仅是否定"适当",整个句子是说灌水施肥行为会造成徒长,后者的"不"是修饰"适当地灌水施肥",是劝人灌水施肥,当然要适当。这种由同样的词、同样的词序组成的语法单位,意思所以不同,就是由于它们的分段不同,即直接成分不同。层次分析能够揭示不同的分段。

(1) 不适当地　灌水施肥

(2) 不　适当地灌水施肥

在口语中,这两个语言片段的不同可以通过语音上的连接情况(看在什么地方停顿)、重音落在什么地方等方式表现出来:(1)的"不适当地"组成一个段落,停顿在"地"之后;(2)的"不"自成一段,而且念得比较重,停顿也在这里。可见,语言结构的二分和层次性是客观存在的。需要通过对句子结构的层层分析,达到对句中各个语法成分的组合关系的认识。

结构关系可以体现为类的配列,句子的结构和层次也可以用类配列的方式表示出来,这可称作类配列的层次性。特别是像英语等许多语言,主语、谓语、宾语等句法成分与名、动等不同的语类有相当严格的对应关系:主语、宾语只能是名性成分,述语只能是动性成分;所以只要标明结构成分的类、出现次序,就可以推导出它们之间的结构关系。

不仅词有动词、名词的词类区分,词组也有动性、名性的区分。述宾、述补结构是动性的,偏正结构中定中结构是名性的,状中结构是动性的。怎么确定词组的类呢?可以把它们放在更大的组合中,看看它们可以用什么词类的词来替换。比如:

述宾词组可以用不及物动词替换	小王昨天打乒乓球了。 小王昨天游泳了。
述补词组可以用动词替换	墙已经推倒了。 墙已经塌了。
定中词组可以用名词替换	我想买联想牌电脑。 我想买电脑。

述宾、偏正、述补结构的类别属性总是跟结构中某一个成分的类别属性相同,联合结构的类别属性总是与结构中每一个成分的类别属性都相同。比如"买"是动性的,"买"加宾语构成的述宾结构("买书/买菜/买酒/

买衣服/买粮食/买电脑/买股票……")也都是动性的,可以记作 VP;"书"是名性的,"书"加定语构成的所有偏正结构("新书/旧书/古书/破书/热门书/畅销书/英语书/语文书/数学书……")也都是名性的,可以记作 NP。与结构整体的类别属性相同的那个成分称为结构的"心",也即 NP 的心是 NP 中的 N,VP 的心是 VP 中的 V。

使用类的配列来分析句子,结构的层次性和层次的二分性就更为重要。比如"小王怕老师"这个句子按从大到小的方向可以分析为:

以上只是表示句子成分的语类配列的树型层次图。美国生成派早期的句法结构图基本上是这样的形式,但加上了用来表示所有人类语言所有句子生成机制的更大目标。现在该派的理论已经有了很大的发展,本书因篇幅有限,就不再详细介绍了。

四、组合的递归性和开放性

我们已经了解词组的基本结构类型,也知道了句子的结构是可以多层次的。在这些基本结构的层层套用中,同样的结构类型是可以重复使用的。前面小节对"各级干部都必须参加集体生产劳动"这个句子画出的层次图就反映了各层结构套合的情况。这个句子的第一层是主谓结构,里面包含着四层偏正结构,一层述宾结构:(6)的偏正结构作为中心语包含在(5)的偏正结构之中;(5)的偏正结构作为宾语包含在(4)的述宾结构之中;(4)的述宾结构作为中心语包含在(3)的偏正结构之中;(3)的偏正结构又作为中心语而包含在(2)的偏正结构之中,(2)的偏正结构又作为谓语而包含在(1)的主谓结构之中。正因为语法的组合结构一层套一层,所以同样的结构规则尽可以重复使用而不致造成结构上的混乱。同样的结构可以层层嵌套,借用数学的术语来说,这就是结构规则有"递归性"。

结构中某个单位(例如词)可以不断地被一个同功能的词组去替换,结果可以使基本结构里面的项扩展成很长的多层套合结构,但作用仍等于原先的那个项。比如:

花红了
玫瑰花红了
围栏里的玫瑰花红了
那个围栏里的玫瑰花红了
左边那个围栏里的玫瑰花红了
院子里左边那个围栏里的玫瑰花红了
张三家院子里左边那个围栏里的玫瑰花红了
我家隔壁的张三家院子里左边那个围栏里的玫瑰花红了
……

"花红了"是主谓结构,通过偏正结构的递归性可以对其中的主语"花"进行扩展,如上面各个例子中有下画线的部分。结构规则的递归从理论上讲可以是无穷尽的,上面的例子不管扩展到什么地步,"红"之前的那个成分的作用还是等于"花红了"里面的"花",仍是主谓结构的主语成分。

实际交际中出现的句子,不同结构的相互嵌套比相同结构的嵌套更加常见。比如"我知道你不知道我知道。",第一层"我/知道……"是主谓结构;第二层,上一层的主语"我"是单个成分,而谓语"知道/你不知道……"是述宾结构;第三层,上一层的述语"知道"是单个成分,而宾语"你/不知道……"是主谓结构;第四层,上一层的主语"你"是单个成分,而谓语"不知道/我知道"是述宾结构;第五层……这是主谓、述宾两种结构的反复嵌套的例子(述宾做主谓的谓语,主谓又做述宾的宾语),这个句子还可以不断地套合下去:"我知道你不知道我知道你不知道……"。在一般的句子中,彼此套合的结构种类往往更多,但套来套去所用到的结构总不出前面所说的五种,也即递归的结果只有少数几种基本结构。

正因为语法结构有递归性,我们才可能用有限的规则支配相对有限的词去造出数量上无限多、长度上不受限制的句子。递归性使语言富有组合上的弹性,能根据表达的需要而屈伸自如。如果没有递归性的特点,语言就无法成为人类最重要的交际工具。

第三节 聚合规则

一、词类

组合规则和聚合规则相互依存。在单位组合构成的句子中,我们看到了在层次结构中体现的词与词之间的关系以及由此带来的整体结构意义。句子是无穷的,但组合规则是有限的。具有概括性的组合规则的归纳和描写需要建立在语法单位的聚合类的基础上。具有相同语法特征的单位总是聚合成类,供组合选择。语法的聚合是多种多样的,最普遍的是词类和词形变化:语言里的词按语法作用的不同而分成名词、动词等等的词类;在有屈折变化的语言里,名词、动词又有格、位等等词形变化。语法的聚合规则就是语法单位的分类和变化的规则。

前面已经说过,语言里面的词分虚、实两大类。虚词为数有限,专门起语法作用,是体现结构关联的重要语法手段,语法特征比较明显。例如汉语中起连接作用的连词(和、或者、虽然),表示语气的语气词(呢、吗、吧、嘛),黏附在实词后面表示时态或某种关系的助词(了、着、过、的)等等都是虚词的类。又如英语中的连词(if、though、and、or)、介词(in、on、at)等也都属于虚词。各个虚词表示的语法意义都不一样,所以语法研究需要对每个虚词进行个别的更深入的讨论。实词的类一般比较大,类中的成员比较多,它们与前面所说的几种基本结构类型有密切的关系。

我们讲组合规则的时候总结了基本的结构类型,基本结构中的主、谓、宾、定、状、补等成分,也就是这些结构里的不同组合位置。每个位置上可能出现的词要到有关的聚合里去选择。这种聚合就是词类。所以词类是按照词在结构中所能起的作用,即词的句法功能分出的类。在一种语言里,凡是能在同样的组合位置中出现的词,它们的句法功能相同,就可以归成一类。

词的句法功能在不同的语言里有不同的表现,所以每种语言都有自己的词类体系,需要分别归纳。在英语中,一般说来,能出现在主语、宾语位置上的大多是名词,能出现在谓语位置上的大多是动词,能出现在定语、表语位置上的大多是形容词,能出现在状语位置上的大多是副词。例如:

位置		A	B	C	D	E	F
例句	The	little	sheep	is	white		
	The		boy	read		a poem	today
	The	foreign	team	went			there

这三句话的汉语意思是:(1)小羊是白色的;(2)男孩今天读了一首诗;(3)外国球队到那里去了。

能够处于B、E两个位置的词叫名词,能够处于A、D位置的叫形容词,能够处于 C 位置的叫动词,能够处于 F 位置的叫副词。英语是有词形变化的语言,以上四类词各有自己的一套变化形式,根据词形变化也能确定词类(详见 103 页)。

汉语缺少词形变化,好比各行各业的人穿着一样的衣服,只能凭他们的职司(功能)来分类,这就给汉语词类的划分带来了复杂性。为了便于鉴别一个词所属的词类,对词的句法功能的分析还需要做一些重要的补充。比方说,有人对汉语的名词、动词、形容词的句法功能作了如下的归纳:前面能加数量词(如"一个〔人〕","两张〔纸〕","三份〔讲义〕"……),不能加"很"、"不",后面不能加"了",不能做谓语的叫名词;前面能加"很",后面能加"了"、"的",在偏正结构中能修饰名词,能做述语的叫形容词;后面能加"的"、"了",前面能加"不"但不能加"很",能做述语的叫动词。

不管语言中是否有词形变化,词类从根本上讲都是根据句法功能确定的词的聚合。有词形变化的语言中,词形变化也是体现语法结构关系的手段,也反映了词在结构中的地位,和词的句法功能是一致的。

词类是语言中客观存在的语法聚合,不把它弄清楚就无法说明语法的组合规则。句子的数量是无穷的,句子的结构格式却是有限的。语法研究虽然要从具体的句子入手,但不能局限于具体的句子,而要从具体句子里抽象出结构的格式,这就需要给句子中一个个具体的词分类。例如:

小高看书
哥哥写字
妹妹玩皮球
人们欢呼胜利

这些句子包含的词不同,意思也不一样,但在同样位置上出现的词的句法功能相同。如果把它们归纳成类,就可以用类来概括具体的词,得出抽象的句子结构格式:

名词＋动词＋名词

语法研究的目的在于认识语言的规则,而规则是从大量的事实中概括出来的。划分词类是概括句法格式、发现组合规则所不可缺少的一环。

语言的词类是一种由粗到细,层层细分的体系。同样,上一节中讨论的五种基本结构,也可以进行进一步的细分,形成一种由粗到细的结构类型体系。从词类划分看,名词、动词、形容词等是最大的类,它们在基本结构中的分布及与某些虚词的搭配方面有大致的区分。往细里看,每一类词的"大同"中有"小异","异"在更细致的结构类型中的分布不相同,据此可以把词分为更小的类。各种语言里面,动词是最复杂的词类。比方英语的动词以带不带宾语分为及物动词和不及物动词两大类。不及物动词中有一类联系动词(linking verb),要求后面跟一个充当补足语(或称表语)的名词或形容词,其中带名词的是一个小类(如 They became friends"他们成了朋友"),带形容词的又是一个小类(如 He seems sad"他面有悲色")。及物动词分为两类:(1)只要求带一个宾语,(2)要求在宾语以外再带一个名词。只要求带一个宾语的(1)又可以分为两类:A. 受事宾语转换到主语位置时不必变为被动句,例如,They stopped the car(他们停住了车)可以变为 The car stopped(车停了);B. 受事宾语转换到主语位置时必须变为被动句,例如 They saw her(他们见到了她)就必须说成 She was seen(她被看见了)。要求在宾语以外再带一个名词的(2)也分成两类:A. 所带的名词可以用代词来代替,如 They gave her candy(他们给她糖果)可以说成 They gave her it 或者 They gave it to her(用 it 代替 candy);B. 所带的名词不能用代词代替,如 They elected her mayor(他们选她当市长)不能说成 ＊They elected her it。如果分得再细一点,B类里还可以进一步分成两小类:(a)那个所带的名词所表示的事物是暂时性的,如 They elected her mayor(因当市长有一定的任期);(b)那个所带的名词所表示的事物是永久性的,如 They called him uncle(他们叫他叔叔)。英语动词分到这一步,已经是第四层了,如再深入研究,还可以分得更细。其他词类的情况与此类似。组合研究的深入总是要求聚合方面作更细的分类。向语法结构的深处和细处探索,这是目前语法研究的主要方向。

各种语言里面都有跨类的词,就是说一个词既可以属于这一类,也可以属于那一类,这可称为兼类。显然,确定一个词的兼类需要两个条件,首先,要确定所讨论的是同一个词,其次是词类已经明确。如果把一个词类比为一个行业,那么兼类词就如同跨行业身兼数职的人。例如英语的 love 既是名词(爱,Love can change everything),也是动词(爱,He loves nature);clean 既是形容词(干净,the clean room),也是动词(使干净,clean the room);yellow 是形容词(黄色的,a yellow flower),也是名词(黄色,dressed in yellow),也是动词(使变黄,strong soap will yellow clothes)。汉语里"丰富"、"活跃"既可以是形容词(很丰富,很活跃),也可以是动词(丰富生活,活跃气氛);"批评"、"报告"可以是动词(批评他人,报告情况),

也可以是名词(提出批评,提交报告)等等。汉语的实词缺少形态变化,同一个词的句法功能往往有比较大的灵活性,因而跨类的现象比较多,这是汉语词类系统的一个特点。

二、形态

在有些语言中,词与词组合时形式要发生变化。同一个词与不同的词组合就有不同的变化。这些不同的变化形成一个聚合,叫做词形变化,或者叫做形态。英语的有些实词在组合中要有词形变化。例如:

The report was good.(这个报告是好的)
The reports were good.(这些报告是好的)

前一句的 report 指的是一个报告,后一句 reports 指的是一些报告。在英语里,像"report"这样的可数名词进入句子,必须表明是单数还是复数。这两句话所表达的都是过去的事情。像"be"这样的动词,进入句子时必须表明时态,在人称和数上也要与主语一致。这些都要求词尾相应的起变化,以满足组合的要求。

英语的词形变化还算是比较简单的。动词最多有五个形式,如 give、gives、gave、given、giving(be 是唯一的例外,有八个形式);名词最多有四个形式,如 man、man's、men、men's;代词也有四个形式,如 I、me、my、mine;形容词有三个形式,如 slow、slower、slowest。词形变化的多数形式是变更屈折后缀,也有一些是使词根内部的元音、辅音发生变化,如 foot—feet、bring—brought、see—saw、think—thought、go—went。这些都是一些公认的不规则变化。

俄语的词形变化比英语复杂得多。普通名词有单数、复数的区别,单、复数各有六个格的变化,一个名词就有十二种变化。名词又有阳、阴、中三种性的区别,不同性的名词有不同的变格规则。一个形容词有长尾、短尾的区别,它们又各有数、性、格的变化,共有四十八个形式。动词的变化更加复杂,一个动词的各种变化形式加在一起不下一百种。记住各种词形变化是外国人学习这类形态丰富的语言时的主要困难。

词形变化是词进入组合结构关系所要求的。像俄语这样的语言,词不发生变化就不能进入组合结构。词形变化综合反映词的句法功能,因此也完全可以作为划分词类的依据。比方说,英语中有数的变化的词叫做名词;有人称、时、体、态变化的叫做动词;大部分形容词和副词都有级的变化,它们的区分要根据出现的位置来确定,充当定语的是形容词,充当状语的是副词。这些就是一般所说的划分词类的形态原则。形态原则和功能原则是基本一致的。如果形态不充分,或者和句法功能发生矛盾,词类还得按照句法功能来定。例如俄语有少数名词没有数和格的变化,大部分专有名词的变化和形容词一样,但这并不妨碍它们归入名词一类,因为词类毕竟是句法功能相同的词的聚合。

三、语法范畴

词形变化是语法形式,每种变化都表示一定的语法意义。词形变化所表现的语法意义的聚合就叫做"语法范畴"。比方俄语名词 karandaš(铅笔)、kniga(书)、pero(钢笔尖)的末尾分别是辅音、元音-a 和-o,表示这三个名词分属阳性、阴性、中性。每个名词有单数、复数两种形式,而单、复数又各有六种不同的变化,所以像 kniga 这样的阴性名词就有十二种变化形式,表示十二种语法意义,包括单数和复数的主格、属格、与格、宾格、工具格、前置格。我们可以把俄语里阳性、阴性、中性三种语法意义概括成一类,叫做"性"的范畴;把单数和复数两种语法意义概括成一类,叫做"数"的范畴;把六个格的意义概括成一类,叫做"格"的范畴。语法范畴就是词形变化所表达的语法意义的类。如果说形态是词的变化形式方面的聚合,那么语法范畴就是由词的变化形式所表示的意义方面的聚合。由词形变化表现出来的语法范畴,是有形态变化的语言所具有的。

常见的语法范畴有性、数、格、时、体、态、人称等[①]。

性 性是某些语言里的名词的分类,也会在句法上与之相关的其他词上反映出来。名词具有的性范畴是词在入句前就确定的,如法语中的名词有性范畴,bol(碗)是阳性,pomme(苹果)是阴性。而冠词和形容词常常修饰名词,它们也会随着有关的名词而有性的变化,但只有进入句法结构中才能确定是阴性还是阳性,如,une grande amie(一位好朋友),这里 amie 是阴性的,所以修饰它的冠词 une 和形容词 grande 也都是阴性的。

许多有屈折变化的语言有性范畴,如俄语和德语的名词与形容词分阳性、中性和阴性三种,不同性的词有不同的变格方式。法语只分阴性和阳性。

---

① 《语法调查研究手册》(刘丹青编著,上海教育出版社,2008 年)提供了有关汉语方言和世界语言语法范畴的更为丰富的材料,可参考。

这里要注意的是,"性"是一个语法的概念,它和生物学的性别的概念不一定一致。例如德语的"das Weib"(妇女)、"das Mädchen"(少女)在语法上是中性。至于表示人、动物以外的事物的名词也分成各种性,就更找不到根据了。例如,太阳在法语里是阳性,在德语里是阴性,在俄语里是中性,这些都是语言的习惯。有些语言名词性范畴的分类涉及的是人和非人的,或有生和无生的对立,和自然的性别就更没有关系了。

数 许多语言都有数的语法范畴。数这个范畴一般包括单数和复数两种意义。如英语的名词,俄语的名词都有单数和复数的变化。我国景颇语、佤语的人称代词有单数、双数和复数的区别。还有的语言有单数、双数、三数和复数。和性范畴一样,数范畴也会在句法中和名词相关的词中体现出来。如法语修饰名词的形容词和冠词会有相应的数的变化(见上一节中所举的 des belles fleurs"一些漂亮的花儿"的例子),很多语言中名词作主语时,谓语动词会有相应的数的变化,这都体现出语法范畴和句法功能的密切关联。

格 格表示名词、代词在句中和其他词的关系,它的意义是直接和句法相关的。例如下面的拉丁语句子:

Petrus　filio　pauli　librum　dat
彼得　　儿子　保罗　书　　给
主格　　与格　生格　宾格
(彼得给保罗的儿子一本书。)

可见格直接体现出名词或代词在句中的句法功能。俄语的名词、代词的格有六种形式,修饰它们的形容词、数词也有相应的格的变化。名词、代词作主语时用主格的形式,作及物动词的直接宾语时用宾格的形式,作间接宾语时用与格的形式,表领属关系时用属格的形式。有格的范畴的各种语言,格的数目有多有少。例如英语的名词只有通格和所有格两个格,芬兰语有二十几个格。

体 体表示动作行为进行的各种阶段和状态,是动词特有的语法范畴。不同语言的体的范畴的表现各不一样。在俄语等斯拉夫语中,有完成体和未完成体的对立。完成体把行为状态作为整体表示,不再分析其内部的时间进展,而未完成体与前者相反,表示的是一个完整行为的一部分。英语动词有普通体、进行体和完成体。动词的简单形式表示普通体(如"I write"我写),"be+动词的现在分词"表示进行体(如"I am writing"), "have+动词的过去分词"表示完成体(如"I have written")。英语中的完成体和俄语中的完成体意义上有差别,英语完成体表达的是现在的状态,同时是过去发生的行为的结果。汉语动词加"了""着""过"的现象,有人认为也是体的分别,"了"表示完成体,"过"表示经历体,"着"表示进行体。但这些虚词在句中的运用不完全是语法强制的,和词形变化体现的体范畴不完全一样。

时 时也是动词的语法范畴,表示行为动作发生的时间。这时间往往以说话的时刻为准,分为现在、过去、未来。有些语言,动词用不同的形式来表示行为动作是发生在说话的时刻,还是在说话的时刻之前,或在说话的时刻之后。例如英语"I write"(我写,现在时),"I wrote"(过去时),"I shall write"(将来时)。英语语法中通常说的"现在进行时"实际上包括时和体两个方面:现在时,进行体;"过去完成时"则是:过去时、完成体。法语语法中通常说的"复合时"也是包括两个方面的,如"越过去时"(plus-que-parfait)实际包括过去时和完成体两个方面。在有屈折变化的语言中,时范畴反映了动作行为和说话时的关系,是句子进入交际的重要标志。

人称 不少语言的动词随着主语的人称不同而有不同的形式。俄语、法语都有三种人称。英语动词只在现在时单数的时候有第三人称和其他人称的对立。例如:

  He(she) writes
  I write
  You write
  They write

后面三个例子的动词的形式是一样的。下面是拉丁语中谓语动词随主语的三个人称变化的例子:

  amo amas amat
  我爱 你爱 他爱

还有的语言有进一步的人称区分,如第三人称的近指和远指。人称的确定取决于具体交际事件中谁是说话人,谁是听话人,是句子进入交际的重要标志之一。

态 态,也称语态,表示动作和主体的关系。它是动词所具有的语法范畴,一般分为主动态和被动态两种。主动态表示主体是动作的发出者,

被动态表示主体是动作的承受者,谓语动词会有相应的变化,比较:

  John is writing a letter.(约翰正在写信)
  A letter is being written by John.(信正由约翰写着)

  又比如,拉丁语中 puer amat(男孩爱)是主动态,puer amatur(男孩被爱)是被动态,直接反映在动词词形变化中。采用哪种语态也和说话者的主观视角相关,和语言的运用相关。

  以上是对一些常见的语法范畴的简单说明。一般说来,"性""数""格"是名词所具有的语法范畴,形容词因为要随着名词的变化而变化,所以也有这些范畴;"时""体""人称""态"是动词所具有的语法范畴。每一种语法范畴都具有如下的一些特点。

  第一,有共同的意义领域。单数与复数不同,但都是数。现在时、过去时、将来时不同,但都是时。我们正是根据词形变化表示出来的共同的意义领域把有关的项归在一个语法范畴里的。单数和过去时没有共同的意义领域,所以不能归入一个语法范畴。同一语法范畴中的各个变化形式所表示的是共同意义领域中的不同意义。

  第二,同一语法范畴中的各个变化形式是互相对立的、排斥的。在组合的时候,选择甲就排斥选择乙或丙。有的选择决定于意义,有的决定于结构内部的相互制约。在"the report was good"中,"report"选择了单数,动词选择了过去时,这是所要表达的意思决定的;但动词用单数"was"而不用复数"were"则是前面的"report"所决定的。

  第三,同一语法范畴中各个项所表示的意义不仅取决于它本身,而且也取决于它和其他项之间的相互制约的关系。某个项的意义发生了变化,其他项的意义也会随之发生相应的改变。项的增加或减少也会引起其他项的意义的变化。例如,现代俄语的名词分单数和复数,而古俄语分单数、双数和复数。双数的消失改变了复数的意义,现代俄语的复数是多于一,而古代俄语的复数是多于二。

  可以看出,语法范畴的意义与主、谓、宾、补等语法成分所具有的语法意义有区别又有联系。有些语法范畴涉及语义上的强制表达,如性、数、体等,有些语法范畴直接和语言运用中的说话者、说话时间、说话者选择的观察角度[①]相关,如人称、时、态等范畴。但这些语法范畴的表达也同时体现

[①] 直接与说话人相关的表达,也统称为"主观性"表达。

了语法结构关系,如性、数、格范畴要求有主谓的一致和定语中心语的一致,动词和名词间的支配关系由名词的宾格表示出来,等等,都标志出了句法结构意义。

语法范畴的语言个性很强,不能用一种语言的语法范畴去硬套另一种语言。同一语言中,语法范畴也不是固定不变的。例如古英语的名词和形容词都有性的语法范畴,可是现代英语中没有了。又如古英语中名词的"格"有四种:主格、宾格、与格、属格,而现代英语中前三种合并为一种,只剩下两种格,像 son 这个名词只有 son、son's 两种词形,于是前一种词形就改称"通格"了。

语法范畴必须有词形变化的形式体现。汉语没有形态,严格地说也就没有如上语法范畴。

第四节 变 换

一、变换和句型

前面从聚合和组合的规则两方面讲了造句的规则。句子的格式可以由此分析出来。但是,我们从语法单位的组合和聚合总结出来的句子格式并不是孤立的,句子格式之间还存在着内在的联系。这种情况要求我们跳出一个语法格式的范围去考察几个格式之间的关系。考察这种关系的途径就是变换。变换可以揭示句型之间的关联。

前面讲过,句子按表达的语气可以分为不同的类型,有陈述句、疑问句、祈使句等。其实,每一个句型内部还可以进行细分,例如陈述句又可分为肯定句和否定句,主动句和被动句等,这些句子类型之间存在着内在的联系,相互间可以变换。肯定句和否定句之间的相互变换在各种语言中是常见的。在汉语中,肯定句变换为否定句时,最常见的规则是在要否定的那个词前面加"不"或"没"(或"没有"),什么时候用"不",什么时候用"没",还有好些细致的规则限制。例如:

这衣服干净。	这衣服不干净。
我洗衣服。	我不洗衣服。
我洗了衣服。	我没洗衣服。
我会洗衣服,过去洗过。	我不会洗衣服,过去没洗过。

在英语中,从肯定变换否定最常见的规则是:如果肯定句的动词为

"be",或前面有助动词,则否定句是在 be 或助动词后面加"n't"(或"not");如果肯定句的动词不是"be",或者前面没有助动词,则否定句是在它们前面加"don't"(或"do not")的相应变化形式,动词本身变为不定式。例如:

John is writing a letter.	John isn't writing a letter.
James will come tomorrow.	James won't come tomorrow.
Ruth was a beautiful girl.	Ruth wasn't a beautiful girl.
His father walked home.	His father didn't walk home.
The car runs well.	The car doesn't run well.

主动句和被动句之间也存在着一定的变换关系。英语中主动句与被动句变换的规则是:主动句的动词用主动态而被动句的动词用被动态;在主动句中做宾语的那个成分在被动句中做主语;在主动句中做主语的那个成分在被动句中出现在动词后并必须用介词"by"引导。例如:

John saw Mary. → Mary was seen by John.

汉语里也有与此类似的变换办法,不同的是在主动句中做主语的那个成分在汉语的被动句中是出现在动词之前,引导它的介词用"被、让、给、叫"都可以,如:

猫逮住了耗子。→ 耗子被猫逮住了。

陈述句和疑问句的变换有好几种形式。例如:"他昨天到天津去了",可以有下面一些变换:

(1) 他昨天到天津去了?   (变语调)
(2) 他昨天是到天津去了吗?   (加"吗")
(3) 他昨天是不是到天津去了?   (加"是不是")
(4) 谁昨天到天津去了?   (把"他"变为"谁")
(5) 他什么时候到天津去了?   (把"昨天"变为"什么时候")
(6) 他昨天到哪儿去了?   (把"天津"变为"哪儿")

前三句是是非问句,可以用"是"或"不是"来回答;陈述句与是非问句的变换,可以是改变语调,也可以加"吗""是不是"之类的词语。后三句是特指问句,陈述句与特指问句的变换,是陈述句的某些位置上的词语与疑问句中相应位置上疑问词语的变换。

陈述句与祈使句也可以变换。祈使句多用于对话者,对象明确,因而祈使句与陈述句的不同主要是祈使句没有与之相应的陈述句中的主语成分。我们可以以英语"Ask yourself!"为例来分析它和相应的陈述句的变换关系。与它相应的陈述句的意思应该是"You ask you",因为主语和宾语的两个"you"指同一个人,按照英语反身代词的规则,应该将第二个"you"改为"yourself",变成"You ask yourself!"然后再按照陈述句与祈使句的变换规则变换为"Ask yourself."这里其实包含着两重变换。

从上面举的一些例子可以看到,变换是意义上有联系的语法格式之间有规则的格式对应,它能超越一个语法格式的范围,揭示有关格式之间的关系。这样的研究可以使语法分析简明、清楚,避免臃肿重复,而且对揭示句法同义和句法多义有重要的作用。

二、变换和句法同义

我们看下面的几个句子:

(1) 我打破了杯子。
(2) 杯子被我打破了。
(3) 杯子我打破了。
(4) 我把杯子打破了。

显然这四个句子具有很大相关性,意义上很接近。这四个句子的格式不同,语法结构关系不同,但是都表示了"施事(我)—动作(打破)—受事(杯子)"这样的动—名语义关系。如果把"我"换成"张三、小猫、灭火机……",把"打破"换成"撕、吃、扑灭……",把"杯子"换成"扇子、鱼、火焰……",我们同样可以造出四句一组的表示相同的动—名语义关系的句子来。可见上述同义关系不是具体句子间的关系,而是句子格式间的关系。几种句子格式表示相同或相近的动—名语义关系,称为句法同义。

处在句法同义关系中的格式,可以你变成我,我变成你,按照一定的规则互相变换。拿上面的例子来说,(1)变换成其他格式的规则如下:

(1)变换成(2)的规则是:把宾语"杯子"提到句首,并在原主语前加一个表示被动意义的介词"被"(或"叫、让、给"等)。这是汉语主动句变为被动句的规则之一。这条规则使用了两种手法,一是挪动句子成分的位置(移位),一是增加介词"被"(添加)。

(1)变换成(3)的规则是把"杯子"提到句首,让它从宾语变为主语。这里只使用了移位一个手法。如果把(3)中的"我"去掉(删除),句子虽然不再反映出施事是谁,但"杯子"仍是受事。"我打破了"和"杯子打破了"都是主谓句,但一个是主动式,一个是被动式。这说明主语既可以是施事,也可以是受事。受事(杯子)后面不一定加"被",甚至往往不能加"被"。这是汉语的特点。

(1)变换成(4)的规则是用"把"将"杯子"提到"打破了"的前面。这里也使用了移位和添加两种手法。"把"字句是汉语特有的一种句式。

从上面的举例中可以看出,表示相同动一名语义关系的各个句式形成一个聚合,它们可以按照一定的规则互相变换,在变换的时候可以使用移位、添加、删除和替代等手法。

变换把动一名语义关系相同的句式联系在一起,显示出它们之间互相沟通的关系。它打破了孤立地研究一个个句式的局限,开阔了研究句法的视野。变换也具有重要的实践意义:学习语言的人可以利用它来扩大练习造句的范围,掌握成套的句式;使用语言的人也便于在有变换关系的句式中挑选合适的句式,提高表达的效能。

三、变换和句法多义

变换不但串连同义句式,使它们聚合在一起,还可以揭示出同一个句式可能表示几种不同的动一名语义关系,解决句法多义的问题。

比如"通知的人还没有来"这句话,句中的主语"通知的人"是个偏正结构,它既可以表示"去通知的人",也可以表示"被通知的人","人"和"通知"可以有两种不同的动一名语义关系。表示这两种语义关系所用的词相同,词的次序相同,层次相同,而且都是偏正结构,这是两种动一名语义关系合用一个语法结构。语法结构的这种多义(或者说有歧义)的情况光靠语法结构本身是没法区分的。变换分析能够比较合理地揭示这种歧义现象。因为聚集在一个语法结构里面的两种动一名语义关系在别的结构里不一定聚集在一起,变换正是把它们放到另一些结构里面去检验,观察它们是否有两种不同的语义关系。

现在我们使用添加的方法来变换上面这个句子:

(1) 通知的人还没有来。
(2) 他通知的人还没有来。
(3) 通知他的人还没有来。

变换式(2)揭示"人"是"通知"的受事,(3)揭示"人"是"通知"的施事。

这说明偏正结构"通知的人"可以兼表两种动－名语义关系,所以有歧义。试看语法结构完全相同的另一个句子:

(1) 采购的东西还没有来。
(2) 他采购的东西还没有来。
(3) *采购他的东西还没有来。

变换式(2)揭示"东西"是"采购"的受事,变换式(3)不成立。这说明偏正结构"采购的东西"只表示一种动－名语义关系,是单义的结构。

通过变换和比较,我们知道了汉语里"动词＋的＋名词"这样的偏正结构有两个小类,一类是单义的,另一类有施事或者受事的歧义。组合上的这两个小类是怎么引起的呢?这引导我们从聚合上去找原因。原因是在"通知"和"采购"身上。它们虽然都是动词,而且都是及物动词,但是在上述的偏正结构里,"通知"产生歧义,"采购"不产生歧义,这说明"通知"和"采购"还有细微的差别,它们代表及物动词里的两个小类。在"动词＋的＋名词"这样的偏正结构里,能够像"通知"那样变换的及物动词(如"培养、关心、请、约、要、骂……")是一类,能够像"采购"那样变换的及物动词(如"设计、编辑、买、卖、煮……")是另一类。前一类动词的特点是可以用同一个名词性词语作它的主语和宾语(他请,请他),后一类则不能。

偏正结构中的这种歧义现象在英语里也有。比方"The shooting of the hunters was terrible"这句话可以有两种变换:

(1) The hunters shot terribly. (猎人凶猛地射击)
(2) The hunters were shot terribly. (猎人遭到凶猛的射击)

这句话有歧义,原因是 hunters(猎人)和 shooting(射击)可以有两种动－名语义关系:hunters 可以是 shoot 的施事,也可以是受事。同样结构的另一个句子"The purchasing of the quartermaster was successful"(司务长的采购很成功),就只有(1)的变换,没有歧义。变换揭示了歧义句包含的两种不同的动－名语义关系,也提示了英语动词 shoot 和 purchase 分属两个小类。

变换不仅可以有效地用来分析句法结构中的歧义现象,而且也有助于辨析句法意义之间的细微差别。先请看下面两个句子:

(1) 台上坐着主席团。
(2) 台上唱着戏。

这两个句子都是"名1＋动＋着＋名2",语法结构的格式完全相同。用变换来进一步分析:(1)可以变换成"主席团坐在台上",把(2)相应的变换成"＊戏唱在台上",句子就不能成立。另一方面,(2)可以变换成"台上正在唱戏",(1)就不能相应的变换成"＊台上正在坐主席团"。变换不同,说明(1)和(2)虽然语法形式上相同,但语法意义上有区别。经过比较分析,它们的区别是,句中的"V 着"有两种语法意义:(1)表示静止状态的持续;(2)表示动态的动作或行为的"持续"。

与上述(1)(2)格式相同的还有一种句子:

(3) 台上摆着酒席。

它既可以变换成"酒席摆在台上",也可以变换成"台上正在摆酒席",这说明(3)是个歧义句,既可以表示与(1)相同的语法意义,也可以表示与(2)相同的语法意义,究竟表示哪一种,要看更大的语境。

以上(1)、(2)、(3)三个句子所用的句子格式是一样的,通过变换分析,我们看到这个句子格式是一个歧义格式,具体句子的意义,则可以有三种情况。三种情况跟动词的选择有关,由此可以把能够出现在这种句式里的动词相应的分成三个小类:与(1)中的"坐"同类的动词有:"躺(着病人)、结(着果实)、挂(着画儿)、点(着红灯)、盖(着被子)、裹(着头巾)、贴(着邮票)、写(着地址)"等等;与(2)中的"唱"同类的动词有:"开(着会)、下(着雨)、想(着孩子)、吃(着东西)"等等;与(3)中的"摆"同类的动词比较少,可以想到的有"架(着炮)、生(着火)"等等。这些小类的划分可以启发我们注意动词用法上的细微区别,而且对虚词意义的深入分析也有重要的意义。

从上面的例子中可以看出,变换不是孤立地就一个结构本身来分析,而是借助与其他的结构的句法同义关系来分析。前面说过,语法意义总是由一定的形式表现出来的。语法结构之间的变换关系也是反映语法意义的一种形式,我们在语义部分会进一步介绍。这种基于句法同义关系的变换,我们平时在捉摸句子的意思的时候也是不自觉地在运用的:碰到费解的句子,我们常常试着把原句换一种说法,看意思是否显豁。变换正是这"换一种说法"的分析原理的自觉运用。这种方法说不上什么新奇,但如能自觉地运用于语法分析,却能收到明显的效果。变换不但能辨析歧义的结构,还能发现造成歧义的词语的语法小类,不论在组合上还是在聚合上都把语法分析往深处推进了一步。

第五节　语言的结构类型和普遍特征

一、语言的语法结构类型

世界上正被使用的语言，据统计有六千多种，每一种语言都有自己的语法结构。语法结构虽然花样繁多，但可以归为少数的类型。根据语法结构特点给世界上的语言分类，是一种语言分类的重要方式。把语言分成不同的结构类型，对于我们了解世界语言的概貌，探讨语言的普遍特征，都有一定的帮助。较传统的结构分类是根据词法的区别把世界上的语言分成孤立语、黏着语、屈折语、复综语四种类型。

我们在第二节里介绍的组词造句的几种基本结构关系在各种语言中差不多都有，但是它们的表达方式在不同的语言中却有很大的不同。下面是一个以述宾结构充任谓语的简单主谓句在汉语、俄语中的不同表达方式。

汉语	俄语
我读书。	ja čitaju knigu.
你读书。	ty čitaeš' knigu.
他读书。	on čitaet knigu.
我们读书。	my čitaem knigu.
你们读书。	vy čitaete knigu.
他们读书。	oni čitajut knigu.

这六句话里，汉语的"读"和"书"没有任何变化。俄语的动词 čitat' 随着主语的人称和数的不同而有不同的形式，它的宾语 kniga 必须是宾格的形式 knigu。在俄语里，不但主语和谓语动词之间在人称和数的方面要求一致，而且形容词的性、数、格的变化也必须和它所修饰的名词一致。例如：

krasnyj　čemodan（红皮箱）阳性
krasnoe　znamja（红旗）中性
krasnaja　armija（红军）阴性

类似俄语这样的语言，主语与谓语，形容词修饰语与中心语的组合要求有严格的一致关系，动词对它所支配的宾语也有特定的要求。词在组合中的这种多种多样的词形变化，在汉语中是没有的。也就是说，句子中词与词的结构关系，在俄语中用属于词法的词形变化来表达，而汉语中用语类配列等句法手段来表达。另外,还有一些与语言的使用直接相关的语法成句范畴,俄语也必须用词形变化的形式来表达,如过去/现在时,主动/被动态等。从这一点上看,汉语和俄语正好代表两种不同的结构类型。语言学中把类似俄语那样有丰富的词形变化的语言叫做屈折语,而把缺少词形变化的语言叫做孤立语。汉语是孤立语的一个代表。

孤立语的主要特点是缺乏词形变化,所有的词几乎都由词根语素构成。孤立语中词的次序很严格,不能随便更动。上述的六个汉语句子,每一个词在句中的位置都是固定的。虚词的作用很重要,词与词之间的语法关系,除了词序,很多都是由虚词来表达的。比方"父亲的书","父亲"和"书"之间的领属关系是通过虚词"的"表示的。这种关系在俄语里就通过变格来表示:"kniga otca"中的 otca 是 otec(父亲)的属格。汉语、彝语、壮语、苗语等都属于孤立语这一类型。

屈折语中词与词之间的结构关系主要靠词形变化来表示,因而词序没有孤立语那么重要。像俄语的"ja čitaju knigu"这个句子中的三个词,由于不同的词形变化都已具体地表明了每个词的身份,因而改变一下词的次序,比方说成"ja knigu čitaju",或者去掉 ja,说成"čitaju knigu"或者"knigu čitaju",都不会影响句子的意思。当然,一般的情形都采用"ja čitaju knigu"这样的形式。

屈折语的另一个特点是,一个屈折词缀可以同时表示好几种语法范畴义,例如俄语"kniga"(书)中的-a 就同时表示阴性、单数、主格三种意义。这些意义也可以用别的屈折词缀来表示,例如俄语 Armija(军队),sem'ja(家庭)中的-ja 同样兼表阴性、单数、主格。此外,屈折语的词根和屈折词缀结合得很紧,脱离屈折词缀,词根一般就不能独立存在。例如上面所举的例子如把屈折成分去掉,词根就不能独立存在。俄语、德语、法语、英语等原来都是典型的屈折语,但英语、法语的词形变化在历史演变中已经大大简化。

黏着语也是一种重要的语言结构类型。黏着语的主要特点是没有词内部的屈折,每一个语法范畴义都由一个黏附语素来表示,而一个黏附语素也只表示一种语法范畴义。因此,一个词如果要表示三种语法意义就增加三个表示语法意义的黏附语素。此外,黏着语的词根和表示语法意义的黏附语素之间的结合并不紧密,虽然在接口处常常会有一定的词形变化,但两者的分界大致清楚,有相当大的独立性,表语法义的专用语素好像是黏附在词根上似的。例如土耳其语动词词根"sev-"表示"爱",黏附语素"-dir"表示第三人称,"-ler"表示复数,"-miš-"表示过去时,"-erek"表示将来时,那么,"sev-miš-dir-ler"就是"他们从前爱","sev-erek-dir-ler"就是"他们将要爱"。日语也是黏着语,一种语法意义由一个黏附语素表示,要表示几种语法意义,就把几个黏附语素按一定的次序逐个黏附在词根上。例如,表示"不会下雨"的日语句子是 ame ga fura-nai,其中的 ame 是名词"雨",ga 是话题标记,fura 是动词词根"下",再之后的 nai 表示否定,在日语中是表语法义的黏附语素。如果要增加推测的语气,则需要再增加一个专门表示"推量"语法义的黏附语素 darō,说成 ame ga fura-nai-darō("不会下雨吧")。土耳其语、维吾尔语、芬兰语、日语、朝鲜语都属于黏着语的类型。

复综语可以说是一种特殊类型的黏着语。在复综语里,一个词往往由好些个语素编插黏合而成,有的语素不到一个音节。由于在词里面插入了表示多种意思的各种语素,一个词往往构成一个句子。这种结构类型多见于美洲印第安人的语言。例如美诺米尼语(Menomini)的"akuapiinam"是一个词,意思是"他从水里拿出来",包含以下语素:词根"akua"(挪开),后缀"-epii-"(液体),后缀"-en-"(用手),后缀"-am"(第三人称施事)。

以上四种结构类型的分类是 19 世纪时西方人提出的,主要的依据是构词形态。但与构词形态不同相应,它们的句法也有很大的区别。

语言的结构类型是就结构的基本面貌来说的,不是说屈折语中没有其他结构类型的成分,或者孤立语中没有任何黏着、屈折的成分。世界上没有一种语言纯粹属于某一种结构类型。俄语是一种典型的屈折语,它也用词序和虚词表示词与词之间的关系。汉语也有黏着成分,例如附在动词后面的"了、着、过"其实就是黏着成分。

语言的类型分类还可以根据其他标准。比如,根据句法上主谓宾的次序是 SVO 还是 SOV,根据语素是否是单音节,根据不及物动词句中的主语与及物动词句的主语的格标记相同还是与宾语的格标记相同,等等。类型学所取的标准,都是与语言中其他多种现象相关的。比如前述的词法标准与句法相关,主谓宾的次序是 SVO 还是 SOV 与定中、状中、方所等多种结构的成分次序相关,等等。因此,根据这些标准的分类可以反映语言基本面貌上的区别。

二、语法结构不能分优劣

过去有人在结构类型里面分优劣。比较流行的说法是屈折语比黏着语进步,黏着语比孤立语进步。这么说来,汉语属于最落后的语言之列。也有人看到好多种屈折语,特别是英语,在演变的过程中逐渐减少屈折变化,词序和虚词的作用逐步扩大,就宣称孤立语是最经济、最合理的语言。这么说来,汉语又属于最先进的语言之列。现在多数语言学家都认为这是一种偏见。不同类型的语法本身没有高低优劣之分,每种语言都源于遥远的古代,经过漫长的发展过程,它们的语法规则都满足语言的基本功能需要。

人们熟悉本族语言的结构类型,在学习其他类型的语言时会感到不习惯。西方人学习汉语,常常感到汉语的语法规则太活,不好捉摸。比方"这本书看了三天",意味着已经看完,再加一个"了",变成"这本书看了三天了",反而是没有看完的意思。类似的情况很多。他们认为汉语的语法关系不如俄语那样明确,容易掌握。汉人学习西方语言,也不习惯它们的变格、变位,感到它们的结构牵丝攀藤,重复而又麻烦,不如自己的语言干净利索。这些都是习惯问题。任何语言都必须有足够的语法表达方式才能适应交际的需要,无非有的采取这种方式多点,那种方式少点,有的恰好相反罢了。因此,从原则上说,语法不能分高低优劣。

从结构上对不同的语言进行深入的比较是很有必要的,因为外语教学和翻译很需要利用比较的成果。任何语言的语法都是经济和简易这两个特点的某种结合。拿汉语的语法来说,没有词形变化,自然比有词形变化的语言经济,但是不是简易,这就很难说。汉语难学的地方不在明处,而在暗处。从小学会说汉语的人自然觉得简易,可是外国朋友学汉语却觉得越学越难。学过俄语和英语的人也会有类似的感觉:学俄语开头难,后头容易,而学英语则正相反,开头觉得容易,后来越学越难。我们和外国留学生接触,常常感到他们在日常会话中汉语说得还不错,可是听他们论述比较复杂的事情,或者看他们写的汉语习作,往往发现不通、别扭的地方很多。我们在帮助他们改正的时候,有的说得出道理,有的却说不出道理来。可见我们在许多问题上对自己的语言还只是知其然而不知其所以然,好些规则还没有找出来。这似乎又不如那些以形态为主的语法,把麻烦摆在头里,尽管门禁森严,进门之后行动倒比较自由了。

三、语言的普遍特征

语言有个性,也有共性。结构类型分类让我们看到各种语言的结构可以归为少数的类型,不同结构类型的语言有不同的特点,有自己的个性。

同时,不同的结构类型的语言也具有结构上的一些共同性,这体现了语言的共性。

语言最一般的共同特点是语言结构的基本原理,这跟语言的功能有直接联系。归纳前面各章节的有关内容,我们知道,所有语言结构的共同性之一在于语言的两层性,在于分为两层的组合、聚合关系。人类语言都用声音作为语言符号的物质载体,几十个音位按照一定的规则分级组合起来构成音步、停延段、语调段等音系层面上由小到大的单位。它们为音义结合的语法层面提供了表达形式。在语法层面上,最小的音义结合体语素按照一定的规则分级组合起来构成词、词组、句子等语法层面由小到大的单位。除最小单位外,各级单位各有自己的组合位置,各有各不相同的种种聚合,为各个组合位置提供选择的可能。整个语言就依靠这样分为两层的大小单位不同的聚合关系和组合关系在那里运转。

除了语言结构的基本原理外,人类语言还有一些较为具体的共同特点,这叫做语言的"普遍特征"。比如:

(1) 一切语言都有名词性词语和动词性词语的基本区分,尽管不一定有形态的标记。

(2) 一切语言至少有由名词性词语和动词性词语构成的句子(鸟儿飞)。

(3) 一切语言都有形容词性词语修饰名词性词语(小鸟儿),副词性词语修饰形容词性词语(很小)的词组。

(4) 一切语言都有办法把动词性词语的全部或一部分转成名词性词语(调查农村→农村调查,飞→飞的,写→写的、所写的);把动词性词语转成形容词性词语(fly→a flying bird, speak→spoken language)。

(5) 一切语言都有办法把几个名词性词语连在一起(鸟儿和虫子),把几个动词性词语连在一起(适应并改造环境)。

(6) 一切语言都有否定句(鸟儿不飞了)和疑问句(鸟儿还能飞吗),都能够把某些句子变成祈使句(快飞吧!)。

(7) 一切语言的名词性词语和动词性词语都至少有两种发生关系的方式(鸟儿飞〔自动〕,鸟儿吃虫子〔他动〕)。

根据语言学家的研究,以上这些可以有把握地说是适用于任何语言的普遍特征。还有一些特征在许多语言里都能见到,但不敢说普遍存在于一切语言。例如:

主语在宾语的前面。

有些名词性词语可以转为动词性词语,(汉语:脸谱→脸谱化;英语:type→typify)。

用虚设的成分进行替代(汉语:鸟儿会飞,虫儿也是。英语:He likes to dance,so do I.)。

施受关系可以转换(汉语:鸟儿吃虫子→虫子被鸟儿吃了)。

这些普遍特征都是从语言事实中归纳出来的,同时也和类型学的研究相关,对它的研究已经成为语言学中一个专门的课题。

除了用调查和归纳的方法总结出不同语言结构的共同特征外,现代语言研究也从语言作为人类天赋的角度关注语言的普遍性。从这一研究视角看,不同语言结构特征的差异只是表层的差异,在这些差异的背后隐含着深层的普遍机制和原则。不过,要真正揭示这一普遍的机制和原则,对具体语言结构的描写和对语言事实的归纳仍是必需的。

第五章 语义和语用

语言是有意义的。语言的意义是什么,是一个非常复杂的问题。大致说来,语言的意义可以分为两个层次。一个层次涉及语言形式如何与它所指代的现实世界发生联系。语言作为符号系统,每一层符号单位都具有意义,反映了它所指代的现实现象。比如普通话中 tiānqì("天气")这个词或 tiānqì zhēn rè("天气真热!")这句话反映了现实世界中哪一类现象,这一层次的意义是语义学研究的内容。另一个层次涉及语言与使用者的关系,涉及说话人具体运用语言时所要表达的交际目的。比如,同样是"天气真热!"这句话,说话人与听话人的关系不同,所处的交谈环境不同,所要表达的意思就可能不同:也许是刚从空调房间出来而发的感叹,也许是为打发长时间等车的无聊应酬,也许是委婉地请听者开窗透气。这一层次的意义是语用学研究的内容。本章的讨论兼及以上两个方面。

第一节 词汇和词义

一、词和词汇

在语言的语法结构中,词是最重要的一级语法单位,是语言中能够自由运用的最小的符号。利用语法规则组词造句,就可以产生话语中无穷多的句子。从语言符号的意义表达上看,词也是承载意义最基本的单位,用它可以对现实现象进行基本的分类、定名,在此基础上,才有句义和段落、篇章义的表达。因此,研究语言符号的意义一般都以词作为基本单位。词汇和词义的研究在传统语言研究中是语义研究的主体。

着眼于概念意义的表达,一个语言词汇的范围要大于词的范围。词汇是一种语言中所有的词和成语等固定用语的总汇,既包括"天"、"地"、"人"、"跑"、"美丽"这样的词,也包括"哗众取宠"、"井底之蛙"这样的成语,"北京大学"、"全国人民代表大会"这样表专名的凝固词组,"磨刀不误砍柴工"、"吃一堑,长一智"这样的俗语,甚至还可以包括"总而言之"、"也就是说"这样在话语中专门起提示或连接作用的惯用性词组。因此,词汇称为

"语汇"其实更为合适。这里,我们仍采用传统的术语,称为词汇。

一种语言的词汇包含的词和固定用语可以多到几十万个。语言的词汇是一个庞杂的总体,包括好多分支。各行各业有自己的用词,木匠、裁缝、牧民、渔民、学生、军人都有好些词是在本行业的范围里使用,别人不大了解的。各门科学技术都有自己的术语,同一专业的人在一起谈业务问题,外人听来往往莫名其妙,有"隔行如隔山"的感觉。一般情况下,口头说话和写文章的用词也有不少差别,例如"翱翔"、"谨严"、"崎岖"这类词在口头就很少使用。同样是口语或书面语,不同的场合,不同的使用者,使用的词也有很大差异。比如,北京十四五岁的中学生的用词和三四十岁的成年人有很大不同,他们和长辈说话时的用词和跟同学在一起说话时的用词也有所不同。

语言的词汇的内容尽管五花八门,门类繁多,但是有一个核心,这就是基本词汇。基本词汇里面的词是语言词汇的核心。在汉语中,下面这些词都是基本词汇的词:

天、地、日、月、雷、电、水、火、山、湖、海;
人,马、牛、羊、狗、猫、鸡、猪、兔;
眼、耳、鼻、舌、手、脚、心、肺、肠、胃;
父/母、夫/妻、儿/女、兄/弟、姐/妹;
上、下、前、后、左、右、东、南、西、北、春、夏、秋、冬;
一、二、三、四……十、百、千、万;
刀、斧、犁、锄、车;
生、死、长、吃、说、走、跑、见、想、问、听、看、跳、飞;
大、小、多、少、长、短、红、白;
……

这些词所表达的都是与人们世世代代的日常生活关系非常密切的事物或现象,例如自然现象、人和家畜家禽、人的肢体和器官、亲属、方位、时令、数目、劳动工具、日常的动作行为、事物常见的性质状态,等等。

基本词汇里面的词是一个民族的人民日常都在使用的,它不容易起变化,比较稳固。这些词大多自古就有,不是后来新造的。它们一般都由一个词根构成,这些词根成了词汇中孳生新词的基干,具有比较强的构词能力。所以,全民常用,稳固,有构词能力可以说是基本词汇的词的主要特点。例如汉语中的"人""手""大""学"是历代不同阶层、不同行业、不同文化水平的人都经常使用的词,在发展过程中变化小,稳固性强,可以和别的语素组合起来构成"工人""人民""人才""人事""人道""手艺""手法""舵手""经手""大概""大学""学生""学术""学派""学说"等许多词,属于基本词汇。

基本词汇包括语言中具有悠久历史,至今仍在日常交际中独立使用的词。基本词汇里面的词虽然稳固,在语言的发展中也有被逐渐替换的。例如现代汉语的"脚"在古代是"足","眼"在古代是"目","看"在古代是"视","船"在古代是"舟"。"足、目、视、舟"应该属于古代汉语的基本词汇,它们现在被同样具有悠久历史的"脚、眼、看、船"所代替。这类被替换的古词不再作为独立的词使用,但大多数仍然以词根的身份参与后起词语的构成。所以尽管词汇中的新旧交替,新陈代谢在经常进行,但词汇的核心,构词的材料是非常稳固的,这就保证了交际的连续进行。

语言词汇中除了基本词汇以外的词构成语言的一般词汇,它的主要特点是:不是全民常用的,或者虽然在短时期内为全民所常用,但不稳固,构词能力比较弱。一般词汇所包含的词,数量大,成分杂,变化快。一般说来,新词(如"电视""反应堆""手机"),古词(如"若干""屹立""摒弃""目击"),外来词(如"引擎""瓦斯"),以及前面提到过的行业用词、科技术语、方言俚语词等都属于一般词汇。社会的发展变化首先会在一般词汇中得到反映。

区分基本词汇和一般词汇,对于研究语言的历史,进行语文教学,都有积极的作用。基本词汇是语言词汇的核心。基本词汇中的词使用频率高,构词能力强,一般词汇中的大量的词语都是以这批词为材料构成的。所以学习一种语言,首先应该学习它的基本词汇;牢固地掌握了基本词汇,等于掌握了整个词汇的骨干。

不过,基本词汇里面的词也是语言词汇中最难掌握的部分。打开词典,凡是意义最多,用例最多的,差不多都是这批词。汉语的"打""开""发""红""一"……英语的 make、look、do、take、get 都是意义复杂,用法灵活,不容易掌握的词。对于这类词,看来只能一个意义一种用法地分次学习,才能把它学透。

二、词的词汇意义

词是语言中的基本结构单位。词的意义可以分成两类。表示语法关系的意义叫语法意义(如语法范畴"性""数""格",词类配列的语法意义"支配""修饰"),这在语法一章中已经作了分析;而我们通常说的"词义"是指词的词汇意义,它是语义研究的基础。

词汇意义的主体部分是词的"概念意义",也称词的"理性意义";此外,词汇意义还包含感情色彩、语体色彩、象征功能等其他与概念义相关的意义。

词的概念意义是指说一种语言的人在对现实世界的认知中形成的共同的主观映像,是认知的成果。这包含几个方面:首先,它是对现实世界中各种现象的分类和概括反映;其次,它对于说一种语言的所有人来说是共同的;最后,它必须与某种语言的特定声音相结合。

词具有指称某类现实现象的功能,就在于它是作为语言符号的音义结合体,具有说这种语言的人共同认可的概念义(人们心理中的现实映像)和特定的语音形式。设想一下,当 A 对 B 说,"递我一个苹果",B 就会递给 A 苹果,而不会是其他水果或别的东西。两个人都把"苹果"这个词和现实中的苹果这种水果联系起来,而不是和其他事物、现象联系起来。A 和 B 对"苹果"一词的使用,反映出二人都掌握"苹果"一词的音义关联,都明确píngguǒ 这个语音形式反映的是哪一类现实现象,具有对苹果的一般特征的认识,因此说话人能够在言语交际中使用"苹果"这个词指称具体的某种水果,听话人也能够正确地判断所说"苹果"一词的所指,从而达到正常的交流。

词的概念意义有的是概括地反映了各种客观物质现象,也有的是反映主观心理现象或主观的观念,如"喜"、"怒"、"哀"、"乐",以及"仙女"、"魔兽"等。不管这些词的概念意义是反映的客观物质现象还是主观心理现象,在使用中指代的都是说话者的心理现实。

词的感情色彩等其他意义是附着在词的概念意义上的。对于同样的现实现象,人们的主观态度可以不同,因而在形成理性意义的时候可以带进人们的主观态度,这就给词义加上了一层感情色彩。例如"致哀""悼念"等带有庄严、肃穆的色彩,"小偷""卑鄙"等带有使人厌恶的感情色彩。词义还可以带有褒贬色彩。所谓"褒",就是以赞扬、肯定的态度去反映现实现象的特征,褒义词俗称"好字眼儿";所谓"贬"则以鄙视、否定的态度去反映现实现象的特征,贬义词俗称"坏字眼儿"。例如,"诱导"和"诱惑","宏大"与"庞大","鼓励"与"怂恿"等都是前褒后贬。词义的这类附加色彩不是因人而异的个人现象,而是大家都这么使用的社会现象。

语体色彩是应言语交际有多方面不同的"得体"需求而产生的,如口语体和书面语体，前者适用于朋友之间等随意的、面对面的私人交际的场合；后者适用于教育、学术、宗教等领域和国与国之间、上下级政府或机构之间等严肃、正式的非私人性交际场合。口语色彩的词多利用当代仍在通用的语素及语素义来建造，如"生日"；书面语色彩的词多为历史用法的沉积，如"诞辰"。

词的象征意义常和语言的民族文化特征相关，比如"喜鹊"在捷克语中叫 strake，基本概念和指称与汉语的"喜鹊"是相同的，但在捷克语中却是小偷小摸的象征，与在汉语中喜庆的象征意义大不相同。

词的概念意义是词义的核心，下面讨论的主要是词的概念意义。

三、词义的概括性

词义对现实现象的反映是概括的反映。概括是词义的一个重要特点。

概括，同时也是对现实现象的分类，把有共同特点的现象归在一起，给以一个名称，使它和其他现象区别开来。名称是用来标志一类事物的符号。个别的事物虽然千差万别，如果名称相同，就意味着彼此的差别被略去，整类事物的共性以及和他类事物的差别被突出出来。所以有了名称，人们就能够把现实现象中特殊的东西当作普遍的、一般的东西，把复杂的东西当作简单的东西来掌握。比方说，现实世界里的苹果有品种、滋味、颜色、形状、大小等等差别，而汉语里统统给它们以一个名称——苹果。"苹果"这个词的意义就不管这种水果的品种、滋味、颜色、形状、大小等种种特殊性和复杂性，而只概括地反映所有苹果共同具有的一些特征，以便把它们跟桃子、梨等其他水果区别开来。

在词义的概括中把特殊的、复杂的东西变成一般的、简单的东西，这在复合词所表示的意义中可以看得更加清楚。比方"谢幕"这个词概括了剧场里一种常见的热烈场面，很难用一句话清楚而确切地表达出来。《现代汉语词典》对它的解释是："演出闭幕后观众鼓掌时，演员站在台前向观众敬礼，答谢观众的盛意。"这个定义里面，"演出、闭幕、观众、鼓掌、演员、台前、敬礼、答谢、盛意"九个词也各自概括了好多内容，需要作详细的解释。"谢幕"这个复合词舍去了许多细节，只抓住"谢"和"幕"两点，控制一片，概括地指整个场面。经过这番概括，人们就能在"谢幕"这个词的基础上现成地思考或者谈论这件事情，不必像词典的定义那样从头思考谢幕情景的内容，或者先向对方作番介绍，然后再来谈论它了。正因为复合词的构成经过了这么复杂的概括过程，构成复合词的词根往往只能起提示整个词义的作用,所以复合词的意义常常不能像一般的词组那样可以从内中所包含的词的意义推断出来。有些词像"冲锋""跳伞""赖学""偷嘴""请罪""赔罪"等等,究竟怎么下定义,还真不容易。不过,汉语复合词中的语素在彼此结合的结构和结构义上大多还是有高层的规律性的,比如"谢幕"在更抽象的层面上可以用"与幕有关的致谢活动"来解释其词义①。探求语素义和词义的关系、探求复合词的结构类型和结构义,也是研究词义的一个重要方面。

把特殊的、复杂的东西归成一般的、简单的东西,这是概括所完成的工作。不经过这种由繁到简的过程,词义便无从形成,词也无法成为交际的筹码,用来指称同类事物中的各个具体的、特殊的东西。

其次,经过概括而形成的一般的、简单的东西,本身往往带有一定的模糊性,它只有一个大致的范围,没有明确的界限。恩格斯在《英国工人阶级状况》中叙述过这么一件事:由于工人强烈地反对资本家把每天劳动时间延长到十二个小时以上,英国议会不得不通过一项议案,规定"夜间"一词应该理解为晚上六时到早晨六时这一段时间。原来,英国的法律规定禁止做夜工,但是什么是"夜间",从几点到几点算"夜间",却是模糊的。资本家钻了这个空子,把夜间的时间规定得很短,以此来延长劳动时间,榨取超额利润,这就激起了工人的斗争。

其实语言里不仅"夜间"一词的含义是模糊的,"早晨""白天"等也是如此。"早晨"和"上午","下午"和"傍晚","傍晚"和"夜晚"等都只有一个大致的范围,相互间没有一个几点几分的明确界限。比如,"早晨"一词的意义在中国一般是"从天将亮到八九点钟的一段时间"(《现代汉语词典》);"红"的意义在色谱上的起讫点在哪里,和"橙"怎么分界,也只有一个大致的范围。即使像"人"这样的词义,尽管所指是明确的,但词义究竟应该包含哪些内容,每个人的回答也决不会完全一样。这些例子说明,一般词的词义多少都带有模糊性。科学术语就不能这样。每一个术语都应该有自己的明确含义,如果出现意义上的差别,科学家总要力图使它精确化,或者创造一个新的术语。

词义的模糊性犹如划分气候带。我们可以指出哪儿是热带、温带、寒带的中心地区,但是划不出带与带之间的确切界限。一个词的意义所指的现象大致有一个范围,也必须包含能与其他现象区别开来的特征,但是往

---

① 可参看王洪君:《从与自由短语的类比看"打拳"、"养病"的内部结构》,《语文研究》,1998年第4期。

往没有明确的界限。这两点在交际中的作用都很重要:没有一个大致的范围和能与其他现象区别开来的特征,就不能给现实现象分类,就会产生混淆。可是如果要求词义非得像术语那样丁是丁、卯是卯,身高六尺三寸才能说"个子高",六尺二寸九就不行,年满六十才能说"老",五十九岁半就不行,那交际也就难以进行了。

词义的中心地带在不同语言中可能有很大的差异,这是学习第二语言需要特别注意的。比如,汉语中的"早晨"指天将亮到上午八九点钟,而欧洲人一直到上午十一点左右仍可称为"早晨",难怪英美人到了快吃午饭的时候还用 good morning 来打招呼。中国人所说的"傍晚"只能到天黑以前,而英美人不管天黑早晚,一直到晚上十一点左右,都算 evening。

在词义的概括性中还具有全民性的特点。虽然语言社团中的人有年龄、性别、阶层、职业等社会身份的差异,但只要他们使用的是同一种语言,词的意义就是共同的。不同的人对同一现象的认识了解是有差异的。同样以"苹果"为例,A 和 B 都明确"苹果"的指称,但 A 和 B 对"苹果"的概念认识就不一定相同,可能 A 掌握的"苹果"的概念就是不同于其他水果的一种水果,而 B 掌握的"苹果"的概念,还包括对苹果的生产地域,生长期,所含的营养成分等很多方面的认识。但"苹果"的一般性的概念意义,对 A 和 B 应该是一致的。

值得注意的是,不能把概括的词义和词在运用时说话人的主观性混为一谈。比如,一幅画,有人认为很美,有人认为不美,这并不是"美"的词义对两个人是不同的,而是两个人对画的主观评价不同。同一语言社会中不同群体的人对现实现象的认识是有差异的,但这些差异并不和词义的一般性相冲突。词义的概括中包含着全民性的特点。

总之,词义对现实现象的反映是一种抽象的、概括的反映,而一般性、模糊性和全民性则是这种概括性的三种重要表现。

第二节 词义的各种关系

词义概括某类现象的一般性质特征,同时也在确定不同现象的分类。词义的形成一方面以现实现象为基础,另一方面也受制于同一语言中与其他词义的相互关系。词义之间的相互关系也叫做一种语言的概念结构。本节介绍传统词义研究中最为关注的几种词义关系。不同的语言对现实有不同的切分,也就具有不同的概念结构,词义彼此的关系也各有自己的特点。

一、一词多义

一个词的意义可以只概括反映某一类现实现象,也可以概括反映相互有联系的几类现实现象,前者在语言中表现为单义词,后者表现为多义词。

单义词,顾名思义,只有一个意义。像"猫""羊"等都是单义词。科学术语一般是单义的,并且没有各种附带色彩,例如"原子""分子""元音""辅音"等。

一个词在刚开始产生的时候大多是单义的,在使用中,有关的意义也逐渐用它来表达,它就变成了多义词。语言所要表达的意义总是在不断增多,让一个词兼表几个相互有联系的意义而不必另造新词,符合经济的原则。语言的这个要求由于语境的支持和词义的模糊性而得到满足,因为一般词的意义不像科学术语那样界限明确,它具有一定的弹性而能够向外延伸,这使它能够兼表有关的事物。例如"兵",最初的意义是"兵器""武器":"缮甲兵,具卒乘"(《左传·隐公元年》),成语"短兵相接"还保留着这个意思。词的这种有历史可查的最初的意义叫做本义,它是产生这个词的其他意义的基础。战士打仗必须使用兵器,因此"兵"衍生出"拿兵器的人",即"兵士"的意义:"所以进兵者,欲王令楚割东国以与齐也"(《战国策·西周》)。"兵器"和"拿兵器的人"是用于战争的,于是"兵"又衍生出"战争""军事"的意义:"有宠而好兵,公弗禁"(《左传·隐公三年》)。这些由本义衍生出来的意义叫做派生意义。在语言的发展过程中,本义可能逐步退居次要地位,让某一个派生意义占据中心的地位。像"兵"的本义"兵器"在现代汉语中一般已经不用或很少使用,而"兵士"的意义成了"兵"这个词的意义的中心。离开上下文,单独取出"兵"这个词,一般人首先想到的是"兵士"的意义,语言学把这种意义叫做中心意义。本义是从历史渊源说的,中心意义是就多义词在某个时代的各个意义的关系说的。中心意义和本义在多数词中是一致的,例如"铁"的本义和中心意义都是指一种金属,"浅"的本义和中心意义都是指"从上到下或从外到里的距离小"(跟"深"相对)。当然,像"兵"这种本义和中心意义不一致的词,在语言中也不乏其例。

词义的派生首先要有现实的基础,这就是派生义和派生它的那个意义所指的事物的某一方面特征有联系。其次,现实现象的这种联系怎么被用来作为派生新义的线索,那与语言社会的生活环境、劳动条件、风俗习惯以及人的思维活动、语言成分之间的相互作用等等有关,因而表达同一类现实现象的词义在不同的语言中各有自己的派生历程。

俄语的 okno 是"窗户"的意思,后来它也表示冰窟窿,云层中透出的青天,两堂课之间的空当(即课表上的空格)这些意思,因为这些事物或现象在某些方面的形象都有些像窗户。zelënyy(绿色)可指"水果未成熟"和"年轻无经验",因为未成熟的水果的颜色是绿的,而"年轻无经验"在某一点上很像是水果还没成熟。汉语中和 okno 相当的词是"窗",它没有 okno 那样的"冰窟窿"等派生意义,因为汉族人民并没有在这些事物的有关特征之间建立起联想,"窗"至今仍是一个单义词。汉语的"绿"也是一个单义词,和俄语 zelënyy 对应的词是"青","青"有类似 zelënyy 那样的派生意义,如"青年""青黄不接"。

所以,多义词的派生意义和它所从出的意义之间存在着内在的联系,而两者所表示的事物之间的共同特征则是建立这种联系的桥梁。派生意义就是顺着这样的桥梁,从本义一步一步扩散开去的。

派生意义产生的途径就是一般所说的引申。引申大体上可以分成隐喻和转喻两种方式。隐喻建立在两个意义所反映的现实现象的某种相似的基础上。例如,汉语"习"的本义是"数飞"(《说文》),也就是鸟反复地飞的意思:"鹰乃学习"(《礼记·月令》),就是小鹰学习反复地飞。从这个意义派生出"反复练习、复习、温习"的意义:"学而时习之"(《论语·学而》),就是"学了要按时反复温习"。这是因为"复习""温习"是反复多次的行为,和反复地飞有相类似的地方。针的窟窿像人眼,因而"眼"可以通过隐喻指针的窟窿(英语的"eye"也有同样的引申)。隐喻是词义引申的一种重要方式。

转喻的基础不是现实现象的相似,而是两类现实现象之间存在着某种联系,这种联系在人们的心目中经常出现而固定化,因而可以用指称甲类现象的词去指称乙类现象。英语的"pen"本来是"羽毛"的意思,由于古代用羽毛蘸墨水写字,羽毛和书写工具经常联系,于是"pen"增加了"笔"的意思。"China"是"中国"的意思,因为瓷器是来自中国的,因而可以用"china"指瓷器。法语"bureau"的意义是"毛布",后来指铺毛布的"办公桌",进一步指有"办公桌"的"办公室",最后又指办公的机构"厅""局"。前面讲过的"兵"的各个意义,也属于这种类型。人们认识不同现象之间的联系是词义引申中转喻的基础。工具和活动、材料和产品、地名和产品等等都可以在人们的心目中建立起联想关系,从而使词增加新的意义。例如俄语"jazyk"是"舌头"的意思,也可以用来指"语言",这是用工具来指明它所实行的活动(汉语中也有"口舌"等用"舌"指说话的例子,抓俘虏也叫"捉舌头");英语的 glass(玻璃)可指"玻璃杯",这是用制造的材料来指所制造的产品;汉语中的"茅台(酒)"因产地而得名;我国旧时称主持寺院的和尚为"方丈",这是由于他住在一丈见方的屋子中的缘故。这些都属于转喻的类型。一个词的意义通过隐喻和转喻这些引申的途径可以增加很多新的意义,使语言能够用较少的词的形式表达较多的意义。

多义词虽然有几个意义,但在使用中一般不会产生混淆,因为上下文使其中的一个意义显示出来,排除其他的意义。汉语中"他们很熟"中的"熟",只能指"关系不生疏",而"饭熟了"的"熟"只能指"食物烹饪后可以吃了"。这样,一个词包含几个意义,可以大大减少语言符号的数目;而每个意义又各有自己的上下文,可以使同一个词用在不同的场合而不会引起意义上的混淆。这些都是语言的经济性、简明性的具体表现。

多义词中的不同意义,一般是语言使用者心理上可以建立起彼此的关系的。在词典编纂中,多义词列为一个词条,不同的意义列为同一词条的不同义项。

我们应该注意多义词和同音词的区别。同音词之间意义没有联系,是不同的词具有相同的语音形式;而多义词的各个意义之间有内在联系,是同一个词的不同义项。请比较下列两组词:

A	B
爽	爽
① 明朗、清亮:秋高气爽	差失:毫厘不爽
② 舒服:身体不爽	
花	花
① 植物的繁殖器官,有各种的形状和颜色	用;耗费:花钱,花时间
② 样子或形状像花的:雪花、浪花	

A 是多义词,各个意义之间有内在联系,而 A 与 B 是同音词,相互之间在意义上没有什么联系。这几个同音词在文字上也同形,英语的 nail(指甲)和 nail(钉子),sense(感觉)和 sense(意义),俄语的 zavod(工厂)和 zavod(〔钟表的〕发条)、mir(世界)和 mir(和平)等等也是这种语音上同音、文字上同形的词。语言中更多的是文字上不同形的同音词,例如汉语读 gōng 这个音的有若干个同音词,这些同音词在文字上有"工、弓、公、供、功、宫"等字形的不同,英语中的 to、two、too 等也是同音但文字上不同形。

同音词在词义上没有关联,但在语言的运用中同音词可以从音引发而联想到那些原本没有关系的意义。编民歌、说笑话、说相声和写文学作品的人往往利用同音词来增加语言表现力。曹雪芹在给《红楼梦》的人物取名字时就充分利用了同音的特点,借以寄托自己的情感和思想。例如"甄士隐"是"真事隐(去)","贾雨村"是"假语村(言)",作者借这两个人的名字在说反话。又如"元迎探惜"是"原应叹惜","甄英莲"是"真应怜",等等,则体现出作者对人物命运的悲叹。灯谜、歇后语中也常常利用同音词,如"旗杆上绑鸡毛——好大的胆(掸)子","外甥打灯笼——照旧(舅)"等等。适当运用同音词的这些特点,可以达到"一语双关"的特殊效果。

二、同义关系

我们在语言的使用中常常会碰到几个声音不同而意义相同或基本相同的词,这就是一般所说的同义词。请比较下列两组词:

A	B
大夫——医生	鼓励——怂恿
鸡蛋——鸡子儿	成果——后果
西红柿——番茄	坚固——坚强
公尺——米	脑瓜子——头颅
扩音器——麦克风	愤慨——愤怒

这里互相成对的两个词都是同义词,A 与 B 的区别只在于 A 组中成对的词意义完全相同,而 B 组中成对的词之间在意义上还有细微的差别。这两组词都是我们所说的同义词,而 A 组又叫等义词。

语言中的等义词大多是借用方言词或外语词的结果,例如"公尺"和"米","扩音器"和"麦克风","知道"和"晓得"等等。等义词在语言中多半不能长期存在,因为语言要求经济,容不得可有可无、重复臃肿的东西。等义词多了,会增加人们交际中的麻烦,因此在语言的使用中或者是等义词发生分化,产生细微的意义差别,例如"大夫"多用于口语,"医生"多用于书面语;或者是淘汰一个,保留一个,例如现在多用"麦克风""电话"而不用"扩音器""德律风",而计量单位的用字也有了国家的规范,通用"米",废弃"公尺"。语言中的等义词是很少的,多半是意义基本相同的词。

同义词的各个意义所概括反映的现实现象必须是相同的,或者基本上相同的。用图形表示,大体如 1 和 2。

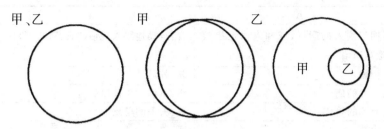

图1　甲与乙重合　　图2　甲与乙基本重合　　图3　乙是甲的一部分

　　图3的乙包含在甲里头,甲和乙就没有同义关系。这就是说,指称大类事物的词和指称大类事物中某一小类的词,例如英语的"man"和"boy",汉语的"蔬菜"和"白菜",或者指称整体的词和指称整体中的一部分的词,例如汉语的"房子"和"屋子",都不是同义词。

　　同义词的"同",是指理性意义相同或基本相同。语言里完全同义的词是很少的,绝大多数同义词都是意义基本相同,但有细微的差别。这些差别可以表现为词义所概括反映的侧面和重点有所不同,而这种不同又往往影响到搭配的习惯;或者在词义的附加色彩方面有差异,而这种差异又往往影响到运用的范围。这样,一组同义词里的各个词都有自己的分工职责,可以相互补充地亦即从不同的角度去表达某一类现实现象。例如英语的"many"和"much"(多)、"few"和"little"(少)是搭配习惯不同的同义词:"many"和"few"只能表示可数的东西的"多"和"少",只能和可数的名词连用,而"much"和"little"只能表示不可数的东西的"多"和"少",只能与不可数的名词连用,它们相互补充,满足了英语中对事物的可数性的细分。

　　两个同义词的意义所概括反映的现象虽然一致,或基本一致,但强调的重点和方面可以有所不同,因而在理性意义上表现出细微的差别。"采取"和"采用"是同义词,但"采取"多用于方针、政策、措施、手段、形式、态度等抽象的现象上,而"采用"则多用于一些具体的事物。"成果"和"后果"都有"事物发展到一定阶段所达到的最后状态"的意义,但"成果"多用于事物顺乎发展规律而达到的最后状态,而"后果"则多用于言语和行动违反事物的发展规律而产生的结果,因而多用在"坏"的方面。一种历史悠久的语言,类似这样的同义词比比皆是,这是语言的丰富发达的标志之一。例如古代汉语:

A	B
语:回答别人的问话,或和人谈论事情("论难曰语")	言:自动地跟人说话("直言曰言")
城:内城	郭:外城
疾:一般的病	病:重病("疾甚曰病")
皮:有毛的兽皮	革:去毛的兽皮
饥:粮荒	馑:菜荒
朋:"同师曰朋"	友:"同志曰友"

A 与 B 分别概括了同一事物的不同侧面,它们相互补充地指明了某类现象,表明古人对这些事物的细致区分。由于它们强调同一事物的不同侧面,所以在语言的发展过程中常常把它们并举而统指整类事物,逐渐凝固成为复合词。现代汉语中的并列式复合词,有很大一部分是古代的这种类型的同义词组合起来构成的(另有一部分并列式复合词由反义词构成,如"左右""利害"等)。我们可以通过这个线索去认识古汉语中有关的同义词。

对于同样的现实现象,人们的主观态度可能不一样,有喜欢,有讨厌,有褒有贬。词在运用的范围方面有些多用于书面语,有些多用于口语;有些多用于庄严的场合,有些只用于日常的场合,等等。这些都可以使同义词具有不同的附加色彩。请比较下列三组词:

A	B		C
老汉	老头子	老帮菜(cèi)	老头儿
老太太	老婆子		老大娘
行为	行径		
试图	妄图		

B 组带轻蔑、反感、不尊重、憎恨、贬斥等主观否定的感情色彩,C 组相反,具有表喜爱、赞许、尊重等主观肯定的感情色彩,A 组是中性词。每种语言都有很多这一类的同义词。英语的"little"和"small"都是小的意思,small 不带感情色彩,而"little"带有说话人的主观评价,有指小和爱称的感情色彩。请比较:"a little house"和"a small house",它们的感情色彩是不一样的。另外还有一种表示褒贬的感情色彩。"教导"和"教唆"有共同的意义"用话语去开导人",但"教导"是启发的意思,开导的内容是好的、正确的、健康的;而"教唆"则相反,开导的内容是不好的,不正确、不健康的。前者含褒

义,后者含贬义。又如"鼓励"是"勉励别人向好的、健康的方向发展",而"怂恿"是"挑动别人去干不正当的事情",也是前褒后贬。这种褒贬色彩对全社会的所有成员都是一样的,不管是哪一个阶级、哪一个集团或哪一个个人,也不论在什么时候,从说话人的角度来看,都认为像"鼓励""教导""诱导""宏大"等等是"好字眼儿",而"怂恿""教唆""引诱""庞大"等等是"坏字眼儿"。这类同义词在运用中区分得很严格,总是用褒义词来描写、说明所要肯定的东西,而用贬义词去描写、说明所要否定的东西,绝对不能用错。

同义词中还可以有不同的风格色彩。在不同的场合,对不同的话题需要使用不同风格色彩的词语。通常的口语和书面语有不同的风格。在书面语里,政府文告、法律条文、外交文件要求庄重明确,科学论文要求冷静谨严,小品随笔要求亲切幽默,因而又各有不同的风格差别。语言中好些词是各种风格都通用的,比如"山、水、江、河、万、千",同时也有好多带有风格色彩的词,供人们选用于不同的场合,如果使用不当,把握不好分寸,就会破坏作品的基调。比如"诞辰"和"生日","逝世"、"去世"和"死亡","悲痛"、"悲伤"和"难受",这几组词都有风格色彩的不同。

语言中的词很多是多义词。多义词在和其他词比较同义关系时,要考虑到词的不同意义。多义词的各个意义会与不同的词义构成同义关系。比如,汉语的"老"是多义词,有许多有关联的意义。从不同的意义看就有不同的同义词,如,"死"(隔壁前天~了人了)、"陈旧"(~机器)、"长久"(~没见他了)、"经常"(人家~提前完成任务,咱们呢!)"很"(~早,~远)等等都是"老"的同义词。

同义词在语言的运用中为人们准确、细致地表达思想提供了多种选择的可能。正确地使用同义词是一种语言艺术,可以使言词准确、生动、活泼,避免同一词语的重复。在文学作品中,恰当地运用同义词能帮助作家更准确地描写现实生活,刻画人物性格。

三、反义关系

语言中有很多意义相反的词,叫做反义词。例如:

大——小	胜利——失败
长——短	赞成——反对
上——下	前进——后退

高——低　　正确——错误
左——右　　积极——消极

这些都是汉语中的反义词,是现实现象中矛盾的或对立的现象在语言中的反映。

反义词的意义所概括反映的都是同类现象中的两个对立的方面。例如"长"与"短"同属于度量的范围,"白"与"黑"同属颜色,"拥护"和"反对"同属对某人或某事所持的态度,等等。所以,反义词的意义同现实现象的关系大体上可以用图 4 来表示。甲与乙是丙中的两个对立的成员。有的对立,中间留下空白,可以插进别的成员。例如"大"和"小"可以插入"中";"热"和"冷"可以插入"温"、"暖"和"凉";"反对"和"拥护"之间还有弃权;"前进"和"后退"之间还有停滞不前,等等。有的对立属于非此即彼的性质。例如"正"和"反","男"和"女"、"整体"和"局部"、"内政"和"外交"。它们分尽了一个共同的意义领域而不留空白。这可用图 5 表示。

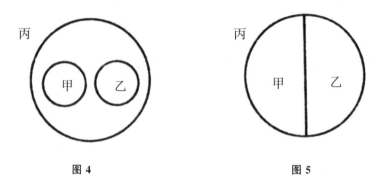

图 4　　　　　　　　　　图 5

一个词往往同时有好几个反义词。例如"失败"有"胜利"和"成功"两个反义词。"正"是个多义词,它的很多个意义都有自己的反义词,像"邪""误""反""歪""偏""副""负"都与它构成反义关系。这是词义之间的错综复杂的联系的一种表现。我们正确地认识词义之间的这种联系,对我们掌握词义、编词典时分立义项、注释词义都会有很大的帮助。例如这个"正",我们正可以利用它的各种反义关系来分别义项,注释出它的意义。我们也可以利用反义词来理解某些同义词之间的细微差别。例如"平常"和"平凡",前者的反义词是"突出",后者的反义词是"伟大";"讨厌"和"厌恶",前者的反义词是"喜欢",后者的反义词是"喜爱"。

反义词在修辞上有对比作用,可利用来揭露矛盾,突出对立面。例如:

"虚心使人进步,骄傲使人落后。"这里带黑点儿和小三角的两对词都有反义关系,不仅在内容上给人以鲜明的对比,在形式上也显现出对偶和音节的匀称美。

  词义所概括的现实现象有各种不同的关系,同义是重叠关系,反义是对立关系,它们是各种关系中最值得注意的两种。同义和反义中的"同"和"反"是对立的统一。反义词必须以共同的意义领域为前提,没有"同"就无所谓"反","反"是"同"中的对立关系。这一点在上面的讨论中已经说得比较明白。另一方面,同义词中也往往包含着反义的因素。因为同义词要在基本意义相同的条件下显示出意义、色彩、用法上的细微的差别,在"大同"中显出"小异"来,而这"小异"往往反映着同一现实现象中的对立双方的细分。例如内城曰"城",外城曰"郭";有毛的曰"皮",去毛曰"革";"采取"的对象多属概括的、抽象的措施,"采用"的多是具体的办法;"成果"是好的结果,"后果"是坏的结果……词的意义上的这些细微差别,实际上都是反义因素的具体体现。至于附带色彩上的爱与憎、褒与贬,庄严与诙谐等,也都是同义中包含的反义的因素。

  同义和反义这两种对立的现象,仔细考究起来是同中有异,异中有同,是对立的统一。所以有些成对的词,如果不限于基本理性意义,说它们是同义词固然可以,说它们是反义词也未始不可。例如英语的"many"和"much",从其所表示的"多"的意义来说是同义词,而一个只用于可数的事物,一个只用于不可数的事物,在这一点上又可以说是反义词。古汉语中的"城"与"郭",就其表示"城墙"的意义来说,是同义词,就其表示"内"和"外"来说,则是反义词。汉语在发展过程中同义词和反义词的构词作用是相通的。现代汉语的联合式双音复合词就包含同义词的结合和反义词的结合两种类型,例如"简单""困苦""美丽""丰富""英雄"是同义词的结合,"教学""呼吸""反正""动静""左右"等是反义词的结合。这种情况也在某种程度上说明了同义和反义之间的某种对立统一关系。

  同义词和反义词是语言社会在长期使用中形成的聚合,同义关系非常复杂细致,更需要注意。语言里的词,除了科学术语以外,差不多都跟别的词处在一定的同义关系之中,需要仔细辨明它和有关的词在意义、色彩、用法等方面的差别,这样才能在阅读中深入了解作者的原意,在写作中把意思表达得恰如其分。因此,同义词的辨析和同义词词典的编纂是语言研究工作中重要的建设项目。

因为不同的语言有不同的概念结构,词义关系各不相同。同义词和反义词这两种聚合同样具有民族特点,两种语言中意义相当的两个词,其所具有的同义关系和反义关系是不同的,把汉语的"多"和英语的 many,much 加以比较,或者把汉语的"高"和英语的 tall(多用于人的身材高)、high(用于其他场合)加以比较,就可以明显地看到同义关系、反义关系的民族特点。所以,学习外语必须掌握外语的同义、反义的关系。从事翻译工作,更需要了解两种语言的语义对应,抓住原文的确切含义,在译文中选用意义、色彩"等价"的词语。翻译工作的困难主要就在恰如其分地转述原意。

四、词义的上下位关系

词义的上下位关系指词义反映的现象之间具有包含和被包含的关系:上位义更具有概括性,所反映的现实现象比下位义更多。比如"人"是"男孩"的上位词,"人"所反映的现实现象是大小不同年龄、男女不同性别、各个不同种族的"人",当然也包含有下位的"男孩"。而下位义比上位义的概念义内涵属性更丰富,除了继承上位义的所有属性外,还有自己特有的属性。比如,"男孩"除具有"人"的所有属性外,还具有"男性"、"年龄小"的属性。类似的如:树/松树,蔬菜/白菜,学生/中学生,花/玫瑰,等等,都是斜线后的下位词的概念内涵更丰富。

词义的上下位关系是可以有层次的,如"麻雀"的上位词是"鸟","鸟"的下位词除了"麻雀"还有"乌鸦"、"喜鹊"、"画眉"等,而"鸟"的上位词是"动物",动物的下位词除了"鸟"还有"昆虫"、"鱼"等。又比如,"水果"的下位词有"苹果"、"梨"、"桃子"等许多词,而"苹果"又有"国光"、"红玉"、"富士"等下位词,同样"梨"和"桃子"也有自己的下位词。

语言中词义的上下位关系大致等同于逻辑上的种属关系,上位义相当于逻辑上的属概念,下位义相当于逻辑上的种概念。这种词义关系和我们后面要讨论的句子的蕴涵有直接关系(参见本章第三节)。但词的上下位关系又不完全等同于逻辑的种属关系,因为不同语言中有哪些上下位词是不同的。例如,汉语的"动物"和英语的 animal 概念比较接近,但汉语中"动物"和"昆虫"是上下位义的关系,但英语中 animal 和 insect 不是上下位义的关系,而是同一层级的概念,同为 creature 的下位。相近的概念有些语言有上位词或下位词,有的语言则没有。如汉语的"钢琴"、"小提琴"、"长笛"等之上有"乐器"这个上位词,但英语中没有单独的词表达这个上位义,要用"musical instrument"这个词组表达。汉语中"钢笔"与"粉笔"共有上位词"笔",而英语的"pen"与"chalk"没有上位词。爱斯基摩语没有和汉语"雪"相当的词,但有许多表达不同类型的雪的词。

词义的上下位关系要和词义表达的整体和部分的关系区别开,如"汽车"和"卡车"、"轿车"等是上下位关系,但和"方向盘"、"发动机"、"离合器"等不是上下位的关系。

词义的上下位关系还要和词义表达的团体和成员的关系或单位和部门的关系区分开,如"消防队/消防员"是团体和成员的关系,"大学/系"是单位和部门的关系,都不是上下位的关系。

五、词的语义特征和语义场

从前面的讨论可以看出,词义是对现实现象的概括反映,是人们对现实现象的认识成果。但这些认识成果并不是互不相干,支离破碎的,而是成系统的,词义之间有着各种联系。各种有相互联系的词义关系有一个共同的特点,就是这些词的概念意义中有某种相同的语义特征。我们看下面的例子:

甲:你喜欢喝什么饮料?
乙:茶、咖啡、果汁儿,我都喜欢。

从甲和乙的对话中,我们知道他们在谈论"饮料",而"茶"、"咖啡"、"果汁儿"都是"饮料",这些词的意义中有共同的特征,就是"饮用的"、"液态的"、"食品"。实际上,"饮料"与"茶"、"咖啡"、"果汁儿"的关系正是词义的上下位关系。下位词一定具有上位词的全部语义特征,同时又具有上位词所没有的一些语义特征。说话人对此是有心理感知的。说话人乙没有提到"饮料"这个词,但乙和甲都知道,"茶、咖啡、果汁儿都是饮料。"

语义特征基于这样的假设,词义还不是最小的语义单位,它可以分析为更小的一束语义特征或语义成分。下面是一个典型的例子:

woman	[FEMALE]	[ADULT]	[HUMAN]
man	[MALE]	[ADULT]	[HUMAN]
boy	[MALE]	[NON-ADULT]	[HUMAN]
girl	[FEMALE]	[NON-ADULT]	[HUMAN]

方括号中大写的形式标记语义特征。用大写的形式,是强调这些语义特征具有超越具体语言中的词汇的一般性,语义特征不具有语音形式。语

义特征还常常用二分的标记方法表示,这种描写方法可以更清晰地看出词义间的关系。上例中 FEMALE 和 MALE 是互补的,ADULT 和 NON-ADULT 也是互补的,所以可以用下面的形式表示:

woman	[+FEMALE]	[+ADULT]	[+HUMAN]
man	[−FEMALE]	[+ADULT]	[+HUMAN]
boy	[−FEMALE]	[−ADULT]	[+HUMAN]
girl	[+FEMALE]	[−ADULT]	[+HUMAN]

这样,上面的例子中的四个词使用了三个语义特征。这种分析方法很像音位的区别特征分析。我们知道,一个语言的音位系统有哪些区别特征决定于系统中有哪些对立的音位。同样,语义特征的确定也要看相互有联系又有区别的词义的聚合。这些具有相同的语义特征的词义所构成的集合就叫做语义场(semantic field)。同一义场内的词义相互有一定的制约关系,体现了词义的结构系统性。

比如,汉语的哥哥、姐姐、弟弟、妹妹可以构成一个亲属义场,它们共同的语义特征是同胞亲属,同时在性别和长幼上又各自具有不同的语义特征,彼此区别。表现为

哥哥	+同胞	+男性	+年长
弟弟	+同胞	+男性	−年长
姐姐	+同胞	−男性	+年长
妹妹	+同胞	−男性	−年长

但是,在英语中,表同胞亲属的义场只有"brother"和"sister"两个词的意义,共同的语义特征是同胞亲属,不同的语义特征只有性别的不同,没有长幼之分。表现为

| brother | +同胞 | +男性 |
| sister | +同胞 | −男性 |

可见,语义场的构成是以共同的语义特征为基础,同时,语义特征的提取也离不开同一义场中词义的比较和辨析,二者相互依存。

由于抽取的共同的语义特征不同就会构成不同的义场,因此不同的义场会有层级关系或交叉关系。前面谈到的上下位关系的词义就是分属于不同层级的义场,例如"茶"、"咖啡"、"果汁儿"等属于饮料语义场,而它们的上位词"饮料"属于食品语义场,显然,食品语义场包含饮料义场。当然,

属于下级义场的词义一定也属于上级义场,"果汁儿"属于饮料义场,就一定是属于食品义场的。又比如,汉语中的男性亲属义场和同胞亲属义场就有交叉关系,"哥哥"和"弟弟"既属于男性亲属义场,又属于同胞亲属义场。

　　语义场研究反映出词义的系统性和词义关系的复杂性。前面谈到的各种词义关系都可以构成不同的义场。通过对语义场的分类和各种层次关系的研究,人们可以逐步把握词义的系统关联,从而对词义有更深入的认识,同时也为系统地研究词义历史演变提供了一个视角。

　　不过,要真正通过语义场和语义特征的研究把握住词义系统的本质,还有待理论方法的不断改进和完善。像前面所举的亲属义场等封闭的义场实际上很少,因此大多数词的语义特征的分析很难做到客观穷尽地把词义完全表述为一束语义特征。但根据某些重要的语义特征归纳出不同的义场,从而分析出不同词义关联,已经证明是词义的系统化研究的重要理论方法。另一方面,随着研究的深入,人们越来越多感到语言不同层面间的内在联系。词义的概括和抽取离不开话语,离不开对句子意义的探讨。词义和句义孰先孰后在古典时期的语言研究中就是一个争论的话题,古代印度和古希腊的哲学家都有探讨。可以肯定的是,词义和句义,以及语义和语法间具有的密切关联,最终指向语言的形式和意义的关联这一根本问题。因此,语义场的分类研究以及语义特征的提取不仅涉及词义和现实现象的联系和对现实的类分,也涉及词义在句义中的作用。例如,在现代汉语中[＋致使]是许多动词具有的语义特征,可以由此构成一个语义场。"杀"和"死"的不同在于前者具有"＋致使"的语义特征,这一语义特征不仅区别了这两个词的概念意义,同时也导致两个词在句中的不同功能,既影响到句子的语法结构,也影响到句义中的语义角色。而这个语义特征的提取又和词义在句中的作用密切相关。

第三节　句　义

一、词语的搭配和词义在句义中的实现

　　词义的组合是通过词语的搭配(组合)来实现的。词语的搭配一方面要受到语法规则的支配(已见于前一章的分析),另一方面也要受到语义条件的限制。词语搭配的语义条件是多方面的。像"月亮吃月饼""苹果玩猴子""花儿嗅路"之类的词语搭配,虽然符合抽象的语法规则:名词＋动词＋名词,但是不符合语义组合的条件:从词的语义特征分析看,"吃"、"玩"、

"嗅"都具有"＋动作"语义特征,要求"施动者"必须是具有"＋有生"特征,而"月亮"、"苹果"、"花儿"都不具有"＋有生"的特征。我们在后面关于句子语义角色的讨论中会进一步说明词义搭配和句子语义结构的关系。这种词义的不搭配造成句义荒谬或逻辑错误,直接与现实世界相冲突。现实世界中的"月亮""苹果""花儿"根本不可能发出"吃""玩""嗅"这样的动作,因而表达这些现象的词语也不可能有上述那样的语义组合关系。如果现实中出现这样的句子,出于合作的原则(参见语用部分),听话者会理解为是童话或幻想小说,"月亮""苹果""花儿"都是有生命的个体。

词语的搭配还涉及每个语言词义系统内部义场的特征。比方说,同样一种现实现象,一种语言(或方言)用一个词来表达,另一种语言(或方言)用两个、三个或甚至更多的词来表达,这样,不同语言(或方言)的词语搭配关系也就必然会呈现出不同的特点。北京话和上海话都有"吃"这个词,北京话中"吃"的对象只限于固体食物,只能和表示固体食物的词语搭配;而上海话中"吃"的对象除了固体食物以外,还包括流体食物、液体饮料(如"吃粥""吃水""吃酒"等),甚至还有气体(如"吃烟"等)。北京话和上海话在词语搭配关系方面为什么会有这种不同?因为北京话在"吃"系列的语义场中还有"喝"和"吸",各有分工,它们的搭配关系在上海话中由"吃"一个词来承担。上海话的"吃"在语义系列中所占的位置宽于北京话的"吃"。所以,处于同一语义场中的成员,它们之间是相互制约的。假定有甲、乙、丙三个成员,甲意义的搭配关系不仅决定于它自己,而且还决定于它与乙、丙的关系,受乙与丙的制约。如果这个语义场中消失了一个成员乙,那么甲与丙的意义的搭配范围也就会有相应的改变。由此可见,词义组合的语义条件还要受到语义场中其他成员的制约。这种制约同样可以在词的语义特征分析中体现出来,如前例中,北京话"吃"的语义特征就不同于上海话中的"吃"。

词语的搭配还要考虑社会的使用习惯,即所谓"惯用法"。例如英语中,"昨天下午"是 yesterday afternoon,"昨天夜里"是 last night,要表示"昨天晚上",用 yesterday 或 last 修饰 evening 都可以;汉语中可以说"打毛衣",不可以说"打渔网",可以说"打鼓"不可以说"打钟"。对于这些惯用法,就很难说清楚词语搭配的语义条件。掌握惯用法是学习外语的一个难点。

词语的搭配还涉及词义的各种附加色彩和修辞效果。例如带有褒义的词不能用于贬义,常用于口语的词不大和书面语词掺和,庄重的文章钻进轻佻或者诙谐的字眼就会破坏全文的格调。语言词汇里面的词都带有自己的使用特点,所以词的组合特别要求选词恰当。在这方面,典范的作品是我们学习的榜样,紧要的地方简直减一分嫌瘦,增一分嫌肥,无法更易一字。这是对词语搭配的更高要求了。

　　词义在搭配组合中还会凸显一些语义特征,隐去一些语义特征。词义的概括是把特殊的、复杂的现实现象变成一般的、简单的东西。经过这番手续,词才能成为认识现实现象的一种工具,用来指称某类现象中的任何个别的、特殊的现象。交际中谈到的现象往往都是个别的、特殊的。只有一般性、概括性特点的词一进入句子,就得和具体的、特殊的现象相联系,从一般回到个别。这时,在概括的词义中具有的语义特征就有的凸现,有些隐去。例如在"脸蛋儿冻得像苹果""苹果绿""苹果脸"等等的组合中,"苹果"一词凸显的是颜色、形状等特征,而苹果的滋味、营养等特征则是隐去的。如果说词义的形成是从特殊到一般,从复杂到简单,那么词义的组合就是从一般回到特殊,从简单回到复杂,组合中的词义往往会突出语义特征中的某一方面。

　　正确的词语搭配是使句子有意义的基本条件,在此基础上才能进一步讨论句子的意义构成。

二、句子的语义结构和人类经验的映像

　　语言中的词是把连续的现实世界切分开来认知的结果,现实世界被抽象为离散的物体、性质、状态、动作等个体映像。可是,大千世界古往今来,我们的内心所思无处不及。在我们每天对现实世界的具体认知过程中,物体与性质、状态、动作总是结合在一起,在时空中存在并不断变动,这些可统称为"人类经验"。人类经验是没有极限的,而语言却能以有限驭无限,把它一一描述出来,这是因为,语言可以用有限的词按照少数语法结构规则组合成更大的单位。语言是用比词更大的单位——短语和句子,来描述人类经验中的各种存在和变动。

　　句子有为数不多的语法结构,除此之外,句子也有数目有限的语义结构。句子的语法结构是根据句子成分在语言内的表现(比如替换的可能性)而抽象出来的,而语义结构则是依据语言成分与人类经验的映像关系得出的。换个角度说就是,虽然人类经验古往今来变动不居,但是说每种语言的人们,却把这些千变万化的现象或事件分析为由稳定的、空间上离散的"物体"(体词)和依附于物体上的、时间上有连续性的可变的"动程"

(谓词)构成的结构,并把动程与物体之间的相互关系抽象为有限的若干种类型。这些有限多的"谓词—体词"关系类型(一般称作"动—名关系"),就是句子的语义结构。语义结构中谓词和体词的搭配规则就是句子的语义规则。

句子成分的搭配不仅要符合语法规则,还要符合语义规则。比如,前面举的"苹果玩猴子"等句子,语法上完全合格,可我们仍然觉得这些句子不合适,这是因为它们在语义上"违法":"玩"这种动作的发出者应该是有生命的,没有生命力的"苹果"不能"玩"其他东西。如果把句子的成分换一换次序,换为"猴子玩苹果",不但语法上仍然合法,语义上也合法了:有生命力的"猴子"可以做"玩"的发出者,无生命的"苹果"可以是动作"玩"的对象,句子就成了好的句子。下面是更多的例子:

学生在看报纸　　＊报纸在看学生
老师写完论文了　＊论文写完老师了
鸡在啄米　　　　＊米在啄鸡
小王丢了钱包　　＊钱包丢了小王
……

这些平行的句子对儿说明,"＊苹果玩猴子"这个句子不好不是个别的现象。在汉语的许多句子中,无生命的物体放在动词前面则句子不合适,放在动词的后面则成了好的句子。这说明:从语义结构看,(1)句中的名词与动词有不同的语义关系,语义学中称之为"语义角色",语义角色是可以涵盖许多句子动—名关系的抽象角色。比如,动作的发出者与动作的承受者;(2)不同的语义角色可能需要具有不同的语义特征的名词来担任,比如不少动作需要发出者是有生命力的(记做[＋有生]);(3)不同语义角色与句子的语法结构(在汉语中主要体现为动—名的相互次序)有关联。对于句子语义结构的研究,要涉及以上三个方面。

"语义角色"是根据句中名词与动词的语义关系而抽象出来的,它们反映了人们对古往今来变动不居的人类经验中"物体"与"动程"多种多样具体关系的模式化抽象。比如,一天会发生许许多多的事,一些事可以分析为有若干个"物体"参与,其中有些物体在主动地"做"什么,它们的所作所为影响到了另一些物体;另一些事则是某些物体自然而然地发生了变化,并不影响其他物体;等等。那么,要描写万千世界一共需要多少种语义角色呢?跟划分词类一样,"动程"可以粗分为较少的大类,也可以细分为较多的小类,语义角色也随之有粗细多少的不同。下面只介绍最粗略的大类①。

"动程"可分为如下最基本的大类:

(1) 猴子玩苹果/他跑了/我送了小李一本书(动作)
(2) 花很红/眼睛大大的/冰化了(性质/状态)
(3) 惨案震惊了世界(使动)

与动程相配,"物体"则有如下常见的大类:

施事　自主性动作、行为的主动发出者,如(1)中的"猴子"、"他"和"我"。

受事　因施事的动作行为而受到影响的事物,如(1)中的"苹果"、"一本书"。

与事　施事所发动事件的非主动参与者,最常见的是因施事的行为而受益或受损者。如(1)中的"小李"。

主事②　性质、状态或发生非自主变化的主体,如(2)中的"花"、"眼睛"和"冰"。

致事　事件或变化的引发者,如(3)中的"惨案"。

以上几种基本的语义角色是直接参与"动程"的"物体"的,没有这些语义角色的参与,动程也就不成其为动程。了解了这些语义角色的内涵,也就不难理解它们对承担这些角色的词的语义特征会有所限制。除此之外,这些语义角色在参与动程时还可以再凭借一些其他物体,还要有一定的时空环境,因此作为人类经验映像的句子还可以有一些外围的语义角色。外围语义角色是句子可以选择但不是必须具有的成分。外围语义角色主要有:

工具:动作、行为所凭借的器具或材料,如"小王用钥匙开门/小李用萝卜削了个飞鸟"中的"钥匙"和"萝卜"。

方所:动作、行为发生或开始、结束的场所、方位或范围。如"在学校读

---

① 由于观察者的视角不同,世界各种语言所抽象出的语义角色也有所不同,但至少可区分出两大类型:从动作和动作者着眼的角度与从现象和现象承担者的角度,本书只介绍目前研究最多的前一种。下面的分类是以袁毓林《论元角色的层级和语义特征》(《世界汉语教学》,2002年第3期)为基础简化而成,为便于理解,有修改。袁的方案更加全面合理,比如语义角色区分了若干层级,具体的语义角色还有感事、结果、对象、系事、材料、方式等,有兴趣的同学可直接参考袁文。

② 也有学者称为"客事"。

书/从家里跑了/到北京旅游/放在桌子上"中的"学校/家里/北京/桌子上"。

时间：动作、行为、事件发生或开始、结束的时间，延续的时段等。如"在1997年我上了大学/从8点起停止供电/到12点恢复/看了三天"中的"1997年/8点/12点/三天"。

句子中的谓语动词和与之相配合的语义角色构成了句子的语义结构。句子的语义结构与语法结构相对独立又互有联系，句子的语义角色与主语、谓语等句法成分也是相对独立又互有关联。请看下面的两个句子：

（1）猴子吃了香蕉。 （主语：猴子，宾语：香蕉；施事：猴子，受事：香蕉）
（2）香蕉被猴子吃了。（主语：香蕉，宾语：无； 施事：猴子，受事：香蕉）

（1）句和（2）句的主语、宾语都不相同，而施事、受事却完全相同，这说明从语言内符号间关系着眼的句法成分与从人类经验映像着眼的语义角色不是一回事。

语义角色和句法成分又有密切的关系。首先，语义角色必须在句子中体现，因此具体句子中的某个语义角色一定也同时担任句法结构中的某个成分。其次，通观人类语言，施事与主语重合的句子占绝大多数，这说明各个民族对世界的认知有共性的一面。再者，究竟哪些语义角色可以充任哪些句法成分，不同的语言也会有所不同。比如，英语的受事只能在有明确的被动语态的句子中才能充当主语，而汉语的受事却可以在没有明确的被动标记的句子中做主语。于是，汉语的"鸡不吃了"可以有"鸡"做施事（"鸡停止进食了"）和"鸡"做受事（"人不想吃鸡了"）两种理解，是歧义句；而英语却不会有这种情况。再比如，德语等形态变化比较丰富的语言中，只有施事（主动语态句）、受事（被动语态句）两种语义角色可以做主语（用主格标记），与事在任何句子中都不能做主语，只能用与格标记；而汉语中与事完全可以做主语，比如"小王已经送过了"中的"小王"可以理解为受赠的一方，即与事。

还要说明的是，句子中可能出现哪些语义角色是根据谓语动词的类决定的，在实际说的句子中有时可能省略某个角色，但根据上下文或语境都可以补充还原。例如，动词"送（赠送）"要求有施事（赠送者）、受事（赠送物）、与事（受赠者）三个语义角色，"小王已经送了"这句话只出现一个语义角色，但根据上下文或语境可以补充出所缺的另外两个语义角色，从而"小王"究竟是赠送者还是受赠者也会确定下来。

语法上合乎语法结构规则,语义上合乎语义结构规则,这样的句子才有可能作为人类经验的映像。

三、句法语义范畴和属于说话者的人类经验映像

"句子"都是说话者说出的,表达的是具体说话人对具体人类经验的观察、所持态度以及他在即时言语交流事件中的角色等。换言之,具体的句子表达的都是属于说话者的人类经验的映像和交际要求。前一小节所说的句法语义结构所提供的人类经验映像,必须要跟说话者和"说话时空"挂钩,才能表达"属于说话者的人类经验映像"。

句子与说话时空的关联,由句子中跟"说话者－说话地－说话时"(也称"我－这里－现在")相关的某些语义范畴[①]及其表达来实现。下面仅做简单介绍。

人称、时、指示 这三个范畴是负责句子与"说话者－说话时－说话地"挂钩的范畴,在哲学上也称作"索引"(index)范畴,也即可以根据它们而搜寻到说话时的具体场景。

"人称"是与说话者挂钩的名词性范畴。比如在部分保留形态变化的英语中,说话者是第一人称(I/we),受话者是第二人称(you),除此之外的是第三人称(he/she/it/they/ him/her/them 等)。而在古英语中其他名词也必须有人称的变化才能进入句子,现代英语中一般名词的人称变化已经消失。汉语没有形态变化,但有根据说话人区分的第一/第二/第三人称的人称代词。

"时"是与"说话时"挂钩的范畴。在语法一章中我们已经提到,不少语言中这些"定位"成分已经语法化为特定的句法范畴。比如,许多有形态变化的语言有"时"的范畴,动词需要根据"说话时"定位而发生"过去/现在/将来"时的变化才能进入句子;有的语言没有词的形态变化,就用助词、副词或特定的词汇来表达句子跟言语交际现场的关联。比如汉语放在句末的"了",如果句子中没有其他时间坐标,就表示"说话时""出现了新的情况"。

"指示"是与"说话者位置"挂钩的范畴,许多语言中都用专门的指示代词来表示。比如汉语普通话中"这"表示"离说话人近","那"表示"离说话人远"。还有不少汉语方言(像山西、山东、江浙等)的指示词是三分的,比

[①] 关于世界各种语言和汉语多种方言中语义范畴及其表达,《语法调查研究手册》(刘丹青编著)可提供更丰富的材料。

如山西有将近四分之一的方言是"这(近指)/那(中指)/兀(远指)"三分。英语中有与汉语"这/那"相应的 this/that，此外还有一个 the。the 表"定指"，即说话人自己知道并认为听话人也知道的那个。

人称和指示范畴除了上面所说的、指向话语外言语场景的功能，还有指向话语内上下文的功能，我们将在"语用"一节中介绍。

语气 语气是表达"句子的言语交际作用"的范畴。几乎所有语言的句子都可以区分为"陈述/疑问/祈使"等不同语气①。

陈述语气表示"说话者要告知受话者信息"，疑问语气表示"说话者向受话者询问信息"，祈使语气表示"说话者要受话者做或不做某事"。

语气范畴大多用特定的句型和/或虚词来表达。比如汉语的"V 不 V"句型、英语的"定式动词＋主语"句型，汉语的"谁、哪个、哪里"或"吗"，英语的 WH-成分等，都是用来表示疑问语气的。而祈使句则以没有主语、用原型动词(无形态变化或不加时体助词)最为常见，如"Go out!"、"快走!"但是，在具体的语言运用中，为了使祈使更加委婉，也常常换用疑问句式来缓和语气，比如"Would you like to go?"、"能走快一些吗?"。

情态 情态是体现"说话者对所言的主观态度"的范畴，主要由情态助动词、情态副词或"我认为/我相信/我肯定/我确信"等小句来体现。本来句子就是表达说话者的所知、看法或要求的，而情态则为表达说话者主观上认为自己的所知、看法的真实性如何，或实现自己要求的强制性或意愿性如何，提供了若干种不同的选择。比如：

(1) 火车开走了。
(2) 火车一定开走了。
(3) 火车可能开走了。
(4) 我认为火车开走了。

这四个句子表达的意义中涉及同样的一个事件。但说话者对于句中描述的事件与真实世界的关系所持的态度却有不同。(1)句采取的是客观陈述的方式，说话者对事件的真实性确定无疑，而(2)、(3)、(4)三句都增加了说话者的主观态度的表达，其中(3)句对事件真实性的确信程度最低。

通过人称、时、指示、语气和情态等语义范畴及其表征形式，句子不仅

---

① 有的语法书所列的语气还有"感叹"，但也有不少语法书认为"感叹"只是"陈述"语气的一个次类。本书取后一种看法。

具有了与普遍性人类经验的关联,还获得了与具体人类经验(说话者与说话时空)的关联,句子的语义结构所描述的现象或事件和具体的时空结合起来,句子所反映的人类经验和说话者结合起来,从而真正成为了表征"属于说话者的人类经验映像"的工具。

四、句子的真值和句义的蕴涵、预设关系

前面我们谈到,句子的动词和它所要求的由名词承担的语义角色构成了句子的语义结构,再加上各种成句范畴,使得句子可以反映变动不居的人类经验,成为说一种语言的人认知人类经验的工具,也即思维的工具。从语言和思维的关系看,词义表达的是"概念",句义表达的则是说话者对真实世界中某个现象或事件的"判断"。句子所表达的"判断"是否真实地反映了现实世界中真实的现象或事件,语义学中看作是"句子真假"或"句子的真值"问题。如果句义所表述的现象或事件在现实世界中真实存在,则该句为"真";反之,如果句义所表达的现象或事件在现实世界中并不存在,则该句为"假"。比如,"第29届奥运会已经在伦敦举行"这个句子的真值为"假",因为实际上第29届奥运会是在北京举行的。

语义学关心句子的真值,但不是要把每个句子都拿到真实世界中去检验,而是要发现语义上有联系的句子、短语、词汇的真值是否存在可推导的关系。目前,用类似逻辑符号的形式研究句子真值的演算,已经成为语言学中一个蔚为壮观的分支——真值条件语义学,也叫做逻辑语义学、形式语义学。这方面的内容比较专门,本书不拟涉及。下面仅简单地介绍句义之间真值的两种重要关系——蕴涵和预设。

蕴涵 通俗地说,句子真值的蕴涵关系就是,从一个句子的句义一定可以推导出另一个句子的句义,反向推导却不成立。准确地说则是,设有a、b两个句子,如果:①句子a为真,句子b就一定为真;②句子b为假,句子a一定为假;③句子a为假,句子b既可为真也可为假;那么:a句义蕴涵b句义。比如:

a	b
李明买了<u>猕猴桃</u>	李明买了<u>水果</u>
李明<u>感冒</u>了	李明<u>病</u>了
李明<u>批评</u>了张三	张三<u>挨批评</u>了

前两对句义间的蕴涵关系直接与词义的上下位关系相关,如"猕猴桃"

是"水果"的下位义,"感冒"是"病"的下位义。一对句子中相同语义角色的词如果词义有下位与上位的关系,则句义一定有蕴涵关系。比如如果"买了猕猴桃"就一定"买了水果",如果"没买水果"就一定"没买猕猴桃",而如果"没买猕猴桃"却既可以"没买(其他)水果",也可以"买了(其他)水果"。词义的上下位关系与句义蕴涵关系这一相关性是普遍适用的。

最后一个句对儿是同一动词的施受同现句与受事单现句。由于两句有相同的动词,所以两句的语义角色应该是相同的。也即受事单现句其实也隐含有施事,只是未限定施事的人选。这种句法上的区别,其实与前两句在词义上的区别有异曲同工之妙,句子中隐含施事的可能人选(可理解为"有人")一定大于施受同现句中的显现的施事,从概念外延上看,也相当于上位包含下位的关系。所以,有类似句法对应关系的句对儿也一定有句义蕴涵关系。

预设 通俗地说,如果一个句子的肯定和否定两种形式都以另一句子的肯定式为前提,则另一句子是该句的预设。准确的说法是,设有 a、b 两个句子,如果:①句子 a 为真,句子 b 一定为真;②句子 b 为假,句子 a 一定为假;③句子 a 为假,句子 b 也仍然为真;那么,b 句义是 a 句义的预设。例如:

      a. 他哥哥昨天回来了/没回来。   b. 他有哥哥。

真值条件推导式①和②是"预设"和"蕴涵"所共同的,所以许多学者认为预设是蕴涵的一种特例。预设与蕴涵不同的特点在于③,即在句子 a 为假的情况下,作为预设的句子 b 是真值只有"真"一种可能,而作为蕴涵的句子 b 则是真值有真和假两种可能。这说明,作为预设的句子 b 是句子 a 具有语义真值的前提。比如"他"必须"有哥哥",才可能说及"他哥哥昨天回来或不回来"的事儿,即使"他哥哥昨天没回来",也只有在"他有哥哥"的前提下,说这句话才是有意义的。

预设涉及说话者和受话者共享的知识背景,这在言语交际中有重要的作用,我们将在下节做更详细的介绍。

第四节 语 用

在本章的开头我们谈到,语言的意义可以分为两个层次,一个是属于语义学研究的范围,研究的是语言符号以及符号的组合与现实世界、人类经验的关系,前面谈到的词义和句义基本都属于这个层次。但如果仅仅到此为止,我们还不能够充分理解具体的言语交际中话语所传达的意义。我们看下面这句话:

　　这样行,明天就过去吧。

　　我们理解了句子本身的意义,但是如果我们不知道说话者是什么人,在什么时候什么地方说的,言谈语境中还有什么人或物,之前说过什么话和发生过什么事,就不可能知道"这样"指什么,"明天"是哪一天,"过去"是从哪儿去哪儿,是"谁"明天就过去。总之,还是不会明白这句话究竟要传递什么信息。这就涉及了语言意义的另一个层次,即语用义的层次,它涉及语言形式与语境,特别是与语境中说话者的关系。这一节我们要讨论语言意义的这个层次。

一、语境与语境义

　　语境的含义有三个方面。首先是指话语的物理语境,又叫做"言谈现场"。物理语境指话语的说话者/受话者、说话当时的时空及其这一时空中的所有存在。话语需要与言谈现场的说话者、受话者以及说话时空及其存在正确地关联,才能准确地传递和被理解。

　　《三国演义》中有一段故事,描写曹操行刺董卓未成,逃亡到他父亲的好友吕伯奢家。晚上,曹操听见后堂有人说话,"缚而杀之,何如?"曹操在亡命中,思想处于高度警惕的状态,时时处处都在防备别人的告发和官府的搜捕,所以一听见这话就以为吕伯奢一家人要杀他,思忖:"是矣,今若不先下手,必遭擒获。"于是杀尽吕伯奢一家。直至到后面看到一口绑着待宰的猪,才知道杀错了。这里的关键是,"缚而杀之"中的"之"作为一个代词在当时的言谈语境中指称什么。吕伯奢和家人在捆绑猪的现场交谈,彼此间传递的是"之"指代"猪"的信息,但是曹操是在另一间屋子里听到的,看不到言谈现场的情景,因而完全领会错了。

　　物理语境中的各种要素,特别是说话者、受话者、说话时、说话地,在对面交谈的句子中常常被省略,需要根据语境补充出来,才能得到完整的句义。比如前面提到的那句话"明天就过去吧",必须知道说话的时间才能知道"明天"是哪一天,必须知道说话地才能知道"过去"的起点,必须知道说话者和受话者,才可能知道"过去"的主语是谁。

　　其次,语境还包括话语语境。话语语境是指一个连贯的言语事件中前面或后面的话语（如交谈双方前面说过的话，小说中的上下文）。某些代词的指代对象，某些句中省略的内容，并不在话语的物理语境中存在，但可以从话语语境中推断出来。我们看下面的对话：

　　甲：你认识昨天演讲的人吗？
　　乙：认识。他是我大学时的老师。

　　这里，乙的回答，"认识"一句的完整表达是"我认识昨天演讲的人"，在话语中省略了句子的宾语，只保留了动词，但根据前面的话我们完全可以把宾语补充出来。再下一句中的"他"，其所指代的人也并不处在当时对话双方说话时的环境中，而只是在前面的话语中出现过。前面那句话"这样行"中的"这样"，也必须依赖交谈中前面说过的话。总之，句子中的省略和某些指代所传递的意义必须依赖话语语境来补充。

　　除了以上两方面，语境还包括说话者和受话者的背景知识。比如，上个例子中，除前面的话语外，甲和乙还需要都具有"昨天有人演讲"这个共同知识，这是乙理解甲提问的基本前提，也就是上一节中提到的"预设"。从说话人信息传递的角度看，"预设"是说话者预测受话者已知的信息，它在言语交际中的作用我们在后面还要进一步讨论。作为语境的背景知识可以非常广泛，包括语言知识之外的生活常识和社会文化知识。在对话的话语中，说话者和受话者对意义的理解在很大程度上要依赖语言形式之外的背景知识。背景知识可以帮助受话者理解说话者要传递的意义，特别是言外之意。我们看下面的对话：

　　甲：请问，几点了？
　　乙：对不起，我没戴表。

　　这里甲明白乙的回答要基于这样的背景知识，表是计时的仪器，知道时间需要看表，在交际现场没有公用表的情况下，个人没有戴表就无法看表，无法看表就无法知道时间。从这样的背景知识，就可以从"没戴表"推出"不知道几点"的回答。又比如，学生甲走进宿舍房间，对同屋的同学乙说："太热了！"乙于是打开了空调机。这里乙理解甲的要求基于这样的共同背景知识，空调可以制冷降温。在日常对话中，像这样必须通过共同的背景知识才能理解话语的实际意义的例子比比皆是。

　　在篇章理解中同样需要足够的背景知识，这一点我们在阅读中会经常体验到。阅读专业著作固然要有专业知识，阅读中外古今的历史著作、文学作品,也需要利用社会文化历史知识甚至生活经验去补充,才能真正理解。如果不了解中国封建社会的家庭关系,不但读《红楼梦》有困难,就是读巴金的小说《家》,也会觉得觉新这个人物的遭遇有点儿奇怪;不了解旧社会证券市场买空卖空的做法,就无法弄懂《子夜》里的吴荪甫究竟是怎么倾家荡产的。《巴黎圣母院》的钟楼怪人为什么把卖艺姑娘从刑场抢进教堂?因为避入教堂的罪人,当局是无权逮捕的。中国古代也有类似的规定,鲁智深削发为僧,就可以避免官府的追缉。欧也妮·葛朗台怎么会钟情于自己的堂弟?因为按照法国的风俗,同姓的堂兄弟姊妹是允许通婚的。了解语言所反映的时代或民族的文化历史背景和风俗习惯,才能深入理解字里行间所表现出来的意义。

总之,进入言语交际的句子不再是孤立的语言单位。它是话语中的一个片段,反映的是与语境、特别是说话者相关的特定人类经验的信息。反过来说,由于这些特定信息中包含有与物理语境、话语语境和共同背景知识语境相关的因素,因此理解这些特定信息也就需要这些语境的支持。

二、话题和说明

句子要合乎语法规则,说的是句子中各个成分的成分类选择、排列次序、形态变化、虚实搭配等要合乎语言内的句法模型。句子要合乎语义规则,说的是句子中各个成分的选择要符合语言外现实世界中物体和动程的实际关联。但这还不足够。如上所述,进入言语交际的句子不再是孤立的语言单位,而是语篇的一个片段。因此,进入言语交际的句子在符合语法规则、语义规则的前提下,还必须符合语篇组织的需要,符合在特定语境中最有效地交流信息的需要。这就涉及话题/说明和焦点/预设这两对概念。本小节先讨论前一对概念。

话题和说明的定义与话题的有定性　说话者向受话者说话,一定是要向他传达一定的信息,这个信息一定是关于某个实体(包括特定时间、空间)的信息,可称作"信息的基点"。一个句子中句义信息所关涉的那个实体是句子的"话题",针对话题展开的句子其他部分是"说明"。

说话者所选择的信息关涉对象,一般是"有定"的。所谓"有定",是指"确定的、有具体所指的实体"。这不仅是对于说话者来说的,而且是说话者认为对于听话者也同样适用的。也即,说话者选择的话题,是说话者所认为的听说双方都可以确定所指的实体,以这个有定实体为基点添加新的信息内容,才能更好地向受话者传递说话者在听说双方共有知识的基础上所要传达的信息。常举的一个例子是,"客人来了"这句话以"客人"为话题,用来表示"客人"是说话者、听话者计划内的来访者,即"有定"的来访者。而如果改用"来客人了"这句话,则表示来客是听说双方计划外的不速之客。

话题的句法表现 不同的语言中,话题的句法表现不同。最常见的有两种情况,一种是用专门的虚词来标记,一种是用句子中特定的位置来标记。比如,日语有专门标记话题的助词は(wa)。比如:

日语: Zō-wa hana-ga naga-i.
汉译:大象—话题 鼻子—主语 很长

这句话中,"象"是说话者要谈论的实体,要传递的是关于大象的信息。"hana-ga naga-i(鼻子很长)"是对大象的说明,是有关大象的信息的展开。"hana(鼻子)"是与句子谓词"naga-i"直接相关的实体,是句子的主语。话题也可以是时间或地点成分。比如日语句子:"Kyō-wa watashi-wa ie-ni i-masu(今天嘛,我在家)。"

汉语中,如果使用正常语调和一般句式,则从句首开始往后看的第一个担任语义角色的成分是话题。比如句子"大象鼻子长"中的"大象"是话题,"鼻子,大象的最长"中的"鼻子"是话题。句子"今天嘛,我在家"中"今天"是话题,"我今天在家"则"我"是话题。

话题的意义 话题是句子所传达的信息所关涉的实体,选择不同的句子成分做话题则所传递的信息也不同。比如,"大象鼻子长"是要告诉受话人有关"大象"的信息,而"鼻子,大象的最长"是要告诉受话人有关"鼻子"的信息。

话题的关联与篇章话题 句子的话题是说话者选择的传递信息的基点,而这一选择跟说话者对整篇话语的信息组织结构有关。整篇话语中各个句子的话题往往有内在的联系,组成"话题链"。比如下面的三段话是从三篇小学生作文中摘录出来的[①]:

(1) 1 扎蝴蝶结的小姑娘找到了目标,2 Ø 把手绢轻轻地放在一个小个子的姑娘身后,3 Ø 又装着若无其事的样子向前走了几步,4 Ø 然后猛跑起来。(《丢手绢》)

---

① 例句及其相关的说明,均引自王静:《现代汉语语篇语义句法研究》,北京大学博士论文,2002年。

(2) 1 我正高兴地欣赏着,2 Ø 突然发现在不远的乱草上爬着一只两寸多长的蚂蚱,3 Ø 可称得上是蚂蚱王了。

(3) 1 干枝梅主干弯曲,2 枝杈稍长,3 浑身长满了针一样的小刺,4 枝杈上长满圆形淡绿色的小叶。5 每根枝杈的顶端都绽开着四朵粉红色的小花,6 每朵小花由蜜桃形的花瓣组成,7 Ø 中间长着几根细细的黄色花蕊,8 花蕊的每根柱头的顶上都有许多花粉,Ø 香气扑鼻。(《干枝梅》)

前两段是对动态事件的记叙。句首先给出有生的施事,然后以该施事作为信息的基点、按动态事件时间次序的先后依次报告施事的几个动作(如前两段中的Ø),或者把前面一个句子中新引进的语义角色作为后一句子的信息展开的基点(如第二段中的Ø)。第三段是对静物的描写。句首给出无生的主体,然后,以该主体为信息的基点,先依次说明它各个组成部分(带下画线的名词)的情况,然后以其中一个部分为基点再对该部分的下级组成部分作说明,其中有些组成部分是前一个句子的说明新出的(Ø),如此不断嵌套。也即,对动态事件的记叙多以一个施事为话题贯穿多个句子,引领多个按时间顺序原则的说明;对静态物体的描述则多以该物体为主话题,以该物体的各个部分或空间相关物为次话题,分别对它进行细致的描画。无论是动态事件还是静物,还都可以以前一句子说明中新引出的事物作为下一句子的信息基点再展开说明。

把各个句子的话题联系起来,可以看出,一个段落的信息有共同围绕的话题。比如"干枝梅"中的第二个句号句以"枝杈"为主话题、下级和下下级组成部分"花、花瓣中间、花蕊、花粉"为次话题而展开,但该句的主话题又与前一句的话题"干枝梅"有整体-部分关系,因而又与前一句的话题关联起来,形成更大的段落话题"干枝梅"。再往大扩,把各个段落的话题联系起来,整个语篇也有共同围绕的更大的话题。比如上面的第一段描写的是丢手绢这一游戏中"丢"的步骤,下面还要依次讲"追"等其他步骤,整体合成"丢手绢"游戏的全过程。一个篇章有一个共同的篇章话题,使得篇章中的各个语段凝聚为整体;各个段落和段落中句子的话题,使得篇章的组织有了层次和结构。

相继出现的各个句子,如果话题或主话题相同,则后面句子的话题或者用代词指代或者省略。汉语中省略的手段用得比较多,英语等语言则更常用代词指代。指代和衔接也是语篇凝聚连贯为篇的重要手段。大家可以试验一下,如果把省略的话题都补出来,把指代词都换为原来的词,各个句子就好像散开了,不再像是一个凝聚连贯的语篇了。

话题与施事　话题体现说话者选择哪个句法成分作为向受话者传递信息的基点,并且与整篇话语的组织有关;施事则只体现句法成分与现实世界中的物体-动程关系的对应关系。话题和施事都落到句子同一个成分上的情况比较多,但也有很多情况下两者不一致。比如"小王昨天去了北京"这句话中"小王"既是施事又是话题,而"昨天,小王去了北京"这句话中,"小王"仍是施事,话题却换成了"昨天"。

话题与主语　主语是单纯的语法范畴,在不少语言中由专门的格助词或名词的格变化标志出来。在具体句子中,话题与主语常常落在同一个句子成分上,但相反的情况也不少。

从话题和主语有明确区分的语言看,除了话题的有定性外,话题和主语的明显区别是:主语与谓语动词有直接的密切关系,由担任施事、受事等中心语义角色承当;而话题则可以由担任外围语义角色的成分(时间、方所、工具等)承当,还可以与动词完全没有关系。比如赵元任先生举的两个例子"他是个日本女人"(指"他的太太或他的女佣是日本人")和"这场火幸亏消防队来得早";前一句"他"与"是"或"日本女人"没有语义角色的关系,但全句信息是关于"他"的;后一句"这场火"与谓动词"来"也没有语义角色的关系,但全句信息是关于"这场火"的;所以"他"和"这场火"分别是这两个句子的话题,而不是主语。由于汉语中没有格助词,名词也没有格的形态变化,所以对于汉语中什么是主语和汉语中话题与主语的区别,学界仍有争论,我们这里不做更多的介绍。

总之,话题在语篇组织方面有十分重要的作用。在我们要把自己的所见、所思用语言表达出来的时候,不仅要选择合适的词,不仅要把词按合乎语法规则、合乎语义规则的方式组织起来,而且还要考虑以哪个成分作为信息组织的基点。基点选择不同,句子的意义也会有所不同。这种意义属于与说话人的主观意图和话语语境相关的语用层次。

三、焦点和预设

人们之所以要说话,是为了向对方传递他们所不知道的信息,也即新信息。从信息的角度看,句子中的新信息是说话者所传递信息的重点所在,是说话者认为受话者不知道因此希望受话者特别关注的部分。这就是句子的"焦点"。

焦点是句子中说话者所认为的受话者所不知道的信息，那么，与之相辅相成，它一定与说话者所设定的受话者所知道的某些信息相关。句子传递信息所依赖的、说话者设定为自己与受话者都知道的那些知识就是"预设"。上一节我们介绍了语义学中有关预设的研究，那是作为句义之间的关系来研究的；本节对预设的讨论则是从进入言语交际的语境后，说话者设定的听说双方共同知识背景对句子会有什么影响的角度来看的。

说话者希望受话者特别关注的新信息，也即句子的焦点，一定会用一些可以感知的手段标示出来。

在会话中，焦点通过语调重音标示出来。例如，"小明吃了苹果"，如果语调重音在"小明"，那么"小明"就是信息焦点，回答的是"谁吃了苹果"这样的问题，"有人吃了苹果"则是预设；如果重音在"苹果"上，则回答的是"小明吃了什么？"这样的问题，"小明吃了东西"则为预设。可见一个句子的预设是什么是和话语中的信息传递密切相关的。

焦点还可以用句法形式表现出来，比如，汉语中的"是……的"的句式中，"是"后面的成分就是信息的焦点。在"我是昨天来的"中，"我来了"是预设，是说话者设定的受话者已经知道的知识，而"昨天"是焦点，是说话者认为受话者不知道的新信息。英语的"it is...that..."句式也是标示焦点的，is 后的成分为焦点，例如 It was yesterday that Bob came. 这句话中的 yesterday。

在有些语言中，焦点用专门的句法虚化成分来标示。如索马里语中，表示焦点的虚词 baa 放在名词后面，那么这个名词就是句子传递的信息焦点[①]

Amina	baa	wargeyskii	keentay.
阿米娜	焦点标记	报纸	买

（是阿米娜买了报纸。）

Amina	wargeyskii	bay(baa+ay)	keentay.
阿米娜	报纸	焦点标记＋她	买

（阿米娜买的是报纸。）

总之，预设和焦点，对于语境中的信息传递至关重要。说话者要想让受话者理解自己传递信息中的重点，就要了解对方与自己共享的已知信息

---

① 此例引自 John I. Saeed：*Semantics*，Blackwell Publish，2003。

(预设)是什么,就要用一定的手段把对方所不知道的新信息(焦点)标示出来。而受话者要理解说话者要表达的意思,除了要明确语言单位的一般意义,还必须要通过一定的形式标示了解说话者设定的已知信息和新信息是什么。因说话者设定的新信息不同,句子的意义也有所区别。这种意义与说话者的主观性相关,与话语语境和背景知识语境相关,属于语用的层次。

四、日常生活和文学作品中的言内意外

日常生活中的言内意外 我们在"语境与语境义"一节中已经以看表和开空调为例做过介绍。可以看出,这一类的言内意外,主要是根据日常生活常识的推理。而根据推理可以导出的信息就不必在话语中出现,则是语用学中所说的"会话合作原则"在起作用。与这些例子相关的会话合作原则有:首先,会话双方要使自己的话语有参与交谈的共同目标或方向;其次,所说的话应包含当前交谈目的所需要的信息而同时不要包括多于需要的信息。由于有这两条,所以能够用物理语境和日常生活常识推出来的信息就不必要出现在说话者的话语中,也同样由于有这两条,受话者会根据物理语境和日常生活常识去推导、去补充说话者的话语,得到说话者的"言外之意"。

另外,社会文化所决定的得体原则也在日常会话中起作用。比如,小辈对长辈,陌生人之间,在我们的社会中一般不宜直接提要求、发命令,所以常用"言内意外"的委婉方式表达自己的要求。这一点我们在下一小节还会有论述。

文学作品的言内意外 文学作品中的语言运用和日常话语有所不同。在文学创作和欣赏中,"言外之意"起着举足轻重的作用。"言不尽意"的现象,我们的先人早就注意到了。《庄子·天道》:"语有贵也,语之所贵者意也。意有所随,意之所随者,不可以言传也。"这说明早在先秦时期人们就已经注意到语言表达思想的功能和它的某些局限性。"言"与"意"的关系,一直是我国历史上的文艺理论、特别是诗歌理论中的一个重要问题。刘勰的《文心雕龙》以及魏晋南北朝时期的很多人都对这个问题有深入的讨论。宋代的欧阳修则进一步从作者和读者两方面阐述了心得而未可言传的矛盾:

> 乐之道深矣,故工之善者,必得于心应于手而不可述之言也;听之善,亦必得于心而会以意,不可得而言也。……余尝问诗于圣俞,其声

律之高下，文语之疵病，可以指而告余也；至其心之得者，不可以言而告也。余亦将以心得意会而未能至之者也。(《书梅圣俞稿后》)

这是说诗人的创作经验，那些精微的艺术技巧，很难用话语传达给别人，需要读者自己从诗人的作品中去细细体会，用自己的经验和社会文化知识去补充。

由于用语言表达思想的时候可以"言不尽意"，留下一些意思上的空白让听话人自己去补充、理解，这就使语言的运用成为一种值得深究的学问。同样的意思采用不同的说法，往往会收到不同的效果。在日常生活中，像婉转的告诫，含蓄的言辞，辛辣的讽喻，等等，都很注意留下意思上的空白让听话人自己去领会、补充。这种现象可以用"言内意外"来概括。"言内意外"这种语言运用的手法在文学创作中占有重要的地位。一部好的小说，一首好诗，往往在有限的言辞中寄寓着无尽的意思，为读者咀嚼、琢磨作品的思想内容留下广阔的天地。我们这里举一首唐诗来说明"言内意外"的有关情况："银烛秋光冷画屏，轻罗小扇扑流萤。天阶夜色凉如水，坐看牵牛织女星。"(杜牧《秋夕》)这首诗写一个失意宫女的孤独生活和凄凉的心情。我们这里只分析第二句"轻罗小扇扑流萤"。从表面上看，这句诗很简单，描写一个宫女正用小扇子扑打着飞来飞去的萤火虫，实际上在这个"言内"寄寓着好几层"意外"，十分含蓄，耐人寻味。第一，萤火虫出没在野草丛生的荒凉的地方，如今竟在宫院中飞来飞去，说明宫女生活的凄凉。第二，从扑萤的动作可以想见她的孤独与无聊，借扑萤来消遣那孤苦的岁月。第三，轻罗小扇象征着她被遗弃的命运；扇子本来是夏天用来扇风取凉的，到秋天就搁置不用了，所以在古诗中常用来比喻弃妇。这些意思都是在字里行间流露出来的，是"言内"的"意外"，读者可以凭自己的感受去补充这"意外"的内容。文学作品的语言，特别是诗的语言，都非常重视语言的这种暗示性和启发性，借此唤起读者的联想，以达到言有尽而意无穷的效果。

五、言语行为

人们说出的话不仅仅是人类经验的映像(句义)，也不仅仅是特定说话者对人类经验的具体认知，它还是一种社会行为。像打人、吃饭等其他社会行为一样，"说话"这种社会行为也有对行为者之外的事物(特别是受话者)或行为者自身产生某种效力的目标，也有因行为而引发实际变化的效果。简而言之,言语交际行为本身也构成新的人类经验,与现实世界中的其他人、物、现象、事件有着"行为-效力"的关联。这些是语言在另一层次上的意义。从这一视角对语言意义的关注称为言语行为研究。

言语行为可以分为三个环节,分别是言内行为、言外行为和言后行为。所谓言内行为,指说话人运用语言结构规则说出有意义的话语的行为;言外行为是指说话人的话语要达到的目的和意图;言后行为是说话人说出话语后达到的结果。

例如,教师在课堂上对学生说,"请大家把书翻到第 8 页。"这里,教师运用语言单位和规则,说出有意义的句子,这是言内行为。教师说出这个句子是对学生的一种要求或指令,要使听话者做一件事,这是言外行为。最后,学生听到教师的话,做出相应的行为,这是言后行为。

又比如,甲对乙说:"我明天没有时间。"这是一个简单的陈述句,说话者用这个句子陈述一个他认为真的事件状态,这是言内行为。说话者陈述的目的,在不同的语境中可能有所不同,也许就是要阐述一个事实,使乙了解到这个事实,从而做出相应的判断和决定,也许是委婉地拒绝乙的一个要求,这些都属于言外行为。乙听到甲的话后受到的影响就是言后行为了。

在这三个环节中,言语行为研究最关注的是言外行为,很多情况下,言语行为就是指言外行为。

言语行为可以分为不同的类型,如阐述、命令、请求、询问、感谢、道歉、祝愿、承诺、宣告等等。这些不同类型的言语行为都是通过不同的句型结合说话时的语境体现出来的。一般语言中都具有的陈述句、疑问句、祈使句等等句型,表达的是说话者的语气,而从言语行为的角度看,则表现了最基本的言语行为类型。一般祈使句表现命令或请求的行为,疑问句表现询问的行为,陈述句表现阐述的行为。在语言形式上,一些特殊动词在言语行为中也起着很大的作用。一些动词如"建议"、"提议"、"命令"、"承诺"、"宣布"等等,当主语为说话者"我"时,都体现了明显的相应的言语行为,这样的动词叫施为动词,这样的句子称为施为句。下面的句子都是施为句。

    我提议由他担任主席。——提议的行为
    我宣布会议开幕。——宣告的行为
    祝你生活愉快。——祝愿的行为

由基本句型或施为句明确体现出来的言语行为,可以称为直接言语行为。要注意的是，句子的言语行为类型必须联系语境来确定。比如1949年10月1日毛泽东主席在天安门城楼上说的"中华人民共和国成立了"是宣告行为，这一行为对中国和每个中国人，对世界和世界人民有十分重要的言后效果——国与国、国与人民的关系从此而有重大的改变。而历史课老师讲述时所说的"中华人民共和国成立了"则是仅仅是一种阐述行为，言后效果是增加了受话者的知识。

现实中的话语，常常具有超越直接言语行为的其他的言语行为功能，这称为间接言语行为。例如，请求的言语行为常常并不使用祈使句，而使用疑问句。下面这些疑问句在很多语境中都是表示请求，它们的直接言语行为是询问，间接言语行为则是请求：

能把糖递给我吗？——请把糖递给我。
我能用一下你的笔吗？——请允许我用一下你的笔。
可以早一点吗？——请早一点。

同样，陈述句也可以表示命令、询问等言语行为，祈使句也可以表示感谢、道歉、祝愿等行为。例如：

我想知道你迟到的原因。——你为什么迟到了？
我希望你安静点儿。——请安静。
请允许我向您表达歉意。——对不起，很抱歉。
睡个好觉。——祝你睡个好觉。

上面这些句子表现间接言语行为的方式很具有一般性，容易被受话者领会。还有一些现实中的话语属于哪种言语行为，在很大程度上取决于语境。同样的话语，在不同的语境中，可能会是不同的言语行为。例如：

这里少了一个茶杯。

如果是清点物品时说的话，那么这句话是向听话者阐述一个情形，使听话者了解一个事实。可是如果是说话者在餐馆对服务员说这句话，就是说话者对服务员的请求行为，请服务员再拿来一个茶杯。

直接言语行为通常为字面意义具有的行为功能，间接言语行为是非字面的意义具有的行为功能。这两方面的意义都是听话者所能把握的，但后者为言语的真正目的。听话者能够领会到间接言语行为的表达，是依据对各种言语行为的语境条件的综合把握，同时也在贯彻会话中的合作原则。例如：疑问句用于请求，首先是疑问的内容是显而易见的，前面例子"能把糖递给我吗"中的"把糖递给我"是听话者完全可以做到的,听话者基于合作的会话原则,知道说话者不可能做无意义的询问,而说话的语境可以看出说话者想要用糖,可以据此推断出,这是个请求的行为,而不是字面上显露的询问的行为。如果此时听话者不遵循合作的原则,可以对直接言语行为做出反应,回答"能"或"不能",而不对间接的请求行为做出反应,这就有点开玩笑的意思了。

间接言语行为一个重要的目的是要符合会话中的礼貌原则,使说话者语气更委婉,从而维系听话者和说话者之间正常的人际关系。同样的请求行为,使用祈使句的直接言语行为要比用疑问句的间接言语行为更带有命令性。当然,采取哪种表达方式更适当,也要看说话者和听话者是什么样的社会关系,如直接言语行为在相熟的朋友之间的对话中表达请求,可能就更为得体,有时使用间接言语行为反而表现出一种疏离和冷淡。

语言是一种社会现象,语言的存在离不开说话者的运用。语言在说话者的运用中既传递着说话者的思维成果,也传递着说话者的行为意向,这两个方面都属于语言的意义。言语行为研究关注言语活动参与者之间的互动关系,关注语言作为一种社会行为的不同目标、效力及其跟使用者社会关系的对应。这一领域的研究内容丰富而复杂,更直接地揭示了语言的社会功能的性质。

第六章　文字

第一节　文字和语言

一、文字在人类历史上的重要作用

"文字"一词有两个意思，一是指一个一个的字，一是指语言的视觉符号体系。这一章所讲的文字，指的是后面一个意思。

语言的产生比文字早。有语言是人和猿的根本区别之一，甚至可以说，没有语言，人类就不可能从自然界的物种竞争中脱颖而出。根据最新的研究，大约5万年前，智人的一支开始有了语言，语言的产生使得这一支智人的人口急剧膨胀、文化飞速发展，并在地理上迅速扩张[①]。总之，人类因有了语言而完全脱离动物界，从此走上独立发展的道路，这是人类发展过程中的一件了不起的大事。

但语言是通过口、耳交际的，本质上是通过声音来实现交际过程。由于声音是一发即逝的，所以人们说话要受到时间和空间的限制。所谓空间限制，是说交际的双方距离太远就听不见；所谓时间的限制，是指过去说的话现在听不见。所以，如果仅仅只有语言，一方面人类已有的经验很难完整地保留和传递，另一方面人类大脑这个"加工厂"的材料来源就只能限于个人的直接经验和口耳相传的间接经验。这样一来，因信息量有限，也无法充分发挥大脑的潜力，促进大脑的进化。因此，仅有语言的人类只能应付一些生存所必需的事情。

为了克服有声语言在时间和空间上的限制，人们发明了文字，使语言除了说和听的形式以外，又增加了一种写和看的形式。文字的出现比语言要晚得多。世界上最早的文字也不过只有几千年的历史。但是，文字在人类历史上的重要作用几乎可以与语言相媲美。文字至少有以下几个方面的特点和重要作用。

(1) 文字的发明克服了语言传达信息在时间和空间上的局限，使一发

[①] 参看王士元、柯津云：《语言的起源及建模仿真初探》，《中国语文》，2001年第3期。

即逝的语言可以"传于异地,留于异时"。这样一来,不在交谈现场的人们,相隔千山万水的人们,也可以通过文字写成的文本相互交流信息。

(2)文字使人类文化得以积累。我们主要谈谈历史流传和创新知识这两方面。在没有文字以前,人类的历史主要是通过传说和史诗来传诵的,那时每一个文化群体或部落都有一些专门唱史诗和讲传说的人。如果遭遇天灾人祸,会唱史诗的人都去世了,历史的记录也就中断了,这个民族的历史也因此消失了。同样,在没有文字之前,人类的各种文化知识、生产经验只是靠父子或师徒间的口耳相传,一旦传承者遇难,这些曾已创新的知识和经验就会泯灭。文字的出现为人类历史和文化的传承提供了更好的手段,使人类的历史得以长久流传,人类的创新知识和经验得以积累增加。如果说语言使人类摆脱了动物的本能生活方式,那么文字则使人类由原始蒙昧状态进入了文明状态。

(3)文字能促进思维的发展。一种文化如果没有文字,就好像一个人不识字。识字的人和文盲在智力和能力上的区别是非常大的。有了文字,人类不仅可以通过一发即逝的、在时间上单维向排列声音来思维,而且还可以通过文字思维。文字使思维有了在两维空间中分布的形体表象,并且可以在时空中留住,反复多次地琢磨。设想一下不用两维的形体符号来完成一个简单的方程运算是多么困难,就可明白文字的重要性。有了文字,中外古今的人类实践的各种经验都可以成为大脑在异时异地、多次反复地、立体化加工的原料,这对于大脑的思维能力是一种不断进行的再训练,有利于不断地提高脑力的素质和潜力。知识与思维能力从此进入了良性的互动和增长。

总之,文字的出现不仅使人类可以通过文字文本进行超越时间和空间的交流,更连续地传承文化,而且还使人类加深了思考的深度,提高了大脑的能力。如果把36亿年生物进化的过程缩短为一年,那么大约每7000年为1分钟。文字是在这一年的最后一天的最后一分钟产生的。这一分钟人类文化的发展速度,是以往任何一段时间都无法比拟的。比如,鸟类从在地上爬进化到能在天上飞,经历了几千万年的时间,相当于上述压缩时间的好几天;而人类解决上天问题从美国莱特兄弟最早设计的滑翔机,到现在的宇宙探测器,只花了一百多年时间,大约相当于压缩时间的1/70分钟。这样的发展速度是人类文明的奇迹,而文明的基础则是文字。可以说,在人类文化的演进过程中,语言的出现是第一个里程碑,它使得人类脱颖于动物。文字是第二个里程碑,它使人类由原始社会进入文明社会,或者说从史前时期进入有史时期。

二、文字的基本性质

"言者意之声，书者言之记"(《〈书·序〉正义》)、"声不能传于异地，留于异时，于是乎书之为文字。文字者，所以为意与声之迹也"(陈澧《东塾读书记》卷十一)，我们古人的这两句话说明了语言和文字的关系，也说明了文字的基本性质：文字是用书写/视觉形式对语言进行再编码的符号系统。

文字在语言的基础上产生。语言中的语素、词这些单位包括音和义两个方面，文字是对语言中这些小的音义结合体的再编码。作为书写/视觉符号，文字除了语言的音、义之外，还有自己的形体。也即，文字有形、音和义三个方面。

语言是一种系统，文字也是一种系统。语言有大小不同的、音义结合的各级单位，有单位的聚合类和组合规则；文字也有大小不同的各级形体单位，有文字单位的聚合类和组合规则。同时，由于文字是对语言的再编码，所以文字单位与语言单位、文字的组合规则与语言的组合规则有着系统的对应关系。

关于文字系统的组织，我们将在本章的第三节中详细讨论。这里我们要强调的是：不管采用什么样的"形"，文字系统必然有一级较小但不是最小的形体单位对应于语言的某一级音义结合的小单位。也即，文字必有一级较小的单位是可以用语言中的音读出来并表达语言中音义结合体的意义的。

拼音文字一般是以文字系统中的次小单位——前后由空格隔开的一串字母(他们称作"文字词"或"形体词"的)——对应语言中的次小的语法单位(音义结合的"词")。比方英文的 book，字母串"book"是形，[buk]是音，"书"是义。汉文则一般以占据一个方块空间的形体单位"字"对应汉语里的最小语法单位、最小的音义结合体——语素。尽管不同的文字形体不同，所对应的语言单位的大小不同，但文字系统有某一级文字单位对应着语言的一级单位(音义结合体)，这一点则是相同的。

三、汉字和汉语

文字以自己的"形"表达语言的"音"和"义"，这种关系在采用拼音文字的民族中不会引起疑问，但是在我国，却由于方块汉字的构造特点而有好些复杂的情况。

采用拼音文字的语言，一个字的拼写反映出语言中一个符号的语音面貌，人们基本上按照字母的拼法就能读出音来。方块汉字与此不同，往往能见"形"而知"义"。例如"日"，原来的书写形式⊙，形状像太阳；"田"的形状像地块，"休"是"人"靠在树（木）上休息；"水""火""木""女"等偏旁表示字的意思跟"水""火""木""女"等有关系，好像字形本身就能跟意思直接挂钩，不一定要表达语言的"音"。这其实是一种误解。

好些汉字的形体确实有提示意义的作用，但是作为一个文字系统的汉文和其他拼音的文字一样，同样有一级文字单位和语言里的音义结合体相联系，这就是"字"这一级单位。汉字不仅跟特定的语素义相连，也跟特定的语音形式相连。例如"日"尽管提示太阳的形象，但它并不记录汉语里的"太阳""日头""老爷儿"这些词，它只跟"rì"音及与其结合在一起的意义发生关系，记录汉语中"日"这个语素。同样重要的是，汉字表示的意义，是通过语言的音义结合而切分开的意义，包括后来的引申义。比如，汉字"日"除表示"太阳"义外，还表示"一天"、"白天"、"某天"、"某些时段"等。正如上一章已经讨论过的，我们面对的人类经验，包括世界万物、自然现象、古往今来的各种事件、各种意识形态，原本是混沌一片、变动不居的，各种语言用自己的音把混沌一片的人类经验切分成语言中的离散的意义。文字则进一步用形体表示语言符号的意义。

至于文字在写的时候或者看的时候读不读出音来，那是另外一个问题，需要另外的研究，但与文字的本质无关：即使不读出音来，它也与心理的语音映像联系着，反映的也是与特定语言的音相联系的意义。汉文文本可以"一目十行"或"横排竖看"、"竖排横看"，这也不能说明汉字不跟特定的音相联系。它其实是抓出语篇中某些关键的"点"信息来重建语篇中"成片"的信息，成段的有声语言或英文文本也可以用同样的策略处理。只是，利用了二维空间的文字比起有声语言，更有利于非线性地快速抓出关键信息，而汉字在相同的空间中打包的信息更多，因而抓出关键信息的速度也比英文更快一些。

一般来说，拼音文字是人们按照字母的拼写阅读，所以写与读的距离大多不会太远，语音变了，拼写法一般也跟着变①。例如古代的拉丁语发展到现代的法语、意大利语、西班牙语等等语言，记录拉丁语的拉丁文的拼写

---

① 有少数的例外。比如，藏文是 7 世纪创立，后经三次厘定，于 11 世纪定型的拼音文字。今天的**藏语**与 11 世纪的藏语差别很大，方言差异也很大，但各方言都仍然使用 11 世纪厘定的藏文。

法也随之改变。要学习古典拉丁语,只知道现代法语或意大利语的拼写法是没有用处的,必须像学习另一种文字体系一样,从头学习古典拉丁语的拼写法,按照这种拼写法读出语词的音。这个音是古语的音,表达什么意思,不一定知道。汉字的情况与此不同,字形不限于和一种读音挂钩,读音尽管变了,字形可以不变。从古代汉语到现代汉语,语音面貌发生了很大的变化,但方块汉字没有变(一个字从篆书到隶书、到楷书,是书写形体本身的变化,还是同一个字)。所以同一个汉字,各地的人都认识,但读音可以很不一样:广东人用广东话读,上海人用上海话读,北京人用北京话读,相互之间听不懂;而且用这些不同的方音还能去读古书,用不着像看拼音文字写的古书那样,得先学古音。把这些情况概括起来,就是汉字念出来听得懂听不懂无关大体,只要写出来看得懂就可以了。几千年来,汉字和汉语的关系大体上保持着这样一种状况。这使人们形成一种错觉,好像汉字是"看"的,不是读的,和语音没有联系。其实不然,汉字不仅是"看"的,而且也是"读"的,只不过它可以用不同时代、不同地域的音来读罢了。

在汉字与汉语的关系问题上还有一种常见的误解,就是把文字和语言等同起来,以为语言与文字是一回事。过去常常听到这样的议论:汉字简化了,改革了,叫我们怎么讲话?其实这是误会。文字改革不等于语言改革。改进或改革文字的目的,恰恰是要使文字能更好地反映语言,而不是要改变语言。

文字还可以借用,借用文字不等于借用语言。现在日文中夹用汉字,但这些汉字代表的语言符号(音义结合体)有的是从汉语借用的,有的却是日语自己的。

了解文字和语言的关系,对我们搞语言学的人来说是非常重要的。

第二节 文字的基本性质与文字的产生

文字的基本性质是对语言的再编码,是语言的书写/视觉符号系统,它的产生不是一蹴而就的。判定是否已经产生了文字系统,要看是否有一套与某一种语言的语言符号及其排列有固定对应关系的书写/视觉符号。下面我们通过对比几种非文字的形体记事方式与早期文字,谈谈非文字与文字的本质区别。

一、实物记事

原始社会没有文字。根据考古的发现，世界各地在原始社会末期都出现了规模很大的部落联盟。随着生产的发展和社会生活的复杂化，人们（特别是氏族或部落的领袖和长老们）需要记载本氏族或本部落的人口、财产、对外战争的情况，以及内部发生的大事等等，以帮助记忆。经过长期的摸索，终于找到了记事的方法。实物记事是其中重要的一种。

比较普遍的实物记事的办法是结绳。据史书记载，我国古代就曾使用过这种方法。《易经·系辞》说："上古结绳而治，后世圣人易之以书契。"结绳的办法已不得而知，后人只说是"事大大结其绳，事小小结其绳"。秘鲁人、琉球人、我国台湾的少数民族也都采用过这种方法。讯木也是一种记事的方法。这是在一根木棒上刻上各种花纹或插进各种东西，用来帮助记忆和传达命令。据《北史·魏本纪》记载，魏先世"射猎为业，淳朴为俗，简易为化，不为文字，刻木结绳而已"。《唐会要·吐蕃》记载吐蕃（今藏族）"无文字，刻木结绳以为约。征兵用金箭，寇至举烽。"《五代会要》也记载"契丹本无文记，惟刻木为信"。可见讯木等在一个民族的文字发明以前，也和结绳一样，起过记事、传令等重要的交际作用。

实物记事的方式很多，现在一些没有文字的民族还保留着这种做法。我国境内的瑶族曾经用禾秆记录一年的收成，用木板刻点和玉米来记工分。云南陇川县的景颇族有一种以实物代替信息的习惯。假如小伙子爱上了一个姑娘，他就用树叶包上树根、大蒜、火柴梗、辣椒，再用线精巧地包扎好送给女方。树根表示想念，大蒜表示要姑娘考虑两人的事，辣椒代表炽烈的爱，火柴梗表示男方态度坚决，叶子代表有好多话要说。女方收到以后，如果同意，即将原物退回。如果不同意，便在原物上附加火炭，表示反感。如果还要考虑，便加上奶浆菜。这些都是今天还在使用的实物记事、传递信息的具体例子。

实物能够表达的信息很少，与文字的产生没有直接的关系。

二、图画记事

图画在古时候也是用来记事的一种重要方法。用图画记事、交流思想，可以用印第安人奥基布娃（Ojibwa）部落的一个女子的情书来说明：

  上面就是这个女子在赤杨树的树皮上写给自己情人的信。左上角的"熊"是女子的图腾,左下角的泥鳅是男子的图腾,曲线表示应走的道路,帐篷表示聚会的地方。帐篷里画一个人,表示她在那里等候。旁边的三个"十"字,表示周围住的是天主教徒。帐篷后面画大小三个湖沼,指示帐篷的位置。

  这种图画把事情作为一个整体来描绘,是否看得懂,取决于看画的人和画画的人生活经历上的联系或其他条件,跟他们是不是说同一种语言没有关系。换一个熟悉当地人文地理环境的、说不同语言的人去看这一情书,应该可以看懂;而如果对当地的人文地理一无所知,恐怕只能望图兴叹,不知所云了。另外,即使是能够看懂这幅图画的人,叙说这幅图画的意思也可以用完全不同的语言或同一种语言不同的句子。

  和实物记事相比,图画记事表达的信息更加丰富。实物记事只能表达静态的事物或事件整体的大小或数量,而图画记事不仅可以记录事物,还可以记录有发展过程的事件,事件内部的各个要素及其空间关系,可以表达心里的意愿和要求。图画记事的能力更接近自然有声语言。自然有声语言中不仅有表达静态事物的名词,也有表达名词之间的关系、记述事件、表达意愿的句子。另外值得注意的是,记事图画常常使用一些约定俗成的图形来表示特定的名物,比如上图中表达天主教的"十"形和表示部落图腾的熊形和泥鳅形;也常使用一些与现实事物外形相似的简单图形来表示事物,如上图中用三角图形表示帐篷。以上两种形体往往直接为早期文字继承,成为早期文字系统中的文字符号。由于以上原因,图画记事一般认为是文字产生的前身。

  记事图画还不是文字,图画表达信息的方式是以形体直接描画现实,而文字是通过以形体对应语言中音义结合的成分和排列的方式来表达信息的。

三、刻划符号

原始社会尚未发现有成篇的文字记录,但原始社会末期大多已经开始使用类似文字的某些个体化符号。比如,我国半坡、大汶口、良渚等文化遗址出土的不少陶器、玉器,有一些刻划有族徽、图绘、文饰、陶符、图案、记号等形体,其中不少与甲骨文的形体近似。下面是一些例子[①]:

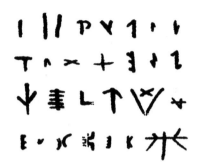

半坡陶器符

大汶口陶器符

良渚玉器符

半坡陶器上的刻划符形体十分简单(大汶口和良渚也有同样的发现),较之记事图画更为抽象。虽然对于这些刻划符的意义还没有确切的解读,但专家们大多同意,这些反复多次出现的刻划符表达了某些固定的意义。现实中离散的物体可以用类似记事图画中的象形图案来表示,而一些较抽象的关系概念,如数量、上下前后等位置关系,则只能用更抽象、更简单的形体符号来表示,原始社会的上述刻划符很可能就是表达这些关系概念义的符号,当时它们应该是与特定语言的音义结合体相对应的。

除刻划符外,大汶口与良渚发现的两个合体图形引起了专家们的特别注意。李学勤先生认为,上面大汶口和良渚符号图示中左边的图形,都是上日下火的结构,当是"灵",义为"灵";两图示中右边的图形则下面部分都是"山"形,再配上上面的部分,分别表示"灵山"(大汶口),和"鸟在山上",

---

[①] 摘自何丹:《图画文字说与人类文字的起源》,中国社会科学出版社,2003年,第187、231、235页。

义为"岛"(良渚)。①

世界其他地区的情况也大致类似。两河流域出土了大量用黏土做的体积很小的算符,研究者认为,这些算符的不同造型和上面的刻划符号,是作为计算的工具来使用的②,而且其中不少刻划形体与后来的苏美尔早期文字很相似。

综上,刻划符号一是数量相对有限,二是所表达的意义或者与符号有相似性联系,或者局限在很少的几个领域,这与数学符号、象征性图形的性质更加近似。也就是说,并不能确定这些刻划符号已经比较完备地对应语言符号,也不能确定这些符号已经有固定的排列次序来与语言中音义结合体的排列次序相对应,因此还不能说当时已经产生了文字系统。

文字作为一个系统,它的产生不是一蹴而就的。在文字系统出现之前,一定会有一些约定俗成的个体形体符号已经在较大的范围内使用,上面所讨论的在原始社会末期出现的这些刻划符,应该是文字产生之前必经的积累阶段的表现。

四、早期文字:原始的图画文字

判定文字系统已经产生,有三个基本的条件。第一,具有数量足够多的与某种语言里的语素或词相对应的小图形,这些小图形可以按这种语言的音读出来;第二,这些小图形可以重复使用而所表达的音义不变;第三,这些小图形的排列规则足以反映这种语言说话时语素或词的排列次序,小图形排列的顺序不同,所反映的语言单位的排列次序也就不同,表达的意思也因此不同。也就是说,文字形体所表达的信息一定是与某种语言的音义结合体及其排列相对应的信息,而不是直接描画现实。

原始文字看上去与记事图画十分相像,但它已经基本满足了文字的以上三个条件。原始文字还不够完善,其不完善之处也就在于还不能全部地、严格地满足以上三个条件。

我国纳西族用一种与记事图画十分相像的形体系统记录他们民族的古老传说,这些记录叫做"东巴经"。经专家研究,记录东巴经的形体系统

---

① 李学勤:《论良渚文化玉器符号》,《湖南博物馆文集》,岳麓书社,1991年。转引自何丹《图画文字说与人类文字的起源》,中国社会科学出版社,2003年。

② 参看《语言涌现:发展与演化》,第37—57页《文字最早的前身》,丹尼丝·史曼特—毕司拉),王士元编辑,林幼菁翻译,《语言暨语言学》专刊D—1,台北,2008年。

已经属于文字,与记事图画有了本质性的差别。下面是用东巴文书写的《白蝙蝠取经记》中的一小段①。

东巴经师看着这段很像图画的经文,总是用相同的语音诵读出来,它对应着三个有固定的词和词序的句子。下面是傅懋勣先生对这段经文诵读的国际音标记音和汉语对译(字母左上角的数字表示纳西语的调类),以及按句的汉语翻译和对图形的音义分析:

$$^3\text{tshɔ} \quad ^2\text{tʂhɯ} \quad ^2\text{mbʌɻ} \quad ^2\text{me} \quad ^1\text{zɿ}^2\text{lɔ} \quad ^2\text{ku} \quad ^2\text{nɯ} \quad ^2\text{mbʌɻ}$$
人　　类　　搬　　(助)　灵山　　上　　从　　搬,

$$^2\text{ɣɯ} \quad ^2\text{tʂhɯ} \quad ^3\text{ndzi} \quad ^2\text{me} \quad ^2\text{dʐʌ} \quad ^3\text{khɔ} \quad ^2\text{ku} \quad ^2\text{nɯ} \quad ^3\text{ndzi},$$
鸟　　类　　飞　　(助)　山凹　　处　　上　　从　　飞,

$$^3\text{dʑi} \quad ^2\text{tʂhɯ} \quad ^2\text{i} \quad ^2\text{me} \quad ^2\text{sɔ} \quad ^3\text{sɕ} \quad ^2\text{ku} \quad ^2\text{nɯ} \quad ^2\text{i}。$$
水　　类　　流　　(助)　高山牧场　　高　　上　　从　　流。

按句汉译:人类搬迁,(是)从灵山顶上搬下来;鸟类飞,(是)从山凹处飞出来;水类流,(是)从高高的高山牧场上流下来。(注:助词 ^{2}me 是话题标记)

图块1:一个翘足的、长着个像大象那样的长鼻子的人。人形表"人",翘足表"搬迁"。加象鼻是因为东巴语中用几个不同音的词表示不同的"人",象鼻加在人形上表示这里说的"人"是与"象" ^{3}tshɔ 同音的那种人,象鼻起声符的作用。

图块2:像一个东西挂起来的样子,本来表示"悬挂"义,这里借形取音,表示与"悬挂"同为 ^{2}tʂhɯ 音的另一个词"类"。

图块3:包括上下两个图形。下面的图形表示东巴传说中的圣地灵山(音 ^{1}zɿ ^{2}lɔ)。山的上方有个"蛋"的图形,这里借形取音表示东巴语中与"蛋"同音 ^{2}ku 的另一个词"上边、顶上"。

---

① 经文及解读均摘自傅懋勣《纳西族图画文字〈白蝙蝠取经记〉研究》(上册),"アジア・アフリカ語の計数研究"共同研究報告第17号,東京外国語大学アジア・アフリカ言語文化研究所,1981年3月。

图块 4：可分为上下两个图形。下面的图形是"山凹"的形状，就表示"山凹"的意义。上面的图形是"门扇"的形状，这里借形取音表示与"门扇"同音 ³khɔ 的另一个词"处"。

图块 5：包括上下两个图形。上面的图形是张着翅膀的鸟，表示"鸟飞"的意思。下面的图形依然是借"悬挂"形表示与"悬挂"同音的"类"。

图块 6：包括上下两个图形。上面的图形是一杆秤，借形取音表示东巴语中与"秤"同音的另一个词——"高山牧场"。下面的图形是顶部有两道标记的山，这个图形可以表示"山"，但这里是用来表示形容词"高"。上下两图加起来表示"高高的高山牧场"。

图块 7：图形为水流动的样子，表示"水"这个词。

可以看出，虽然从形体与图画相似的程度来看，东巴的图画文字与印第安少女情书等记事图画相差不多，但两者已有本质的区别：首先，东巴经中的图形与语言有直接关系，经文中的各个小图形都有自己固定的语音形式，是通过形体去表达语言中的音义结合体从而再表达意义，而不是像那样用直接描画现实的方式去表达意义。要获得东巴图画文字所表达的信息，必须会说东巴语，不会说东巴语就不可能知道"象鼻"表"某种人"、"悬挂"表"类"、"秤"表"高山牧场"，而要读懂印第安少女情书只需要了解当地的人文地理情况。其次，通过象形、形声、假借、指事等手段，东巴文已经可以表示语言中绝大多数的音义结合体，这些图形都可以重复使用而表达相同的意义，从而可以比较完善地记录语言；而印第安少女情书中只有部落图腾、基督教标记等少数符号。再有，东巴文各个小图形的排列次序已经大致反映语言中音义结合体的排列次序，而不是现实中各个物体的空间关系。比如，长着象鼻的翘足人在山的左边，并不表示现实中人与灵山的空间位置。特别是语言中句子一级单位的先后次序已经完全与图形的排列次序一致，这与印第安少女情书中三个湖泊与帐篷的关系完全不同。总之，对比成为文字的三个基本条件可以确定，东巴文已经是文字，而印第安少女情书只是记事图画。

可以看出，记事图画与原始的图画文字，关键性的一个区别在于是否用借音的办法扩大文字所能够记录的语词的范围。只有用借音表意的方法才可能表达"类"、"处"等表抽象概念的语词，只有用借音做声符的方法才能区分开并表示出语言中若干同义词的具体读音。

东巴文还不是成熟的文字系统，因为它还不完全符合文字的基本条件。比如上面这一小段经文中，1. 有时用一个不可拆分的图形表示两个语言单位,如张开翅膀的鸟表示东巴语中"鸟"和"飞"两个词;2.个别虚词没有对应的图形,如助词 ²me 和介词 ²nɯ;有的虚词有对应的图形但有时写出来,有时不写出来,如方位词 ²ku;3.句子中语言符号的次序与小图形的次序还没有完全一致。如第一句语言符号的次序是"人类搬迁",而图形是"人搬迁"＋"类";三个句子中的语言成分都是话题在前,而图形却只有第一句是表示话题的图块居前。以上情况在东巴经文里比较普遍。

即使是较成熟的文字体系,比如甲骨文,也还保留着这方面的一些痕迹。例如有一条卜辞写着:"甲申卜御妇鼠妣己二牝土"。那次占卜是问:是否可以用"二牝土"作为牺牲来祭祀妣己,以祓除妇鼠的灾祸。"牝土"显然是"牝"(母牛)"牡"(公牛)两字的合文,或指"二牝二牡",或指"二牛,一牝一牡"。无论哪一个意思,语言里的有些成分没有写出来。如果直接以"二牝土"代替"一牝一牡",那与语言里的词和次序就有很大的距离,也就是说,文字和语言没有一一对应。这样的情况在甲骨文中尚有留存。

原始文字的形体没有完全定型,字形和语词的对应关系也没有完全固定,而且有些语词(特别是虚词)还没有造出字来表示。这样的文字工具当然只能粗略地记录语句。这种文字经过漫长的发展过程才成为能够完整地记录语言的成熟的文字体系。和原始文字比较,成熟的文字体系更加严格地符合文字的三个基本条件。

第三节 共时文字系统的特点及分类

文字可以从不同的角度分类。比如,从形体上分,可以有"图画文字"、"象形文字"、"楔形文字"(又称"钉头字")、"方块字"等等。这里我们只讨论根据文字单位与语言单位的关系而做的分类。要讨论这一角度的分类,首先要谈谈文字系统中单位的层级问题。

一、从文字的次小单位看文字的共性和分类

语言有大大小小的单位:语素、词、词组/短语、句子,它们都是大小不同的音义结合体。语言的语音层面也有大大小小的单位:音位、音节、音步等等,它们是大小不同的语音片段。文字是形体符号的系统,它也有大小不同的单位——大小不同的形体单元。

任何文字系统都有一级单位对应于语言中的音义结合体。这一级单位一定不是最小的文字单位,它在文字文本中的排列次序对应于语言符号

的出现次序,由此文字才可以有效地通过语言的符号义表达信息。从这一级单位观察文字与语言的关系,可看出所有文字的共性。

比如汉文中的"方块字"和英文中的"(文字)词"。汉文中的"字"以一个方块的形体出现,几乎都对应于汉语中的音义结合体——语素,汉文文本中一个一个方块字的出现次序对应着汉语中语素的出现次序,通过形体单元及其空间次序表达了语素组合的意义。英文中的一个"词",以前后有空格的一串字母的形体出现,对应于英语的音义结合体——词,文本中一个一个前后有空格的字母串的出现次序对应于英语词的出现次序,由此来表达英语词与词组合表达的意义。

从这一级文字单位来看文字和语言的关系,是无所谓表音文字或意音文字的区别的,因为这一级单位都是既表音又表意的。比如:

文字形体　　音　　　义
sun　　　　/sʌn/　　'太阳'
日　　　　　rì　　　　'太阳、从天亮到天黑的一段时间……'

文字必然有一级单位与语言单位(音义结合体)相对应,体现了所有语言的共性。

这一级单位必然不是文字的最小单位。一个语言的语素数以千计,词则数以万计,如果一种文字的最小单位(形体上不可再拆分的小单元)也数以千计或数以万计,记忆和辨认的负担就太大了。从符号的本质看,其形式一面的单位应该比所要表达的内容一面的单位的数量更少,就好比语音的最小单位音位一定比语法的最小单位语素的数量少。文字也一样,作为表达语言的形式方面,它的最小单位一定要比语言音义结合体的数量要少,最小文字单位要组合起来才与语言中的音义结合体对应。

文字的这一级次小的单位都是既表音又表意的,但是它们对应的是哪一级音义结合体、哪一级语音单位却有所不同,可以据此而对文字进行分类。比如,汉文的一个方块字在语法层面上大多对应语素,在音系层面上大多对应音节,所以可叫做"语素－音节文字";英文的文字词(前后有空格的字母串)大多在语法层面对应语法词(最小的自由造句单位),在音系层面上对应音系词(符合词重音模式的一段语音),可以叫"语法词－音系词文字",简称"表词文字"。

二、从文字的最小单位看文字的不同类型

与语言中的音义结合体相对应的那一级文字单位(字或文字词),一定还可以拆分为更小的形体单元。比如,英文的词可拆分为"字母",汉文的方块字可拆分为"字元"(传统称为"偏旁"、"部首"),下面我们把所有文字的最小单元统称为"字符"[①]。

字符也跟语言中的某些项目对应,但对应的不再是音义结合体了。仍以汉文和英文为例:

	字词	字符	字符～对应的语义项	字符～对应的语音项
英文	sun	s＋u＋n	—	s～/s/, u～/ʌ/, n～/n/
汉文	晴	日＋青	日～'太阳'	青～qīng[②]

从字符的层级上看它们所对应的语言项,不同的文字的差异十分明显。英文的字符只与英语的音有关系,而与英语语词的意义无关。如 sun 可拆为 s、u、n 三个字符,字符 s、u、n 都没有意义可言,但分别表示 /s/、/ʌ/、/n/ 三个音位,这三个字符要排列在一起再加上前后的空格才能表示"太阳"的意义。而汉文的字符则有的与语素的意义有关,有的与语素的音有关。如"晴"的左一字符"日",其意义与"晴"的意义有关(天晴一定有太阳),音 rì 与"晴"的音 qíng 完全无关,所以称为"义符";右一字符"青"与"晴"在语音上有十分相近的关系,所以称为"声符"。声符在意义上是否有关系呢,不少学者认为不少声符在意义上也有联系,比如"晴"则天空呈"青"的颜色,详见下一节第二小节。

根据字符与所记录的语言的关系,可以把文字分为表音文字和意音文字。

表音文字,又叫做"拼音文字"或"字母文字",它们的最小文字单位——字符只表示语言符号的音,而不表示语言符号的意义。表音文字还可以根据所表示的语音单位的性质分为更小的类。比如:

音位文字:有的字符表元音,有的字符表辅音,字符可以记录语言中所有的音位。如拉丁字母。英文就是使用拉丁字母作为字符的音位文字。

[①] 可参考裘锡圭《文字学概要》(第一、二章),商务印书馆,1988 年;万业馨《应用汉字学概要》(第一、二、三章),安徽大学出版社,2005 年。

[②] 其实应该是造字时期"青"的语音形式。为了不牵涉复杂且尚未有定论的古音,这里姑且用现代音的拼音形式代替。

辅音文字:字符只表示语言中的辅音,元音没有专门的字符表示。如阿拉伯文。

音节文字:字符表示语言中的音节。如日本的假名。

意音文字则是有的字符提示语言符号的音,有的字符只提示语言符号的意义。提示音的字符叫做声符,与音无关只与意义有关的字符叫做义符。汉文是典型的意音文字。

总之,表音文字与意音文字的分类,是以字符这一级单位与所记录语言的关系为依据来确定的。

从字符与语言的关系看,会不会有表意文字呢？答案是否定的。因为从字符层面上看,表意文字就意味着这种文字所有的字符都是不表音只表意的,而这是不可能的。首先,语言中有许多抽象概念词是无形可画、无法用象形的义符来表示的。如东巴经文中人类、鸟类的"类"。再比如,上古汉语中有个很常用的表揣度语气的虚词"其",甲骨文"今日其雨"就是问"今天会不会下雨？"这种语气虚词怎么能描形呢？其次,这些抽象概念也不可能都用与实物没有象形关系的抽象符号来表示,因为人的记忆能力是有限的,而语言中表示抽象概念的语素或词数量是很多的。因此,即使是尚不成熟的原始文字,只要已经能够较全面地记录语言,都需要利用借形取音的手段来表示抽象概念。

也就是说,任何一种成系统的文字,可以没有义符,但是不可能没有表音的声符。从字符的层次上看,不存在表意文字,这是由文字记录语言的基本性质决定的。

字符按一定的规则在二维平面中排列组成上一级的符号,比如英文字母做单线性的排列由空格隔开组成英文词,汉字字符按左右或上下、内外的次序排列到一个方块空间中组成汉字。词或字这些二级单位再按从左到右或从上到下的线性次序排列来表示语言中音义结合体的出现次序。

有的文字有更复杂的结构,比如藏文,这里不做更详细的介绍。

第四节 文字的发展与传播

文字的创造有两种方式。一种是在某种语言的基础上自发产生并逐步完善的文字,叫做"自源文字"。另一种是部分或全部、借用或参考其他民族文字的字形,再根据本民族语言的特点做或多或少的改动而形成的文字,叫做"他源文字"。

自源文字有向着什么方向发展完善的问题,他源文字则有创立时对所借用的文字进行了哪些改造和创新以及后来是否换用的问题。从这两个方面都可以看出,文字相对于所联系的语言,既有关系密切的适应性,又有相对的独立性。

一、早期自源文字:不完善的意音文字

世界上有悠久历史和丰富文献的自源文字有四种:中东两河流域的苏美尔古文字、埃及地区的埃及古文字、中国中原地区的甲骨文和美洲的玛雅文字。这些早期的自源文字都是不完善的意音文字,字形的象形程度也都很高。

早期古苏美尔文、古埃及文和中国甲骨文中都有很多跟实物形体相像的图形,用来表示现实中某些常见的事物。由于与现实事物有相似性联系,所以这几种古文字有不少形体十分相似,形体与语言音义结合的方式也不出我国传统文字学所说"六书"中的象形、会意、指事、假借、形声这五种[①]。

这几种古文字都有大量的这些描摹外物形象的小图形,比如:

这些描摹外物形象的图形,可以单独用来表示语言中的音义结合体,这就是六书中的"象形"造字法。如上图中各种文字的"日"、"山"、"水"等。也可以把若干个象形的小图形放在一起,把这些小图形的意义合起来表示语言中的一个音义结合体,这就是六书中的"会意"造字法。比如苏美尔古

---

① 六书中的转注,学界的认识很不一致,这里暂不讨论。

文字中把人头形 🙂 与水形 ～ 放在一起组成 🙂，表示语言中"喝"这个音义结合体。汉字"休"是取"人"、"木"两形合起来的"人倚树"形来表达"休息"之义的"休"。会意字中各个小图形的身份不再是一个音义结合体而是只取其意不取其音的表意字符了，小图形组合后的整体才与语言的音相联系。此外还可以在单个象形图形的某个部分加上一些简单的标记，表示语言中另一个音义结合体，这相当于"六书"中的"指事"造字法。比如上图苏美尔古文字中的人头形，如果在嘴的位置上加一些道 🙂，则表示语言中"说"这个音义结合体。"指事"造字还包括另一种情况，就是只用抽象的线条来表示现实中的关系或数字等抽象概念，如汉字"一"、"二"、"三"、"十"、"上"、"下"等。

象形、会意、指事字虽然可以从形体猜出它所表示的意思，但作为文字它们已经与语素、词等单位的声音挂上了钩。字形与语词的声音挂钩，因而可以念出来，这是文字发展过程中最重要的一步。人们认识到字形和语音之间的联系之后，就可以借用象形表意的形体来表示语言中另一个与之同音的音义结合体，这相当于"六书"中的"假借"造字法。早期的这几种自源文字中都有大量的假借字。比如古埃及砖块上记录着帝王姓名的圣书体铭文：

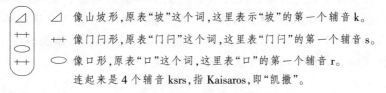

△ 像山坡形，原表"坡"这个词，这里表示"坡"的第一个辅音 k。
⊞ 像门闩形，原表"门闩"这个词，这里表"门闩"的第一个辅音 s。
◯ 像口形，原表"口"这个词，这里表"口"的第一个辅音 r。
连起来是 4 个辅音 ksrs，指 Kaisaros，即"凯撒"。

可以看出，埃及古文字的假借是只借图形所联系的音义结合体的辅音，而汉文的假借则是借用图形所联系音义结合体的整体字音。如代词"其"借用像簸箕形状的"🙂"，语气词"唯"借用像鸟形的"佳"。是假借辅音还是假借字音整体，与不同语言中语言符号的音义关联点有很大的关系。汉语语言符号的音义关联在"一个音节对应一个语素义"，而古埃及语则属于闪-含语系的一支，其特点是词中的辅音表示实在的词根义，而元音表达较虚的形态义[①]。

---

① 为帮助理解这一类型语言的特点，可参考同属闪-含语系的阿拉伯语的例子。阿拉伯语中 katab-a 意为"他写了"，kutib-a 意为"它被写了"。两词中的辅音 k-t-b 都表示"写"，元音 a-a 表主动，u-i 表被动。

假借字的大量出现,说明人们已逐步意识到文字不一定要画出事物的形象,也可以直接表示语词的音。这是文字发展过程中的一个重大的进展。

假借方法的运用使一个字可以代表几个同音的或音近的词,这是文字的一种早期的表音方法,会造成不同意义的同音语素或词无法区分。为了避免混淆,人们就在同音字的旁边加上表示意义类别的标志,即通常所说的"形旁"或"义符"。另一方面,语言中也有同义而不同音的语素或词,为了识别它们,也可以在象形表意的图形旁边加上另一个图形专门表音,即一般所说的"声旁"或"声符"。这样,把表意和表音两种方法结合起来,产生了形声字。像"情","忄"代表"心"的意思,是义符或形旁,"青"代表"情"的读音,是声符或声旁。上面所说的"其"原来指簸箕,后来借用为代词。代词"其"的使用场合远远超过簸箕的"其",喧宾夺主,"其"反而成了表示代词的"正字"。为了和原来的意思区别开,给"其"字加上意符(竹字头)表示簸箕。"箕"是后起的形声字。

其他几种古文字也用形声的方法来表示语言中的音义结合体,但不像汉字那样基本上是由一个声符一个义符构成。比如古埃及文常常是由数个声符加一个义符表示一个词[①],这当然与古埃及语是多音节语有关系。

世界上独立形成的几种古老的文字体系都是意音文字,即兼用表义(包括象形和记号)、表音两种字符的文字。而且,在这些文字的早期,意音文字都尚不完善,由于假借法的大量运用,使得同一形体表示数个同音不同义的语言符号,影响了文字的达意功能。

二、自源文字的发展

古苏美尔文、古埃及文、古汉文的早期都是不完善的意音文字,但它们后来的发展却不尽相同。

古埃及文逐渐发展出与辅音有严格对应关系的固定的表音字符:单辅音字符 24 个,后增加到 30 个;双辅音字符 75 个,其中常用的 50 个。而埃及语中的一个词,就根据词中音节和辅音数目的多少,用一个或多个单、双辅音字符来表示,最后再加上一个义符,义符同时也起到为词分界的作用。通过辅音字符和义符的逐渐固定,埃及文也逐渐成为完善的意音文字:一

---

① 参看[俄]B. A. 伊斯特林:《文字的产生和发展》,左少兴译,北京大学出版社,1987 年、2002 年。

段固定的形体单位只对应语言中的一个词,同音不同义或同义不同音的语词在文字形体上都有了区别。辅音字符在埃及文中之所以这么重要,是因为古埃及语是一种以辅音表示词根义、元音表示形态范畴的多音节语。

汉字的发展与古埃及文有所不同。汉字的发展也是在表示语素义的象形、会意、指事字的基础上发展出只表示音的假借字,但由于汉语的基本语素都是一音节一义的,所以汉语的假借字一定也是单音节的。这之后大量运用了形声的手段:或者在单音节假借字的基础上增加形旁(义符),区分开同音不同义的单音词;或者在象形、会意、指事字的基础上增加声旁(声符),区分开同义不同音的单音词。而声符与单音词的音始终没有形成一符对一音的关系。比如,"溅"与"箭"用了不同的声符"贱"和"前",但表示的语音却完全相同。反过来,同一声符表示的音只是相近而不是完全相同,比如"溅"与"浅"的声母有别。这可能是由于汉语中同音的单音词还有词族孳生系列的不同,如"贱钱浅笺栈"属于语音相近并且意义有联系的同一词族,是由同一个词孳生而来的;而"前剪煎箭"不属于这个词族。不同的声符在表音的同时也区分开了单音词在词族上的联系(参看第九章第三节第二小节),有学者称声符为"示源声符"就是为了强调声符表示同一词族,具有区分不同词族的功能①。当然,假借也会造成声符相同,比如"箕"和"其",它们之间就完全没有意义上的联系了。

总之,汉字通过形声的手段,大致达到了一个方块的形体只对应当时汉语中的一个单音词。但声符表示的是音节而不是辅音,表示的是语音相近而不是语音相同,在表语音相近的同时有的还兼表词族的归属,这都与埃及文不同。汉文独特的发展方向与汉语的词根都是单音节的、同音语素较多、古代常用改变音节的某一个成分来孳生意义相关的新词有密不可分的关系。

苏美尔古文字使用的时间大约有一千多年,在公元前 3500—前 2300 年左右的两河流域。这一千多年中苏美尔古文字一直停留在不完善的意音文字阶段,既没有发展出一符对一音的固定声符,也没有像汉语那样出现大量新创的形声字,直至两河流域被其他民族侵占。据研究,苏美尔语属于黏着语,有不少单音节的词,与古埃及语、古汉语的语言类型都不相同,这可能是苏美尔文字的发展与另外两种文字不同的重要原因。

---

① 参考曾昭聪:《形声字声符示源功能述论》,黄山书社,2002 年。

三、他源文字的创新与文字的换用

他源文字指借用其他民族的文字记录另一种语言的文字。由于所记录的语言不同,引进的他源文字往往要根据自己语言的特点进行改造和创新。下面介绍两大系列他源文字的创新或换用:一是引进古苏美尔文、古埃及文的他源文字系列,二是引进汉文的他源文字系列。

引进苏美尔文、古埃及文的他源文字系列,主要是向表音文字发展,可分为三个主要类型[①]:声符多、义符少的意音表词文字,辅音文字,音位文字。

1. 意音表词文字 苏美尔人生活的两河流域后来先后为阿卡德人(公元前约2350—前2000年)、巴比伦人(公元前19—前18世纪)、亚述人(公元前14—前6世纪,中间有过衰落)所统治,他们都继承了与苏美尔后期文字相似的形体[②](钉头字,或称楔形文字)记录自己的语言。这一系统的文字后来又由两河流域向外传播,为不同的国家、不同的民族所使用,如埃兰人、赫梯人、波斯人、迦兰人等。

但这些民族的语言都跟苏美尔语的语言类型不同。其中阿卡德语、巴比伦语、亚述语跟古埃及语同属辅音表示词根义的多音节语的闪—含语系。也许是由于与古埃及语的特点相近,也许是由于同时也受到了古埃及文的影响,这些人群所使用的文字也逐渐发生了变化,专门表音的声符逐渐增多而字符总数逐渐减少,声符与辅音逐渐形成固定的一一对应,成为与后期古埃及文类型相同的文字:声符对应辅音,同时在词末位置上再加上一个义符。也即,这些文字跟古埃及文一样,从字符的层级上看属于意音文字,从较大的文字单位看则属于表词文字。这一类型的文字没有流传到现代。

2. 辅音文字 生活在地中海东岸的腓尼基人,处于两河流域文明与古埃及文明的交界处,在苏美尔、埃及两系文字的影响下,于公元前1700年左右创立了北闪米特字母。这一体系用22个字符表示语言中所有的单个辅音,弃用了表义字符和双辅音声符。这一看来不大的创新给文字的性质

---

① 参考周有光:《世界文字发展史》,上海教育出版社,1997年。
② 钉头字,或称楔形文字。两河流域的古文字是留存在泥版上的,而曲线图形很不方便在泥板上书写。所以苏美尔人后来发明了把象形图形拆成若干直的线条,用一头大一头小的钉状物在泥版上压痕的方法来书写。

带来了根本的变化:大大减少了字符的数量,也更好地达到了字符与辅音的一一对应。腓尼基语属于北闪米特语,也是辅音表词根义的多音节语。有学者认为,这种语言类型有利于人们把辅音从音义结合体中剥离出来①。但为什么古埃及文或巴比伦文就没有进一步发展为纯粹表音的辅音文字呢?据研究是由于这些文字的使用主要在皇室、宗教、法律等正式场合,文字具有特别的神圣性,不宜随便改动;而掌握文字的人位居高位,也不愿意让文字变得容易掌握。而腓尼基人是经商的民族,其文字主要在种种商业活动中使用,自然是越简单易学越好。

现代的阿拉伯文、波斯文等属于辅音文字,但增加了一些加在辅音字母上的附加符号来表示元音。

3. 音位文字 大约在公元前 1100 年左右,希腊人从腓尼基借来北闪米特字母记录自己的语言。希腊语与腓尼基语不是同一类型的语言,希腊语也是多音节语,但词根义是由辅音和元音的序列来表示的。为适应标写自己的语言,希腊人把北闪米特字母中几个自己用不着的辅音字母改为表示元音,并通过字形分化的方法增加了几个字母,最后定型为 26 个字母。虽然只增加了几个字母,但文字的类型就此而有了很大的变化,由辅音文字变为音位文字:字母逐一标写语流中元辅音音位的出现次序,由此与语言中的词相对应。

希腊字母沿用至今。英、法、德、西班牙等现代语言使用的拉丁字母体系,是对希腊字母进行了一些形体的改造而形成的。

另一系列的他源文字是引进汉字并同时引进大量汉语借词的日本、朝鲜/韩、越南等地的文字。这些国家引进的汉字既用来书写汉语借词,也用来书写他们自己语言的语词,尽管两套语词的语音完全不同。多年之后这些民族又都创制了另外一套字符或文字系统,其中日本创制的假名和朝鲜/韩创制的谚文是表音字符体系,越南的创制的喃字则是与汉字造字法相同的、方块形的意音文字体系。这些新创制的字符或文字体系与汉字曾长期共用。

日语、朝鲜/韩语属于多音节黏着语,在实义词干之后有丰富的接尾成分,而且词干与接尾成分结合时要发生音变。用汉字记录实词词干,用表音字符记录接尾成分及其与词干结合时的音变,的确比仅用汉字更适合于这些语言的特点。越南语则跟汉语一样属于单音节孤立语,少有词形变

---

① 参看[俄]B. A. 伊斯特林:《文字的产生和发展》,左少兴译,第 244—245 页。

化,所以他们新创的文字也是一音节一义一方块形体的意音型文字。

到了现代,朝鲜完全弃用汉字而换用表音谚文,越南则在法国统治后换用了表音的拉丁字母标写自己的语言。日本、韩国则仍然是兼用汉字和表音的假名、谚文。

四、文字适应语言和文字的相对独立性

文字是记录语言的,所以每一种文字,无论是自源的还是他源的,都有适应自己所记录语言的内在发展动力。

古埃及文、阿卡德文、巴比伦文、亚述文的表音字符向表示固定的辅音序列的方向发展,腓尼基文在借用文字的基础上创制出完善的辅音文字,阿拉伯文至今使用辅音文字。凡此种种,与这些语言是辅音表词根义、元音表形态范畴的多音节语有密切关系。

希腊在借用辅音文字的基础上创制出音位文字并在欧洲广为传播,无疑与音位文字适合于表达这些欧洲语言以元辅音的排列表示词根义并有丰富的形态变化的特点有关。

汉字之所以长期停留在方块字的阶段,与汉语的特点有密切的关系。在古代很长的一段时期内,汉语的语词以单音节占优势,没有形态变化,缺乏词缀等附加语素。这些特点有利于保持一音节一词根一形的书写体系。如果汉语也像俄语那样是有词形变化的语言,那么古人就可能会选择另一种文字体系,以便把词尾变化表示出来。这从日语和汉字的关系中也可以得到印证。日语是黏着语,有词形变化,也多词缀等附加语素,因此日本人民除借用汉字外还创造出假名来补充书写日语的附加语素和词尾变化。

语言要求文字正确地记录它。语言的特点制约着文字的特点。但是文字和语言毕竟不是一回事情,用什么形体去记录语言,其间没有必然的联系。不同的语言可以采用相同的文字形式(如英、法、德、西班牙等语言都采用拉丁字母),而同一语言也可以采用不同的文字形式,像南斯拉夫的塞尔维亚文有拉丁字母和斯拉夫字母两种拼写法,朝、越等国家原来采用汉字,后来换用了表音文字。这说明了文字对于语言也有相对的独立性。

总之,不管是文字的产生、自源文字的发展还是他源文字的创新或换用,都说明了文字是对有声语言再编码的视觉符号系统,说明了文字既有适应语言特点的一面也有相对独立的一面。

五、汉字与汉语拼音

　　汉字是意音文字,它的字符较多,字符与语言单位的对应不是一对一式的,和拼音文字相比,要难写、难记一些。汉字之所以长期停留在意音文字阶段,除了前面说过的语言特点的制约以外,还有别的原因。汉族的居住地区幅员辽阔,方言分歧,有的不能通话;汉族有悠久的文化传统,有大量用汉字记载的文献典籍。超地域、超时代的汉字既可以贯通古今,也可以联系各地区的人们的思想交流,对于维护国家的统一、民族的团结,便利各地区人民的往来起着重要作用。在语言没有统一的情况下,如果汉字也像其他文字那样实行拼音化,就会严重妨碍各地区人民的交往,而且也会和过去的文化遗产割断联系。这些因素都是汉字长期停留在意音文字阶段的重要原因。

　　汉民族用汉字创造了光辉灿烂的文化,但是随着社会的发展,这种文字也逐渐暴露出不适应社会需要的方面。它在学习、书写、文字信息的储存和检索等方面都不如拼音文字方便。我国从 19 世纪末开始,就不断有人发出文字改革的呼声,要求实现拼音化。文字改革的先驱者卢戆章在 1892 年就指出,汉字实行拼音化之后,"凡字无师能自读;基于字话一律,则读于口,遂即达于心;又基于字画简易,则易于习认,亦即易于捉笔,省费十余载之光阴,将此光阴专攻于算学、格致、化学以及种种之实学,何患国不富强也哉。"[①]"五四"运动前后还出现过"注音字母"、"国语罗马字"作为汉字的标音工具,推行过拉丁化新文字。新中国成立后,全国人大全体会议于 1958 年正式通过公布汉语拼音方案。拼音方案的设计经过专家的长期研究和反复讨论,既能准确地反映普通话的音位系统,又跟国际上通用的拉丁字母一致,比以前的所有方案都前进了一大步。现在,它已经在汉字注音、识字教育、型号标写、资料检索、通信技术和信息处理等方面得到应用,我国的人名、地名在国际上也以拼音方案的写法作为标准。这证明它是一套合理、简便的标音工具,在辅助汉字的学习和汉语信息的储存检索方面起到了重要的作用。但需要注意的是,汉语拼音方案不是代替汉字的拼音文字,而只是帮助学习汉语、汉字和推广普通话的注音工具,只是辅助汉语信息储存和检索的工具,必须把它和汉字体系的改革区别开来。

　　汉字体系能不能改革,实现拼音化? 至少目前我们还看不到需要对汉

---

　　① 卢戆章:《一目了然初阶·自序》,1892 年。

字体系进行根本的拼音化改革的需要。

首先,前面说过,文字是语言的视觉符号系统,它必须适应语言的结构特点。汉语的语素基本上是单音节的,汉字的语素－音节文字体系基本上符合汉语的结构特点,因而几千年来一直沿用下来而没有进行性质上的改革。汉语的音节结构比较简单,数量有限,而语素的数量要比音节多好多倍,因而语言中的同音语素特别多。例如 dān 这个音节所表达的语素就有 13 个之多(据《现代汉语词典》),一旦实现拼音化,这些原来用字形来区别的不同语素就无法识别,势必会给语言文字的使用带来麻烦和混乱。有些单音语素虽已不单独使用,而与其他语素结合起来构成一个多音节的复合词,这自然可以减少一些同音语素所带来的麻烦,但又提出了一些新的问题:哪些是词,应该连写;哪些是词组,应该分开书写;汉语母语者也难有共识。

其次,从文字本身的特点来看,汉字和拼音文字也各有短长。拼音文字虽然有易学、易用的优点,但也有它的弱点,它只能跟一时一地的语音挂钩,难以沟通方言,更无法贯穿古今。所以从文字的稳固性看,汉字反而比拼音文字优越,它跨时间,贯穿古今;跨地域,沟通方言区之间的联系。现在,汉语的方言分歧还很大,普通话尚待普及和推广,在这种情况下如推行以普通话语音为基础的拼音文字,势必造成方言区的学习发生困难,妨碍相互之间的交际。这不利于国家的统一、民族的团结和人民的往来。

再次,我国是一个有悠久历史的国家,优秀的文化历史传统都是通过汉字记载下来的。如果废弃汉字,实现拼音化,我们的文化历史传统就很难广泛地传承。这个至关重要的问题如不能得到妥善的解决,即使其他的条件(如语言统一)已经具备,汉字也无法进行拼音化的改革。所以,全面比较汉字和拼音文字的效能,权衡得失,我们现在还看不到拼音文字有替代汉字而成为汉民族的正式文字的必要性和可能性。

第五节　书　面　语

一、口语和书面语

书面语不是文字问题,而是语言问题。我们只是为了叙述的方便,放在这里一并讨论。

文字出现以前,语言只有凭口、耳进行交际的口头形式,即所谓口语。有了文字以后,使用文字形式的文本语句与用口说出的一发即逝的"话"在创作和接收上都有诸多不同的特点,因而就有了适合于用文字写出来供"看"的书面语和适合于随时说出供"听"的口语这两种语体的分化。

我国通常用"话"表示语言的口头形式(中国话、英国话、法国话),用"文"表示语言的书面形式(中文、日文、英文)。这里所谓的"话"和我们在第一章中所说的一句一句的"话"不是一个东西;这里所谓的"文"(书面语)和作为书写符号的文字也是两回事。我们需要把两者很好地区别开来,不能混同。

文字是书面语的书写工具,是体现书面语的一种物质形式,正像语音是体现口语的物质形式一样。所以文字和书面语虽有不可分割的联系,但文字本身不是书面语。没有文字,也就没有书面语。我们说汉语是世界上最古老的语言之一,就是指汉语有历史悠久的书面记载。

书面语在口语的基础上产生,是口语的加工形式,两者的基本系统是一致的。但由于表达媒介的不同,两者也有很明显的区别。

口语是听的。听和说连在一起,要求快,因而说话是随想随说,甚至是不假思索,脱口而出。说话的时候,除了连词成句以外,还可以利用整句话的高低快慢的变化、各种特殊的语调,身势等伴随的动作以及说话时的情景。口头交际讲求效率,有这么多的条件可以利用,所以口语的用词范围可以比较窄,句子比较短,结构比较简单,还可以有重复、脱节、颠倒、补说,也有起填空作用的"呃,呃""这个,那个"之类的废话。这些现象我们往往意识不到或认识不足,因为我们在"听"的时候会自动地把它们过滤掉、修正过来。下面是我们根据北京话调查实际录音逐个音节转写成文字的一小段话,它充分表现出了口语语体语法上的特点:"原来我们(uom^{214})是,原来我是饮,我是这就是这个,这个,也是饮食业的。所以我们(uom^{214})这合儿(xə^{51}),最早我卖这个,天桥这个这个风味东西,爆肚儿。那(nei^{51})是那(nei^{51})是我的,那(nei^{51})是我一小,那(nei^{51})是专业。"

书面语是看的。看和写连在一起,可以从容推敲,仔细琢磨。但是口语中的快慢高低变化、特殊语调、身势和说话场景都不起作用了,只有标点符号还起一点作用,但也有限。书面语只能用别的手段来弥补不足:扩大用词的范围,使用比较复杂的句子结构,尽量排除废话,讲究篇章结构、连贯照应等。口语和书面语的这些差别是由表达媒介的不同决定的,它们是同一种语言的不同的风格变异。

汉字的特点给口语和书面语的关系还带来一些不同于其他语言的特点。在以拼音文字为书写工具的语言中,拼写要反映现代的读音,古今的分野比较分明,书面语不容易直接引用古代的说法。所以书面语和口语的一致性比较强,谁如果套用几世纪以前的说法,就会闹笑话。汉语的情况有些不同。词语的读音虽然古今有别,但文字的写法却是一样的,这在客观上便于沟通古今。加以人们崇尚古代的典籍,古代的句式和词语用法通过师生传授,代代相传,一直沿用下来。新的作者会毫不犹豫地把公元前的词语和其后若干世纪产生的词语一起引用,口语中早就不用的旧词语仍旧可以在书面语中通行无阻。例如,"勿谓言之不预也""以其人之道还治其人之身""居心叵测""知其然而不知其所以然"等等。类似的现象在使用拼音文字的语言中是少见的。

其次,在以拼音文字为书写工具的语言中,文字反映的是共同语的发音,书面语可以通过教育、阅读等途径对口语产生很大的影响,使书面语中的词语穿着共同语的语音外衣进入方言区,起着推广共同语的作用。汉语的情况有些不同。由于汉字不与统一的读音相联系,汉语书面语就不容易把共同语的语音形式推广到方言区。推广普通话运动之前,汉语书面语的词语不是通过"读"的方式,而是直接通过"看"的方式进入不同的方言区,与当地的方音挂钩,它的读音在不同的地区可以各不相同。碰到不认识的字,方言区的人只要知道它读如某字,就用自己方言里那个字的音去读它。只有在汉语这样的语言中才能看到书面语和口语的这种特殊的关系。

书面语是口语的加工形式。它虽然产生于笔头,也可以见于口头。新闻广播就是书面语的口头形式。人们用"掉书袋""文绉绉""学生腔""字儿话"等来形容用书面语说话的人。相反,通俗读物要求口语化,在剧本和小说的对话里,作家总是要努力写出口语来刻画人物性格;法庭上的供词、证言也要尽可能记录原话。这些又是书面使用口语的例子。

书面语是在口语的基础上产生的,按理人们应该更重视口语,至少也应该对它们一视同仁。但是实际情况正好相反,社会上、教育界长期存在"重文轻语"的倾向。为了读书写文章,人们不惜十年寒窗苦,而说话是孩提时期不知不觉地学会的,很少有人去研究。出现这种倾向有社会的原因,也有历史的原因。自有文字以来,政府法令、契约文书、经典文献、圣人立言等等都是用文字来记载的。一切"高级"的、重要的交际任务都由书面语来完成,口语只用来料理衣、食、住、行等日常的交际。在这样的社会条件下产生"重文轻语"的倾向是不奇怪的。现在时代变了,以前非得由书面语来完成的交际任务也都能用口语来代替。录音、录像、通信、广播、电视等设备已经普及,口头信息能够伴随说话语境在顷刻之间传递到千里以外的地方去,同时为千万人听到;也能录成音档,和书籍一样大量复制,长期保存。口语的特点是传递快,亲近听话人,随着生产和科技的飞速发展,口语将更多地进入过去由书面语独占的交际领域,扩大使用的范围。我们的语文教育和语言研究应该根据时代的发展做出调整,及时把握口语的新功能以及在新的使用范围中的特点,并在中小学教育中得到体现。

二、书面语的保守性和书面语的改革

书面语在口语的基础上形成,因而和口语基本一致。但是,口语容易变,书面语比较保守,因而在一定的历史条件下书面语会落后于口语的发展,产生言文脱节的局面。

书面语的保守性是怎么来的呢？人们只能听到同时代的人说话,听不到早一时期的人说话,这种情况促进口语的演变。可是人们不仅能看到同时代的书面语,也能看到早一时期的书面语,能够模仿早一时期的书面语写文章,因而口语中已经消失的词语和句式,往往在书面语里继续保留。宗教经典,法律条文,它们的权威性叫人们不敢轻易改动其中的字句,优秀的文学作品和历史、哲学的名著也起着类似的作用。因此在书面语的保守力量特别强的条件下,往往会形成书面语和口语的脱节。中国、印度、阿拉伯国家、古代罗马,都曾出现过这种情况。但是,这种情况只有在文字的使用限于少数人,也就是多数人是文盲的条件下才能维持。一旦文化得到普及,这种情况就必定要被打破,与口语相适应的新书面语一定会取代古老的书面语。

文言文是我国古代的书面语。在先秦时期,它与当时的口语基本一致,《论语》《孟子》中记录的对话,大体上就是当时的口语。后来口语发生变化,而书面语还停留在原来的状态,造成书面语与口语严重脱节。这除了一般的原因以外,还有它的特殊原因。第一,"孔孟之道"是我国几千年封建社会的统治思想,记载儒家经典的语言自然也成了不得更改的万世楷模,是读书人必须模仿的榜样。第二,上面提到的汉字对书面语的特殊影响。这两种情况都加强了书面语的保守性,使它与口语的距离越来越远,直至完全脱节。据有关的文字记载,两汉时期,口语和书面语已有相当的距离,到了宋朝,书面语已与口语完全脱节。宋吕居仁《轩渠录》有这样一段有趣的记载：

> 族婶陈氏顷寓严州,诸子宦游未归。偶族侄大琮过严州,陈婶令

作代书寄其子,因口授云:"孩儿要劣妳子,又阅阅霍霍地。且买一柄小剪子来,要剪脚上骨苴(上声)儿肬肬儿也。"大琮迟疑不能下笔。婶笑云:"原来这厮儿也不识字!"闻者哂之。因说昔时京师有营妇,其夫出戍,尝以数十钱讬一教学秀才写书寄夫云:"窟赖儿娘传语窟赖儿爷,窟赖儿自爷去后,直是忔憎儿,每日根(入声)特特地笑,勃腾腾地跳,天色汪(去声)囊,不要吃温吞(入声)蠮讬底物事。"秀才沉思久之,却以钱还之,云:"你且别处请人写去!"[卷七　轩渠录(宋)吕居仁　撰]①

可见受过书面语训练的秀才无法对付当时的一些口语。拉丁文在中世纪的欧洲也是许多国家共同使用的书面语,它脱离口语的情况与汉语的文言文类似。

书面语完全脱离口语是违背语言发展规律的反常现象。随着社会的发展,人们会根据社会的需要,采取必要的措施,改革书面语,使它与口语一致。欧洲的文艺复兴,我国的"五四"运动,在语文方面来说,都是一次改革书面语的运动。19世纪末言文一致的呼声已经相当强烈,认为"愚天下之具,莫文言若;智天下之具,莫白话若","白话为维新之本"(裘廷梁:《论白话为维新之本》),要求用白话文代替文言文。"五四"运动则为实现这种要求开辟了道路。"五四"运动高举"科学"与"民主"的大旗,提出了"打倒孔家店""反对旧道德提倡新道德,反对旧文学提倡新文学"的文化革命口号。这个波澜壮阔的运动坚决要求废除文言,用以人民大众的口语为基础的新的书面语作为表现新文化的工具。经过一段时间酝酿的言文一致的要求,到这时爆发成为群众性的白话文运动。从此,白话代替文言,成了汉民族的书面语。这与欧洲的文艺复兴有类似之处。文艺复兴时期,欧洲新兴的资产阶级国家在政治、经济或文化中心地区的方言基础上相继形成了民族共同语,出现了民族共同语的加工形式——新的书面语,以代替各国共同使用的拉丁文。脱离口语的书面语,是现代人硬要说古代人的话,人们当然可以采取革命的手段加以变革。

除了书面语和口语脱节的现象以外,历史上还出现过向别的民族借用书面语的情况。欧洲的好多民族在文艺复兴以前曾采用拉丁文作为书面语,朝鲜、日本、越南也曾经使用中文作为他们的书面语。在这种情况下,

---

① 引文据涵芬楼百卷本(即张宗祥校明抄本),自《说郛三种》(第一册),上海古籍出版社,1988年,第138页。

书面语的学习和使用当然很不方便。这些民族后来都在本民族语言的基础上形成了自己的书面语,替代借用的书面语。

三、书面语的规范

语言是不断发展的,经常产生一些新的成分和新的用法。其中有些符合语言的发展规律,有些不符合语言的发展规律。语言规范的任务,就是要根据语言的发展规律为语言的运用确定语音、词汇、语法各方面的标准,把那些符合语言发展规律的新成分、新用法固定下来,加以推广,使之广泛地为人们的交际服务;而对于那些不符合语言发展规律的成分和用法,应该根据规范的要求,妥善地加以处理。

语言规范化的对象主要是书面语,因为书面语是口语的加工形式,它"通过印刷物在文化的发展上起着极其广大的作用,它领导整个语言,包括日常口语,向更完善的方向发展"。①

语言中的有些用法虽然不符合语言的发展规律,但是在人们的交际中已被广泛使用,那就应该根据"约定俗成"的原则加以肯定。"打扫卫生""恢复疲劳"之类的说法不合逻辑,曾经有人呼吁加以废弃,但群众普遍接受这种用法,因而也就承认这些是符合规范的说法。语言中有一些不合事理的说法,例如"好得要死""甜得要命"等等,人们已经习以为常,根本不会感到它们有什么不合逻辑、不合事理的问题。所以,"约定俗成"的原则在规范化的工作中有重要的作用,或者说,"约定俗成"本身就是规范化的一个原则和标准。至于那些不符合语言发展规律,在群众中又不是广泛使用的新成分、新用法,例如一些生造的词语(如"瞧探""拉躺""克抑"……),在它们刚出现的时候就应该根据规范化的要求加以剔除,以保证语言运用的纯洁和健康。

语言是发展的,规范的标准也应该随着语言的发展不断地进行调整。例如"分子"原来是贬义的,只用于要否定的人,如"盗窃分子""捣乱分子"等等,现在已变成中性的,可说"积极分子"等等;被动句原来大都指主语所表示的事物的不好的遭遇,现在已没有这种限制,"他被选为工会主席"已是完全合乎规范的说法。语言在发展中用法不断变化,新现象不断产生,因而规范化的工作不可能一劳永逸,需要经常进行。世界各国都关心语言

---

① 罗常培、吕叔湘:《现代汉语规范问题》,《现代汉语规范问题学术会议文件汇编》,科学出版社,1956年,第12页。

规范化的工作,把成果固定在词典和语法里,通过学校教育和出版物来推广引导。像法国,这样的工作已由专门的机构连续进行了几个世纪。

近年来,随着互联网和手机等可以即时发送文字短信息的人际交流方式出现,种种方便键盘打字的字面上的新语词,特别是用阿拉伯数字、英文或汉语拼音字母、同音不同义汉字的谐音、合音来表示的字面新词也不断涌现,如"再见"用88(byebye 的谐音),"一生一世"用1314,"女孩"用 MM ("美眉"的谐音),"哥哥"用"GG","姐姐"用"JJ","弟弟"用"DD","大侠"用"大虾","喜欢"用"稀饭","这样子"用"酱子"等等。为了求新,还发明了只在年轻人之间流行的很多新词,包括新造词、启用方言词(或方音词的谐音字)、赋以旧词以特别的新意等手段。如"灌水"表示在网络上留下没有意义的文字,"偶"表示"我"等等。对于这些现象是否应该加以规范或应该如何加以引导,为汉语的规范提出了新的课题。

第七章 语言演变与语言分化

第一节 语言演变的原因和特点

一、社会、人际交流是语言演变的基本条件

万物皆流,万物皆变,世界上没有固定不变的事物。语言也是这样,它无时无刻不在变化,只是变化的速度缓慢,不被人们感觉到罢了。但是,时间久了,细微的变化日积月累,就反映出语言在不同时代的明显差异。我们阅读古书,即使每一个汉字都认识,也会有很多地方看不懂,有的地方似懂非懂,有的地方理解错了也不知道。要是古书不是用方块汉字而是用古代的拼音文字写成的,那么不懂古音的人就一点儿也看不懂。这些困难主要是语言的变化造成的。

语言是人类最重要的交际工具,它存在于运用之中。不再被人们运用的语言是死的语言,如果没有文字保存它的遗迹,它早就消失得无影无踪。死的语言当然谈不上发展变化,使用中的活语言则总是在缓慢地变化。

人类社会在不断地发展,不断地创造出新的技术、新的事物、新的生活方式和新的观念,旧技术、旧事物、旧生活方式和旧观念往往被替代而消失。与之相应,语言中的词汇也会逐渐更替。

同一个社会在历史的进程中有可能会分化为不同的社团或社会,不同的社团或社会在历史的进程中又有可能彼此接触以致统一;社会的分化、接触、统一会相应的引起语言的分化、接触和统一。正如斯大林所说:"语言随着社会的产生和发展而产生和发展。语言随着社会的死亡而死亡。社会以外是没有语言的。因此要了解语言及其发展的规律,就必须把语言同社会的历史,同创造这种语言、使用这种语言的人民的历史密切联系起来研究。"[①]

人们在用语言交际的时候,为了引起对方更多的注意,常常换用一些"新鲜"说法,由此而引发词汇或用法的变化。比如不说"聊天"换说"侃大

---

① 斯大林:《马克思主义和语言学问题》,《斯大林选集》下卷,第514—515页。

山",不说"真棒"换说"盖了"、"巨震撼",等等。发音省力则是引发语音变化的重要动因,比如总是挨在一起出现的音会同化,频率特别高的虚词在语音上会弱化等等。

总之,运用中的活语言是人类组成社会的条件之一,是社会成员之间最重要的联系纽带。同一个社会由低级到高级、由简单到复杂、由落后到先进的发展,必然会带来语言的发展;社会的分化、接触或统一必然会造成语言相应的变化;人与人交流时的创新要求、省力要求也必然会使得语言变化和调整。

二、语言中各种因素的相互影响和语言的演变

语言的演变与社会的变化、人们的交际息息相关,但是语言发生怎样的变化,还是由语言系统内部的各种因素的相互关系决定的,难以从社会或人际交流的因素中寻找直接的答案。

语言是符号系统,它内部的各种因素处于对立统一的关系之中,相互间呈现一种平衡的状态。如果其中某一种因素因为要满足新的表达要求,或受到其他语言的影响,或由于孩子学话的偏离,或者其他什么原因而发生变化,破坏了原有的平衡,那么系统内的有关部分就会重新调整相互间的关系,达到新的平衡。例如,语言符号是音和义的结合,符号和符号之间必须保持有效的区别。如果语言符号的区别性受到干扰、破坏,就会引起语言系统的变化。比如,远古汉语是单音词占优势的语言。那时候的语音系统比较复杂,声母和韵母中音位和音位的组合方式比较多样,因而单音节的词互有区别。之后先后发生了复辅音声母消失、辅音韵尾合流等变化,音节结构趋向简化,声调因此应运而生。两汉之后,音节结构进一步简化,使得语言符号的区别性较前减少,而新概念新事物又随着社会的发展不断产生,需要有新的方式来解决这一矛盾。被采用的新方式是加长词的长度,用复合构词法构成的双音节词代替古代的单音节词。现代汉语已经不再是单音节词占优势的语言了,原来的单音节词如"朋""友""道""理"等变成了构词语素,而由它们组合而成的双音节词在现代汉语中占主导地位。语言的变化是一环扣一环的。随着双音节词的产生,一个词内部的两个成分之间的关系又出现一些新的变化:双音词内部的两个位置上因语素出现频率的不同而在语音、语义、语法上产生轻重主次的区别,固定位置上出现频率特别高的语素,语音上弱化为轻音(如"一子")甚至失去音节身份而与另一个语素合音(如"一儿"),语义上意义泛化,语法上搭配能力大大增强;以上三个进程相辅相成并不断发展使得某些定位的高频语素词缀化(如"第—、老—、—子、—儿、—头"等),从而出现了新的派生构词规则,汉语的面貌就此而发生了很大的变化。

语言中语音、词义、语法系统内部的各要素之间,以及这些系统彼此之间,都有互相联系和互相制约的关系,局部的变化往往会引起一系列的连锁反应。如把山西汾阳话、北京话和隋唐时的中古音加以比较,可以看到一个有趣的现象:

例字	中古音	北京	汾阳
戈	$*_{c}$kuɑ	$_{c}$kɤ	$_{c}$ku
姑	$*_{c}$kuo	$_{c}$ku	$_{c}$kəu

"戈"和"姑"在中古音里依靠元音舌位的高低互相区别:"戈"的元音是[uɑ],"姑"的元音是[uo]。这个区别在北京话里通过半高不圆唇元音[ɤ]和后高圆唇元音[u]来保持。而在汾阳话里面,"戈"的元音已经变成了舌位最高的[u],"姑"的元音无法再高化,为保持这两个韵的区别,只能复化为[əu]。看来汾阳话的"姑"类字的[əu]是"戈"类字的元音高化后引起的连锁反应。此外,我们将在后面谈到,古英语、古法语有复杂的变格、变位系统,现在都大大简化了。这种语法面貌的大改变是语音弱化和脱落的结果,是由语音演变引起的连锁反应。

总之,语言是社会的交际工具。社会和交际是语言演变的最基本的条件,但是语言究竟如何变化,还是取决于语言内部各要素的相互影响,它决定着每一个语言演变的特殊方向。

三、语言演变的特点

任何事物的历史变化都有自己的特点,这是由事物的性质决定的。语言是人类最重要的交际工具,这种性质决定它的变化只能是渐变的,而且系统内部的各个组成部分的变化速度是不平衡的。渐变性和不平衡性是语言演变的两大特点。

语言是社会的每个成员无时无刻不在使用的交际工具,它存在于群众之中,存在于不间断的使用之中,人们需要语言简直就像需要空气和水一样。与社会生活关系如此密切的语言不能多数成分老是花样翻新,更不能一夜之间变得面目全非。这样的变动非但没有必要,而且也不可能。前面说过,语言符号的音与义的结合本来是任意的,语法规则也只是大家遵守的习惯。今天把"人"说成 rén，明天又改称别的，今天把主语放在谓语的前面，明天又改在谓语的后面，这有什么必要？语言是全社会无时无刻不在使用的交际工具，不能像机器那样停止运转，进行大修。语言的演变只能因势利导，任何权威想要凭一己的意志改变语言的规则，无异于命令血液倒流，要求秧苗在几天里长出稻谷，是怎么也不可能的。交际要求语言保持稳定的状态，不允许它一下子发生大的变化。但是，另一方面，随着社会的发展，日益增长的交际需要又不断地促使语言发生变化。把任何一种现代的语言和它的古代的状况加以比较，都可以看到明显的差异。稳固和变化这两个对立的要求都是语言作为交际工具的性质决定的。所以语言的演变只能采取渐变的方式，不允许突变。如斯大林所说："语言从旧质过渡到新质不是经过爆发，不是经过消灭现存的语言和创造新的语言，而是经过新质的要素的逐渐积累，也就是经过旧质要素的逐渐死亡来实现的。"[①]

　　语言系统的各个子统与社会发展的联系有很大的不同。与社会和交际联系最直接的是词汇，也即词汇对社会发展和交际需求的反应最灵敏，变化比较快。相比之下，语音和语法就稳定得多。它们的变化速度是不平衡的。同时，在词汇、语音的内部，不同方面的变化速度也是不平衡的。

　　社会生活中新事物的产生、旧事物的消失、人们观念的改变、单纯为求新而换个新鲜说法都是经常在发生的。这些都会在语言的词汇中随时得到反映，表现为旧词的消亡、新词的产生和词义的发展。例如，随着人类登月计划的实现，英语中就有"deep space"（外层空间）、"moonwalk"（月面行走）等新词；随着月球卫星的发射，产生了"perilune"（近月点）和"apolune"（远月点）等新词；随着美国民权运动的发展，产生了"sit-in"（静坐抗议）、"black studies"（黑人学）、"Afro"（非洲式发型）、"Black panthers"（黑豹党）等新词语；女权运动的发展也产生了一些新词，如"sexism"（性别歧视），用"chairone"或"chairperson"代替重男轻女的"chairman"（主席）等等。哪一种语言都有这种类型的新词新语。新词新语加入语言的词汇是经常发生的事。

　　语言词汇的变化虽然灵敏，但它的基础仍然非常稳固。这表现在两方面：第一，词汇中的基本词汇反映交际中最常用的基本概念，它是很不容易起变化的，如"天、山、水、日、月、人、手、头、身、大、小"等。第二，除了从外语借入的成分以外，构造新词所用的材料（词根、词缀等）几乎都是语言中

---

① 斯大林：《马克思主义和语言学问题》，《斯大林选集》下卷，第519页。

古已有之的成分,构成新词的格式也是语言中现成的格式,所以绝大部分新词都是原有材料按原有格式的重新组合,是大家似曾相识的东西。

词汇演变既灵敏又稳固的两个方面,一般词汇变化快而基本词汇(特别是基本词根)和构词法变化慢,既是语言演变不平衡性的体现,也是语言渐变性的体现。

语言中成千上万的词都是通过有限的语音形式表达出来的。在一种语言里,几十个音位的排列组合完全能够满足语言表达的需要。即使词汇发生急剧的演变,也不会对音位系统产生明显的影响,或者说不会很快地带来影响。也即,语音子系统音位及其聚合格局的变化很慢,相对稳固。相对于音位和音位聚合格局来说,音值的变化要相对快一些,特别是方言语音,由于缺乏普通话那样的语音规范,老年人与年轻人、不同言语社团的人的音值往往有听得出来的差别。

语法是组织语言材料的结构规则。上面谈到的创造新词,使用的就是语法中的词法格式。旧词的消失不会对结构规则带来影响,因为某些词虽然消失了,但是这种规则还存在于许许多多其他词语中。句法也一样,平常人们所说的、所听到的句子是由少数的句法规则支配的,不会轻易地变动。所以,如果没有外来的影响,语法自身演变的速度是很缓慢的,它的稳固性甚至比语音还要强。

不仅语音、语法、词汇各个子系统及各子系统的不同方面的变化速度不平衡,就是同一子系统同一方面的语言现象,由于所处的条件不同,其变化速度也可能是不平衡的。比如北京话的辅音音位/k//ts/两组音在与韵母组合的时候只有开、合二呼,而/tɕ/组只有齐、撮二呼,那是由于/tɕ/组是从/k//ts/两组变来的:开、合二呼前的/k//ts/保持不变,齐、撮二呼前的/k//ts/变成了/tɕ/,这是辅音声母在不同介音之前的变化的不平衡,是演变不平衡性在语音子系统内部的具体表现。

语言变化的不平衡性还体现在地域方面。同一语言现象的变化速度、变化方向,在不同的地区常常不一样;有些地区不变,有的地区这样变,有的地区那样变。比如同样在/i//y/前的/k//ts/,在北京变成/tɕ/,在广州却保持/k//ts/不变,在苏州则是/k/变成/tɕ/,而/ts/不变(/ts/后的撮口变齐齿)。

一般说来,语言在地域上的差异,语言系统中所谓的不规则现象(北京话/k//ts/和/tɕ/那样的搭配空格、某些惯用法等),都是过去的语言保留在今天的语言系统中的历史层积,是语言演变不平衡性的见证。这些现象为探索语言的历史变化提供了重要的线索。

语言演变的渐变性和不平衡性这两个特点,使作为交际工具的语言既能随时满足社会发展和交际创新等要求,又能维持稳固的基础,保证交际的顺利进行。

以上讨论的语言演变的原因和特点,是第七、八、九三章的总论。后面将分别从社会的角度或语言系统内部的角度,区分不同的社会原因或语言的不同子系统展开进一步的讨论。语言演变如果从社会动因的角度着眼,可以分为同一社会的分化与不同社会的接触两大类型。社会分化造成语言分化,社会接触则造成语言不同程度的趋同。本章后面的章节集中介绍因社会分化的不同状况而引发的语言变化,第八章集中介绍因社会接触的不同类型而引发的语言变化,最后的第九章则着眼于语言系统的内部,讨论语言内语音、语法、词汇等不同子系统的演变规律。

第二节　语言的分化

一、语言随着社会的分化而分化

语言只要在社会中使用,就会不断地缓慢地变化。假如说社会中人与人的交际密度是相对均匀的,语言的新变化就会在社会中均匀地传播开去,所有人的语言就会发生相同的更新,结果就会是语言虽然发生了变化却不会分化。然而实际的情况是,同一社会总有程度不同的分化,每个现代社会中人与人的交际密度总是不均匀的,于是语言的创新总是在交际密度高的人群中或区域内优先传播,这造成了语言的分化。社会的分化主要有三种不同的状况,与之相应,语言的分化也主要有三种不同的情况。

社会方言　社会中的人群由于性别、年龄、文化程度、经济状况和社会分工的不同而分化为不同的社团。在每个社团的内部,人们之间相互的联系比较密切,交际频繁,而不同社团之间的交际则相对稀疏。交际密度的不同,影响到语言创新的传播:社团内部的交际密度高,语言创新就能及时地在社团内部推开;社团之间交际密度低,语言创新就不能及时地传播到另一个社团,从而各个社团就会形成自己的语言特点。根据社会因素而区分的社团与语言特点相关,因此这些社会社团又被称为不同的"言语社团"。各个言语社团的语言是在全民语言基础上产生的各有自己特点的语言分支或语言变体,这就是所谓社会方言。

地域方言　一个社会的生产力有了特别的进步,通常会伴随着人口的突然增长和疆域的日益扩大。由于自然灾害、战争等原因,一个社会的一部分居民也可能大规模的集体迁徙到很远的另一个地方。在古代交通不发达的条件下,以上两种情况都会造成一个社会出现不同地域范围内的经济政治相对独立和交际上的不均匀。于是,一个地区内发生的语言变化不大容易传播到其他地区去,使得各地区使用的本来相同的语言的共同点不断减少、不同点不断增加,形成同一语言在不同地域上的分支[①]。而如果扩张后的地域仍然处于同一个国家共同体之中,仍然使用共同的文字和书面语,各地在政治、经济相对独立的同时就仍然会保持一定的联系,虽不完全统一却也不完全分化。在社会不完全分化的条件下,语言的地域分支就会一方面保持或增加各自的特点,另一方面又在某些方面服从自己所从属语言的演变趋势,各地的说话人就会保持归属同一语言的语言认同。从同一语言分化出来的地域分支,如果处于不完全分化的社会条件和同一语言的心理认同之下,就叫做"地域方言",也简称作"方言"。疆域较大的封建社会所使用的语言,一般都有方言的差别。几千年封建社会中的汉语方言就是这种情况。

亲属语言 在地域上未完全分化的社会会由于某些战争或政治事件而完全分化——分裂成几个各自独立的国家,并创制各自不同的文字和书面语。在不同地域已经完全分化为不同的社会的条件下,各地说话人的语言认同一般也会随之发生变化,不再认为各地所说的是同一语言。这些从同一语言分化出来的、存在于社会完全分化条件下的、说话人认同为不同语言的地域分支,叫做"亲属语言"。例如拉丁语随着古罗马帝国的解体,它的各个方言就发展成今天的法语、意大利语、西班牙语、葡萄牙语、罗马尼亚语等独立的语言。

可以看出,是方言还是亲属语言,其差别主要是由语言外的因素决定的。如果只着眼于语言内的表现,则方言和亲属语言都是历史上的同一祖语在地域上的分化,性质上没有什么根本的不同,语言系统内的表现也没有大的区别,详见第九章第一节的讨论。

社会方言、地域方言、亲属语言是同一语言因社会分化状况不同而造成的语言分化程度不同的三种形式。

[①] 罗香林《客家研究导论》(兴宁希山书藏,1933年,又,上海文艺出版社,1992年)提出,我国东晋到明朝初年间,原来住在中原一带的居民三次向我国南方的大迁徙,是汉语客家方言形成的社会原因。另外,有关居民迁徙的情况还可参考谭其骧《晋永嘉丧乱后的民族迁徙》(《燕京学报》1934年第15期)。

二、社会方言

社会方言是社会内部不同年龄、性别、职业、阶级、阶层的人们在语言使用上表现出来的一些变异,是言语社团的一种标志。人们平常说的"官腔""干部腔""学生腔""娃娃腔"等等的"腔",都是对某一言语社团在语言表达上的一些共同特点的概括,表明这种"腔"就是一种社会方言。工农群众称自己说的为"大白话",称知识分子说的为"字儿话",这实际上也是对社会方言的一种通俗的说法。

语言中有多少种社会方言?数量难以计算,因为言语社团的多少简直是无法统计的。少到几个人,大到整个语言社会,只要有值得注意的语言特色,都可以看成为一个言语社团。比方说,年龄的不同就可以组成不同的言语社团,在语言的使用上各具特色。以上海话为例,现在的老年人和年轻人的语言就有一些差别。例如老年人对"烟"和"衣"、"简"和"既"两类字的读音分得很清楚,而年轻人已经不分。北京则有一种性别加年龄的言语社团差异:年轻的姑娘在发/tɕ、tɕʰ、ɕ/的时候往往舌位偏前,带有明显舌尖作用,学界称为"女国音",中、老年妇女以及各个年龄的男性却没有这种现象。不同的性别可以组成不同的言语社团,语言上各有特色,这在日语里比较明显。有些词是只有成年男性才说的,另外一些词则是只有妇女和孩子才说的,因此在教材里往往提醒学习日语的人要特别注意这种区别。这些都是某一言语社团的社会方言的具体表现。

社会方言的特点在语音、词汇、语法等方面都可能出现,但引人注目的还是用词上的不同。不同的行业由于工作的需要而各有自己的一些特殊词语。比方说,长刨、短刨、平刨、边刨、圆刨、槽刨、手锯、电锯等是木工的行业用语;处方、休克、血栓、粥样硬化、饮片等是医药界的行业用语;行头、场面、龙套、生旦净末丑等是戏曲界的行业用语。科学技术的术语是一种特殊的行业用语。音节、元音、辅音、主语、谓语等是语言学的术语;有机、无机、催化、卤素、稀土等是化学术语。不同的社会阶层也有自己特殊的社会方言,一般称之为阶层方言。它主要表现在各阶层所用的一些特殊用语以及对一些词语的特殊理解上。旧社会我国的封建统治者所用的阶级方言在描绘当时社会情貌的文艺作品中可以找到很多生动的实例,特别是专门反映清末吏治的种种腐败现象的谴责小说《官场现形记》可以说是集官吏语言之大成。法国的贵族曾经有所谓"沙龙语言"和"闺秀语言",它们的样品通过莫里哀的喜剧一直保留到现在。在萧伯纳的著名喜剧《卖花女》

（又名《窈窕淑女》）中我们更是可以看到社会下层的语言与贵族语言有多么大的差异，语言的阶层变体对于确定说话人的社会身份有怎样的作用。

黑话是一种特殊的社会方言。其他的社会方言没有排他性，不拒绝其他言语社团的人们了解、运用，因而它们的有些词语也可以被全民语言所吸收而成为日常的交际用语（如"休克"、"角色"等）；而黑话具有强烈的排他性，对本集团以外的人绝对保密。《林海雪原》中的杨子荣如果不是熟练地掌握座山雕所属盗匪集团的黑话，就无法打进匪窟，生擒匪首。

社会方言是因为社会成员集聚为不同的言语社团而产生的，因而一个人如果交叉地生活在几个言语社团之中，他就能同时掌握几种社会方言。比方说，一个部队医院的女司机就可能同时掌握部队的、医院的、司机的以及妇女的社会方言。一个人掌握社会方言的数量，决定于他的社会活动的广度和深度。一般说来，一个人的社会活动越狭窄，他所处的语言环境就越单纯，他所掌握的社会方言的数量也就越少；反之，他所掌握的社会方言就越多。例如，商人、干部、演员等所掌握的社会方言的数量就要比常人多得多。正因为一个生活在社会中的人与社会方言有这种交叉的关系，因而发生在某一言语社团中的语言变异就容易扩散到其他的言语社团中去，从而引起整个语言社团的一些变化。

社会方言既然是言语社团的一种标志，那么，同一言语社团的人是不是固定地使用一种语言形式呢？不！因为一个生活在某一言语社团中的人还要因交际环境的不同、交际对象的差异而在语言的使用上表现出不同的特点。这就是一般所说的语言的风格变体。比方在庄严肃穆的仪式上，在正式外交谈判的场合，在和朋友欢聚的节日晚会，在日常的家庭生活里，各有适应该场合的语言表达特点；对长者，对朋友，对陌生人，对子女的说话也不可能一样。在这方面，侯宝林的相声《普通话与方言》曾提供了一些生动的例子。比方说，在北京，成人之间的说话形容词重叠要儿化（多多儿的、红红儿的……），而且重叠的第二个字的声调一律变阴平；要是不儿化，第二个字不变调，"听着就别扭""实在不怎么爱听"。但是，对两三岁的儿童说话，却要用另一种成年人"听着就别扭"的说法："小三三，我带你上街街，去遛遛，穿上袜袜，戴上帽帽，我给你买糕糕，咱们去坐车车，回家来吃饺饺。"在这种话语里，常见的"一子"后缀（"袜子、帽子、饺子"等）不见了；名词出现了一系列重叠，而这种重叠表示喜爱，与成年人话语中表示"每一"意思的名词的重叠，如"人人（有责）""车车（都装满）"等，完全不同。语言风格变体的存在进一步增加了社会方言的丰富性和多样性。

社会方言及其风格变体是全民语言的变体。它们所用的材料和结构规则都是全民共同的,是其他言语社团的成员都懂得或者能够弄懂的,一般不会因为语言表达上的差异而影响相互的交际和理解。特别是各种行业用语不断地输送给整个社会,已成为丰富语言词汇的一种重要途径。社会方言及其风格变体的存在使语言成为富有弹性和表达力的工具,成为说话人的很难掩饰的身份和修养的标记。这从优秀文学作品中的人物对话可见一斑。有时某一人物所说的那几句话是那么切合他的身份、性格和所处的情景,使读者如见其人,如闻其声。要是语言不拥有丰富多彩的表达手段,作家就不可能塑造有艺术魅力的人物形象,读者也不可能欣赏他的传神之笔。

三、地域方言

地域方言和社会方言不同,它是全民语言在不同地域上的分支。地域方言一般简称为"方言"。地域方言在汉语中俗称"话",如"江浙话""福建话""广东话"通常指的就是吴方言、闽方言和粤方言。汉语不同方言的词语,用汉字写下来,差别不算大,各方言区的人大体上能看得懂,如果念出来,语音差别很大,相互之间就难以听懂了。现在先看一段苏州话的例子:

苏州话	北京话
俚走出弄堂门口,叫啥道天浪向落起雨来哉。啊呀,格爿天末实头讨厌,吃中饭格辰光,还是蛮蛮好格口宛,那咾会得落雨格介?又弗是黄梅天,现在是年夜快呀!	他走出胡同口儿,谁知道天上下起雨来了。咳,这个天实在讨厌,吃午饭的时候,还是很好很好的嘛,怎么会下雨的呢?又不是梅雨天,现在是快年三十儿啦!

这里的语法差别比较小,苏州话的"蛮"相当于普通话的"很","蛮"可以重叠,而"很"不能,因而"蛮蛮好"只能译成"很好很好";苏州话的"……快",北京话说"快……",词序不同。词汇的差别比语法大,比如苏州叫"弄堂"北京话叫"胡同",苏州说"落雨"北京话说"下雨",但其他方言区的人还可以大致看得懂。而语音上和北京话的差别很大,让北京人去听苏州人说上面那一段话,恐怕只能听懂两三成。总之,地域方言的差别,突出地表现在语音方面,词汇上也有不少差别,语法的差别相对比较小。正由于这个原因,学界划分汉语方言的主要依据是语音。

"方言"是一个总的概念,在它下面还可以分出各种"次方言",在"次方言"下面又可以分出各种"土语"。一般来说,方言、次方言、土语这三级区分就足够了。但如果一个方言涵盖的区域特别大,下面的方言分歧又十分复杂,当然还可以增加更多的层级,汉语方言就属于这种情况。比如《中国语言地图集》①把汉语方言分为了大区、区、片、小片、点五级。

究竟多大的差别才算不同的方言?是否差别大到不能通话的程度就要算不同的语言?其实这里主要依据的并不是语言内的标准。像英语、俄语等语言,方言之间的差别是比较小的,例如俄语分北俄罗斯、南俄罗斯两大方言群。北群里面,非重音的"o"与重音"o"的读音没有区别;南群里面,非重音的"o"读成类似"a"的音;塞音[g]在北群仍念塞音,在南群转化为浊擦音[ɣ](例如 gora"山"读成[ɣara])。汉语方言间的差别要大得多,比方距离北京一百多里的平谷,那里的话和北京话就有明显的差别。平谷的阴平字听起来像北京话的阳平字,而阳平字听起来像阴平字,平谷人说"墙上挂着枪",北京人听起来像是"枪上挂着墙"。可是北京话和平谷话属于同一种方言和同一种次方言,它们的差别最多只能算作次方言内部土语一级的差别。听得懂、听不懂也不能作为划分方言的标准。像操俄语、乌克兰语、白俄罗斯语、波兰语、捷克语、塞尔维亚语的人相互间可以通话,但这些却是不同的语言。而汉语的官话方言与吴、湘、赣、客、粤、闽方言之间的差别比上述诸斯拉夫语言的差别大得多,相互间很难通话,或者根本不能通话,但却是同一种语言的不同的方言。所以,确定是方言还是语言不能光凭语言本身的差异,还要看使用语言地域分支的人是不是属于同一个民族、是否长期处于同一个国家共同体之中,在各个地域分支之上是不是还有共同的文字和书面语,要看说话人的语言认同感。使用俄语、乌克兰语、白俄罗斯语、波兰语、捷克语、塞尔维亚语的人分属不同的民族,历史上曾长期各自组成独立的社会,长期没有共同的书面语,所以操这些语言的人没有归属同一语言的认同感,学界也判定它们是独立的语言。汉民族是一个统一的民族,各地区的人虽然不一定能相互通话,但长期处于同一个国家共同体中,一直有共同的文字和书面语,也一直保持着同是汉语的认同感。所以,汉语的各个方言尽管分歧大,应该仍属于一种语言的不同方言。国外不少语言学家只考虑汉语方言本身的分歧,而不考虑以上社会因素和语言认同心理,认为汉语各方言是不同的语言,这是不恰当的。

---

① 《中国语言地图集》,中国社会科学院和澳大利亚人文科学院,香港朗文出版(远东)有限公司,1987、1990 年。

以上我们强调了区分方言和语言的社会因素：社会是否完全分化，是否有共同的文字和书面语；也强调了语言认同的心理因素。社会是否完全分化与语言认同心理往往是一致的，但也有少数特殊的情况。例如美国和英国是不同国家但都认同自己说的是英语，西班牙和巴西以外的南美洲其他国家都认同自己说的是西班牙语。这些特殊的情况往往是近代殖民的结果。由于近代殖民产生的不同国家仍然使用与原宗主国相同的文字和书面语，加上近代交通和大众传媒的飞速发展，全球经济一体化进程的加速，联系了远在千山万水之外人们的交际，这使得这些不同国家中的人们长期保持了相同语言的心理认同。从这些特殊情况可以看出，尽管社会条件往往是决定语言认同心理的条件，但语言认同感却是确定方言或语言身份的最终根据。

汉语方言的分歧很大，在划分方言的时候只能考虑语音上的几个重要的特点而暂时不管其他的细微差别。汉语一般可分为七大方言：官话方言、吴方言、湘方言、赣方言、客家方言、粤方言、闽方言。在每一个大方言内部，又可以根据各地方言的一些特点再逐级细分为次方言、土语。例如闽方言下可分闽北、闽东、闽南三个次方言；闽南次方言又可以分为闽南、潮汕、海南等土语群。每一个方言在语音上都有一些共同的特点，像官话方言的代表点北京话，声母分/ts tsʰ s/和/tʂ tʂʰ ʂ/，鼻韵尾有/-n/和/-ŋ/两个，有四个声调，没有入声，等等；吴方言的塞音塞擦音声母分清不送气、清送气、浊三套(如双唇塞音有/p pʰ b/三个声母)，舌尖声母大多只有/ ts tsʰ s/这一套而没有卷舌声母①，韵母 ən 与 əŋ、in 与 iŋ 大多无法区分，有入声且以喉塞音 /ʔ/ 收尾，等等。另外要注意的是，入声只是汉语中与韵母相关的一个调类，许多方言(如吴、粤、闽、客家、赣、湘和北方话的某些次方言)都有入声，但入声在不同方言中的语音表现其实是各不相同的。除有特别的调值外，粤、赣、客家、闽南话的入声字还有韵尾/-p,-t,-k/的区别；闽北话、吴方言、某些湘方言和某些北方话(江淮话、山西话等)的入声字则韵尾只有一个/ʔ/，没有发音部位的区别；某些湘方言和某些北方话(主要是少数西南官话、河北南部的某些地区)的入声则完全没有辅音性的韵尾，只是自成一个声调。所以方言间的语音差别要具体分析，"入声"等类别的名目不一定能够反映实际的语音差别。

方言间的词汇差别主要表现为名异实同，用不同的名称来称呼相同的

---

① 苏州老派还有卷舌声母，但哪些字读卷舌声母与北京话不尽一致。

事物。鲁迅小说《社戏》里写阿发、双喜他们偷吃田里的罗汉豆,这"罗汉豆"是绍兴话里的词,绍兴附近的宁波话叫"倭豆",相传明朝的时候这种豆成熟的季节最要防范倭寇的滋扰,因而得名。而这种豆在北方话中一般叫"蚕豆"。绍兴话、宁波话里也有"蚕豆"这个词,可指的却是北方话中的"豌豆"。又如,同是向日葵,在汉语的各地方言中也有各种不同的叫法,河北唐山叫"日头转",承德叫"朝阳转",任丘叫"望天转",山东济南叫"朝阳花",昌乐叫"向阳花",莒县叫"转日葵",栖霞叫"转日莲",湖南邵阳叫"盘头瓜子"等等。

研究方言,找出方言与普通话的异同和对应规律(参看第九章第一节),不但对推广普通话有重要意义,对在方言区工作的外地人掌握方言,密切与当地群众的联系也有重要意义。方言材料也为研究语言的历史提供可靠的宝贵资料。方言是古代的同一种语言分化的结果,古语里的成分在各种方言里的变化有快有慢,有时又呈现不同的演变趋向,因而把各种方言里的有关成分放在一起进行比较,往往可以找出语言演变的线索。例如,有些方言保留浊声母和入声,在这些方面显然比北京话"古老",把有关的现象加以比较,可以看出语音演变的痕迹。"收秋"(河北)、"割禾"(江西)、"食饭"(广东),反映了"秋、禾、食"的古义。所以地域方言的研究在语言学中占有重要的地位。

四、亲属语言和语言的谱系分类

从同一种语言分化出来的几种独立的语言,彼此有同源关系,我们称它们为亲属语言。例如汉语和藏语来自史前的原始汉藏语,它们同出一源,是亲属语言。19世纪的历史比较语言学把语言的分化关系类比为人类的亲缘关系的谱系。比如,把汉语、藏语的共同祖先语原始汉藏语称为"祖语"、"母语"或"原始语"、"原始共同语",把类似汉语、藏语那样的语言叫做祖语的"后代语"或"子语",直接来源于同一母语的几个后代语则称为"姊妹语言"。

所谓"亲属""母语""子语""姊妹语言"等都只是一种比喻的说法,和生物学上的"亲属""母子""姊妹"等并不完全相同。一是人类学上的母子是分开的个体,可以并存,而语言谱系上的母子却是演化关系。子语出现母语一般也就不复存在,仅就这一点看,语言谱系上的"母子"倒是与蚕变蛹、蛹变蛾更相像一些。二是人类学上必须有父有母才能有子,子一代的基因有父母两个来源,而同一语言的分化却是有母无父,后代语仅有一个母系的来源。

尽管有如上不同,但如果仅着眼于一个语言可以分化出若干后代语,每一个一代后代语又都可以分化出若干二代后代语,生生不息且衍生有层级,则人类语言的演变及分化又与人类学的亲属关系是可以类比的。比如,法、意、西、葡、罗等语言来自罗马帝国的共同拉丁语,英、德、荷兰、瑞典、丹麦等语言共同来自日耳曼语,俄、保、捷、波、塞尔维亚等语言共同来自古斯拉夫语,因此这些语言分别都是亲属语言。拉丁语、日耳曼语、古斯拉夫语、梵语又都来自更早时期的原始印欧语,它们也是亲属语言,只是亲属关系的等级更高。

根据语言是否来自同一语言的分化及分化的辈分等级而对语言做出的分类,叫做语言的"谱系分类"。谱系分类可以用起于一根而不断分叉的"谱系树"图形来表示。所有由同一个祖语分化出来的语言,是亲属语言,组成一个语系。同一语系中的语言还可以再根据它们亲属关系的亲疏远近依次分为语族、语支、语群、语言等。语系的形成是一种语言长期地、不断地分化的结果:祖语(母语)分化为不同的语族,一个语族又分化为不同的语支乃至语群,一个语支或语群再分化为不同的语言。例如原始印欧语分化出印度-伊朗语族、斯拉夫语族、波罗的语族、日耳曼语族、拉丁语族(又称罗曼语族)、希腊语、阿尔巴尼亚语、阿尔明尼亚语等;其中斯拉夫语族又分化出东、西、南三个斯拉夫语支,而其中东斯拉夫语支又分化出俄语、乌克兰语、白俄罗斯语。同一个语群或语支中的语言的亲属关系最接近,不同语支乃至不同语族之间的语言,其亲属关系就比较疏远。方言是语言的再分化,当然也可以纳入语言分化的谱系。但为了讨论的方便,一般是亲属语言的谱系树以共同祖语为开始,到各个不同的语言就为止;而方言的谱系树则是以单个语言作为开始,往下分为不同的方言,或再往下分为次方言、土语等。

根据《中国大百科全书·语言文字卷》,世界上的语言可以确定的有十余个语系和一些语群:印欧语系、汉藏语系、阿尔泰语系、南岛("马来-波利尼西亚")语系、南亚语系、达罗毗荼语系、乌拉尔语系、高加索语系、阿非罗-亚细亚(也称"闪-含")语系、尼日尔-科尔多凡(也称"班图")语系、尼罗-撒哈拉语系、科依桑(霍屯督、布须曼)语系和美洲印第安诸语言、澳洲诸土著语言、西伯利亚诸语言等语群。有些语言,如朝鲜语、日语等,至今还没有弄清它们的亲属关系。汉藏语系和印欧语系是使用人数最多的两个语系。汉藏语系的诸语言主要分布在亚洲东南部,西起克什米尔,东至我国东部边界。印欧语系诸语言的分布区域最广,亚洲的印度、欧洲、美洲和澳洲多数人都使用印欧语系的语言,其中使用英语和西班牙语的人最多、最广。

在各个语系中,印欧语系是研究得最充分、最深入的一个语系,甚至可以说,"语系"这个概念本身就是在印欧系各种语言的研究基础上提出和发展起来的。乌拉尔语系、闪-含语系的研究也比较充分。汉藏语系的研究还相当年轻,只是近几十年来才有较大的进展。新中国成立以来,我国的语文工作者对国内的少数民族语言进行了广泛的调查,为汉藏语系和其他语言的研究积累了大量的材料,调查报告和研究成果在陆续发表。汉藏语的研究在国际上也越来越受到重视。1968年以来,世界各国研究汉藏语的学者每年召开一次年会,交流汉藏语研究的成果和讨论汉藏语研究中的问题。这些都对推进汉藏语系的研究起了积极的作用。

汉藏语系究竟可以分为几个语族和语言?现在语言学界还没有一致的意见。我国学者大多认为汉藏语系包括汉、藏缅、侗台、苗瑶四个语族。他们的根据是这些语族在结构类型上有许多共同的特点:一般都有声调而没有词的重音;多用词序、虚词,而不像印欧语那样用词的内部形态变化表示语法关系;有一类专门的类别词(即量词);等等。国外的一些学者则认为汉藏语系只有汉和藏缅两个语族,他们的意见可参考徐通锵先生的《历史语言学》[1]。

我国是一个多民族的国家,境内各民族语言分属于汉藏、阿尔泰、南岛、南亚和印欧五个语系[2],此外还有一些系属不明的语言。我国境内属于汉藏语系的语言最多,除汉语外,属藏缅语族的有藏语、彝语、景颇语、羌语、傈僳语、纳西语、拉祜语、哈尼语、土家语、独龙语等[3];属侗台语族的有壮语、布依语、傣语、侗语、水语、仫佬语、毛南语、黎语等;属苗瑶语族的有苗语、瑶语、畲语等[4]。汉语分布在全国各地,其他语言主要分布在我国南部和西南地区。属于阿尔泰语系的有十几种语言,包括突厥语族的维吾尔语、哈萨克语、乌兹别克语、塔塔尔语、柯尔克孜语、撒拉语、西部裕固语等,蒙古语族的蒙古语、达斡尔语、东乡语、保安语、土族语、东部裕固语等,满-

---

[1] 徐通锵:《历史语言学》,商务印书馆,1991年、2001年、2008年。
[2] 以下的介绍主要根据孙宏开、胡增益、黄行主编:《中国的语言》,商务印书馆,2007年。
[3] 《中国的语言》归为藏缅语族的重要语言还有白语。对白语的语族归属学界有不同的意见,有学者认为白语与汉语亲缘关系更近,属于汉-白语族。
[4] 国外学者和不少国内学者认为侗台语族属于南岛语系,苗瑶语族属于南岛或南亚语系。

通古斯语族的满语、鄂温克语、鄂伦春语、锡伯语、赫哲语等,约有六百多万人使用,主要分布在西北、内蒙古、东北等地区。属于南岛语系的有阿美语、排湾语、布农语、邵语、噶玛兰语、邹语、卑南语、雅美语等十几种语言,几乎都分布在台湾[①],约有二十多万人使用。属于南亚语系的有佤语、布朗语、崩龙语等语言,约有二十多万人使用,分布在云南。属于印欧语系的有两种语言,即塔吉克语和俄语,约有两万多人使用,主要分布在新疆。此外,朝鲜语约有一百二十多万人使用,主要分布在吉林延边朝鲜族自治州;京语约有四千人使用,分布在广西东兴各族自治县沿海地区。

　　以上是从语言演变的社会动因的角度讨论语言由同而异的历时分化。可以看出,亲属语言、地域方言、社会方言都是同一个语言的历时演变与分化,其区别则在于分化的程度、趋异存同的程度有不同。从语言自身看,一个语言的演变和分化有其内在的语言规律,分化后的同源语会保留共同祖先的一些共同特征,会有一些不同于非同源语言的特点,这些我们将在第九章的"语音对应关系和历史比较法"一节中讨论。

[①] 分布在台湾的南岛系诸语言曾长期被统称为"高山族语言"。

第八章 语言的接触

第一节 社会接触与语言接触

历史上原本没有接触的不同的社会后来可能会开始贸易往来和文化交流，会因迁徙、战争征服、海外殖民而造成地域上的邻居或杂居。不同的社会有了接触，各个社会所使用的语言当然也就随之而有接触。社会接触有接触方式的不同，有接触深度的不同，与之相应，语言的接触也就有各种不同的结果，根据接触的不同结果我们把语言接触分为不同的类型。

原本不同的社会会有后起的接触，亲属语言和方言在分化后也可能会有后起的新的接触。亲属语言和方言相互接触的类型与非同源语言接触的类型基本相同，本章放在一起讨论。为了行文的方便，在讨论它们相同的规律时，就以"语言接触"统而贯之，特殊之处才特别标明"方言"。

语言的接触可以分为如下五种主要的类型：

不成系统的词汇借用：如果不同的社会或民族在地域上不相邻，接触上也只有一般的贸易往来或文化交流，则语言的变动就只限于吸收对方语言中有而自己语言没有的事物或观念的名称，也即只有文化层面的、为数有限的借词。

语言（区域）联盟与系统感染：在地域上比邻而居、深度接触（指有大量同地混居的人口，有通婚关系）的若干民族，许多人口会成为双语或多语者。如果接触是相对平衡的，即各个民族都至少有部分人口相对聚居，且各民族在人数上、文化上差距不是很大（比如人口上相差不到 100 倍），则他们的语言会长期地"和平互协"[①]：不仅各个民族的词汇会互相大量借用，音系和语法上也会相互感染而趋同。其结果是一片区域内的若干语言在语音、语法结构类型上都十分相似（"系统感染"），但各个语言仍保持着相当数量自己语言的核心词根，这被称为"语言联盟"。

语言替换与底层残留：如果若干民族在地域上比邻而居，接触极为密

---

① 参考 Dixon, Robert: *The rise and fall of languages*, Cambridge University Press, 1997。

切但不平衡(不平衡指若干民族中的一个在经济文化上、人口上长期占有特别的优势并一直有聚居的人口,而其他民族经济文化上相对落后,并且聚居人口逐渐减少以至消失);则经过长期的双语或多语并存阶段之后,各语言相对平衡的状态会打破,经济文化和人口上占优势的民族的语言会替换其他民族的语言,成为唯一的胜利者。被替换的语言不再使用,只在优势语言中留下自己的一些特征,这就是所谓的"底层"。

通用书面语、民族共同语进入方言或民族语的层次:通用书面语(或称"官方语言"、"通语")和文字学习、政令制定与发布、外交等政治文化活动相联系,具有高于地方土语的地位,联系着不完全分化的社会。随着社会的发展,特别是广播电视等大众媒体充分发展之后,通用的书面语发展成为更高形式的民族共同语或国家共同语。语言的这些高层形式通过读书识字等特别途径传播,所及之地不一定地域相邻。因社会分化程度的不同,通用书面语或民族共同语与地方方言或民族语言的差异程度不同,对地方方言或民族语言的影响也有不同。推平方言或替换民族语言是一种常见的可能,在方言或民族语言中形成外来的文读层次是另一种常见的可能。

洋泾浜和混合语:两种或几种语言混合而成的临时交际语叫做"洋泾浜"。如果后来作为母语传递给后代,如非洲新几内亚的"克里奥尔"语,就称作"混合语"。混合语不常见,大多只限于海外殖民这样特别的社会环境,属于语言接触的特殊类型。在我国境内,汉族与其他民族交界地区也发现了一些分布地域不大、历史不很长的混合语。

第二节　不成系统的词汇借用

一、借词

民族之间的贸易往来,文化交流,移民杂居,战争征服等各种形态的密切或非密切接触,都会引起语言的接触。语言的接触有不同的类型,各种类型中都会出现的常见现象是词语的借用。每一种语言都有一定数量的借词。下面先从语言学的角度说说什么是借词和借词的几种类型。

借词也叫外来词,它指的是音与义都借自外族语或外方言的词。借词和意译词不同。意译词是用本族语言的构词材料和规则构成新词,把外语里某个词的意义移植进来,我们不把它们看作借词。从下面的表中可以看到汉语的借词和意译词的区别。汉语在吸收外来成分的时候不喜欢借音,喜欢用自己的语素来构词。在这一点上,汉语和英语、日语等有很大不同,接近于德语。很多借词后来都被意译词所代替,表中的例子只是其中的一部分。

语种	原语	借词	意译词
英	microphone	麦克风	扩音器
英	cement	士敏土、水门汀	水泥、洋灰
英	piano	披亚诺	钢琴
英	ink	因克	墨水
俄	катюша	喀秋莎	火箭炮
俄	хлеб	裂巴	面包

可以看出,由于汉语的构词材料主要是"一音节一义"的语素,而外语的语素大多是多音节的,所以所谓"意译"实际上是用汉语的材料和规则为词义重新命名的创造过程,所创造出的汉语意译词的内部形式(即所选择的语素和组合方式)与外语原词没有关系。比如,汉语的"墨水"由"墨(写字绘画的用品或其颜色)"+"水"两个音义结合体按偏正结构组成,而 ink 无法分析出两个音义成分。

意译词里面还有一种仿译词,它的特点是用本族语言的材料逐一翻译原词的语素,不但把它的意义,而且把它的内部构成形式(语素和组合方式)也转植过来。例如:"黑板"(英:blackboard),"足球"(英:football),"牛津"(英:Oxford),"鸡尾(酒)"(英:cocktail),"机关枪"(英:machine gun),"铁路"(英:railway,法:chemin de fer),"超人"(德:Übermensch),"洗钱"(英:money laundering)。成语的借用也往往采用仿造的方式,例如"鳄鱼眼泪"(crocodile tears)、"泥足巨人"(feet of clay)、"走钢丝"(walk a tightrope)、"鸵鸟政策"(ostrich policy)、"多米诺骨牌"(domino)、"特洛伊木马"(Trojan horse)、"烫手山芋"(hot potato)、"尘埃落定"(the dust settles)等等外来成语在汉语里已广为使用。

汉族自古和其他民族交往,从外族语借入词语。有些词一直流传下来,使用年代久远,人们已经觉察不到它们是借词了。例如"葡萄""石榴""苜蓿""菠萝""狮子""玻璃"是汉代从西域借入的词;"佛""菩萨""罗汉""阎罗""魔""僧""尼""和尚""塔"是汉代以后从印度借入的佛教用词;"胡同""站""蘑菇"是元代时借入的蒙古语词。鸦片战争以后,特别是"五四"运动以来,我国和外国在政治、经济、文化、科技方面的交往日益频繁,新事物、新概念从欧美大量输入。这些外来的事物、概念绝大部分在汉语里是用意译词来表达的,借词的比重不大,除专有名词外,主要集中在化学元素、化合物、药物、理化单位、货币名称等比较专门的领域。日常词汇中的借词,数量不多,但涉及的方面比较广。下面简表中的例子可见一斑。

语种	原词	汉语借词
英	sofa	沙发
英	poker	扑克
英	curry	咖喱
英	cocoa	可可
英	radar	雷达
英	tank	坦克
英	jeep	吉普
英	nylon	尼龙
英	copy	拷贝
英	brandy	白兰地
德	Nazi	纳粹
意	fascisti	法西斯(蒂)
俄	sovet	苏维埃
俄	vodka	伏特加

在吸收外来成分的时候,为了便于理解,有时采用音译加意译的办法。汉语中有相当一部分这种类型的借词。例如:

语种	原词	借词
英	beer	啤酒
英	car	卡车
英	card	卡片
英	flannel	法兰绒
俄	traktor	拖拉机
蒙	xapa	哈巴狗

这些词里的"酒""车""片""绒""机""狗"等成分,其实是有关事物所属的类名,给前面的成分作了注解。

汉语的借词还多用音译兼意译的方式。音译兼意译是指借词在语音和意义上都与外语原词相近,但完全用本族语的材料和规则,并且不要求内部形式相同。

比如这几年年轻人喜欢用的形容词"酷"借自英语 cool 一词,语音上汉语的 kù 与英语的[ku:l]接近,意义上汉语"酷"的"严酷"义项也可以引申而承担 cool 所表达的"表情冷峻坚毅"义项。

最有意思的是汉语用多音节、多语素来意译外语语词的情况,这完全是个重新创造命名的造词过程。创造出的汉语语词的内部形式义与外语原词的词义的关系有的看去比较直接,有些则一看就比较远。但实际上,意译词都是重新创造的命名,与外语词义一般都没有直接的关系。比如,意译词"基因"的内部词义"基本的(遗传)因子"与英语 gene 的整体词义的关系似乎比较直接,不少汉语者认为这本来就是 gene 的词义,其实 gene 的词源是"出生于"、"有亲缘关系"的意思,与"基因"一词字面上没有出现的"遗传"才有直接的意义关系。更多的音译兼意译词与所借外语词义的关系则一看就是间接的,是对外语的词义经过各种不同角度的联想而创造的。在这一创造中,为了保证意思上的关联或感情上的褒贬,甚至可以放弃语音上更为相近的音节。一个有趣的例子是"可口可乐",它借自英语的 coca cola,是一种著名饮料的商标。原语词 coca cola 中 coca,是指饮料的原料中含有南美一种叫做 coca 的植物(汉语译做"古柯"或"可卡"),cola 则是为语音上的双声叠韵的效果而添加的无意义音节。如果用单纯的音译,则"可卡可拉"最为相近,但汉语每个音节都是有意义的,"可卡可拉"在汉语中容易联想到的意思是"掐脖子"("可卡")和"拉拽"("可拉"),对于饮料,这可不是一件好事。现在的译名"可口可乐",在保持了原词韵律结构的前提下,还有"可口、令人愉悦"的内部形式义,这可以联想为饮料的褒奖性功能,与整体词义"一种饮料"有"功能-事物"的间接关联。以此作为饮料的商品名称,其作用不异于直抵人心的长期广告。对于不少外语的商标或专名,汉语都采取了音译加"功能-事物"式关联的意译方式。除"可口可乐"外,还有"利眠宁"(拉丁文 librillm,一种镇静催眠的药品商用名),"敌杀死"(英语:deeis,一种杀虫药的商品名),"维他命"(英语:vitamin)等①。借词"托福"(英语:TOEFL)则属于完全不同的意义关联方式,"托福"的字面义仅仅是主观上的祈福愿望,与原词词义"针对外国学生的英语水平考试"仅有"参加考试者一定都希望有好运气"的关联。意义上的各种不同的间接关联实在是很难一一列举。还有一些所谓的音译兼意译词,很可能原本只是音译词,"意译"多半是汉语者后来重新分析出来的。比如有人把借

---

① 更多的实例可参考李梵:《汉字的故事》,中国档案出版社,2001 年。

自英语 marathon 的"马拉松"的内部形式义解释成"即使是马拉着跑也该松软了",再间接关联到"距离为 42 公里 195 米的竞技赛跑",这种分析恐怕并不是借词原创者的本意,但倒也符合汉语者的语言心理——每个音节都应该有自己的意义。

原创也好,后来者的附会也好,以上现象都生动地体现了汉语"一音节一义"特点和汉字可以进一步区分同音语素的不同意义的特点。后一特点使得汉语中绝大多数纯音译的借词也一定要固定的汉字来表达,比如"可口可乐"绝不能写成音节相同的"渴抠渴勒""磕寇嗑肋"等。总之,汉语者习惯于每个音节都有意义,也习惯由汉字进一步确定一个音节到底表达的是哪个语素的意义。

二、借词与社会

借词虽然音义都借自其他语言或方言,但如果两个社会的接触程度不深,即地域上不相邻且只有一般性的物质交换或文化交流,比如像我国汉代的通西域或现代与西方的英、法、德、荷兰各国的接触这一类的情况,则借词在语音、语法上还得服从本族语言的结构规则。如果碰到本族语言中没有的音,就用相近的音去代替,而不产生新的音位。例如汉语借自俄语的"喀秋莎"中的"莎",是俄语 katjuša 的 ša 的对音,"š"的音值是[ʃ],汉语中没这个音,于是就用相近的[ʂ]去代替。汉语的"茶""菽"两个词自从借入俄语以后,到现在已变成 čaj, soja("豆类;豆制成的酱油"),它们不但在语音上有了俄罗斯风味,意义上或有引申,语法上也归入一定的性,并且像别的名词一样有格的变化。也就是说,如果两个社会地域不相邻且接触程度不深,则语言的变化就只限于向对方语言借用自己语言中所没有的事物或观念的名称,音位的聚合系统和组合规则、词法、句法等都不发生变化。语言接触的这种结果属于"不成系统的词汇借用"这一类型。

语言中借用词语的方向决定于两社会接触时文化传播的方向。如果文化传播是单向性输出或输入,则词语的借用也是单向的;如果文化交流是双向的,则词语的借用也双向的。比如汉代张骞通西域的文化交流属双向交流的性质,这一交流使汉语中出现了"葡萄""石榴""苜蓿""菠萝""狮子""玻璃"等西域词汇,而西域诸语言也因此而借用了汉语的"丝"等词汇。汉代之后佛教词汇的输入则属于单向输入:汉语中出现了大量的佛教词汇,而梵语或作为佛教传入中国的中介的巴利等西域语言中却没有借进同期汉语上层意识形态层面的词汇。

在词的借用过程中还可能有借出去的词再借回来的现象，一出一进之间，音、义等方面都会有一些变化。汉语的"百姓"借入蒙古语后成为[paiɕiŋ]，意思是"土房子"，后来变成"店铺"的意义。汉语后来又把这个词从蒙古语中借回来，叫做"板生"，简称"板"，现在呼和浩特市的一些地名如"麻花板""库库板"等之中的"板"，就是汉语的"百姓"借入蒙古语后再借回来的一个词。

词语的这种往返借用的现象，最典型、最大量的还是存在于日语和汉语之间。魏晋六朝以后，汉语对日语有很大的影响，汉字也被用作日语的书写工具。在那个时期，日语先从我国的东南沿海地区借去"吴音"，后来又从中原地区借去"汉音"，汉语的词大量涌入日语。这些词在日语中还保留着汉语词古代读音的痕迹，是研究汉语史的一项重要资料。

日本在明治维新之后，提倡向西方学习先进的科学技术，他们或者赋予汉语借词以新的意义，或者用汉语的构词材料构成新词，借以反映西方的新事物、新概念。这些新词当时还都用汉字来书写。中国开始大规模地向西方学习科学技术是在日本之后，日语的这些表达新事物、新概念的词也适合汉语表达新事物的需要，于是又成批地从日语以汉字的形式借回来。例如"思想""具体""资本""政治""演绎""政府""侵略""劳动""理性""想象""现象""垄断""悲观""乐观""储蓄""节约""自由""警察""选举""民法""间谍""交涉""列车""理论""助教""学士""硕士""博士""卫生""封建""反对"等等是汉语中原有的词（如《三国志·华佗传》："人体欲得劳动"），日语借去后表达新概念，而汉语又从日语中借回来。又如"哲学""主观""共产""归纳""观念""经验""政党""方针""谈判""战线""领土""汽船""地质""分子""原子""反应""纤维""资料""学位""体操""批评""反动""支部"等等是日本人民用汉语材料构成的新词，也被汉语借用。这些词语，从构词材料、构词规则甚至语词本身都是汉语所固有的，加上借回的方式是汉字，回到汉语并不保留日语中的读音而换成了当时汉语的读音，所以从音义关联上看也与本族语完全没有差别。这样，汉语者大多感觉不到它们有外来词的色彩，不知道它们是从日语借回来的词语。中日两国文化上密切交往的历史，使汉语和日语的词汇保存着大量共同的成分。这种情况有利于两国人民的友好往来。

借词如果适合使用的需要，有时甚至能在长期的竞争中战胜本族词，取而代之。"站"就是这方面的一个有趣的例子。表示车站意思的"站"，汉语中原来叫做"驿"，这个词后来借入日本，今天在日本仍叫驿，例如"东京驿"就是"东京站"的意思。南宋时汉语从蒙语中借用"站","驿""站"两词并用,后来随着元蒙政权的建立,在各地设立"站","站"就代替了"驿"。元朝灭亡后,明朝皇帝曾通令从洪武元年起"改站为驿",但是在老百姓的口语里一直用"站",甚至明末的奏章中还有用"站"的现象。清时"驿""站"并用;"九一八"事变后日本帝国主义在东北建立"满洲国",也改"站"为"驿"。但这些行政措施始终行不通。可见借词只要符合社会的需要就会在语言中扎根。"站"在现代汉语中已经进入基本词汇,用它来构成的词语很多,如:"车站、站台、粮站、广播站、水电站、发电站、交通站、供应站、运输站、收购站、接待站、气象站"等等。

总之,社会接触的程度浅则语言的接触程度也浅。语言浅程度接触的结果是语言中出现不成系统的、文化层面的借词。词语借出借入的方向与文化输出输入的方向相一致,因此借词是研究民族史、社会史的重要材料。

第三节　语言联盟与系统感染

一、语言联盟与社会

"语言联盟"(德语:Sprachbund)也称"语言的区域分类"。它是指一片地理区域内的不同语言不仅在词汇上相互有大量的借贷,而且在语音、语法系统的结构格局、结构规则方面也十分相似,但各语言仍有相当数量的核心词根彼此不同。这说明它们的相似是因后起的彼此接触造成的,而不是来自同一祖先语或同一祖先语中关系密切的后代。

语言联盟是不同民族深度且相对平衡接触的结果。也即,虽然不同民族在同一片区域内交错居住,有频繁的战争或频繁的文化经济往来和通婚关系,但诸民族在经济文化上相对平衡,各个民族人口比例相差不很悬殊且各个民族都至少有部分人口相对聚居。

语言联盟最常提到的例子有巴尔干半岛的语言联盟。从语源上说,巴尔干半岛诸语言中的保加利亚语、塞尔维亚－克罗地亚语属于斯拉夫语族,罗马尼亚语属于罗曼语族,阿尔巴尼亚语、希腊语则各自单独成一个语族。但是,从语音和语法系统的结构特点来看,这些亲属关系较远的语言与自己亲属关系更近的同语族语言的差异明显,它们彼此之间反倒在音系和形态上十分接近。这种情况与社会历史的情况相应:历史上这一片区域内动乱频繁。各个民族你兴我衰更迭不断,政治经济上的联盟变幻无定。有过希腊文化的辉煌,有过罗马帝国、土耳其奥斯曼帝国的征服,信仰宗教也有东正教、天主教、伊斯兰教的不同。在这种特殊的历史环境下,该地区各个民族有错综复杂的密切接触,但没有一个民族有长时期的绝对权威或人口的绝对优势,各个民族都至少有部分居民相对聚居。也即各个民族在文化、经济、政治、人口比例上均相对平衡。于是这一地区的居民虽然有不少双语或多语者,但各自的语言都保留了下来,只是结构上变得相似。

汉语,我国南部的侗台、苗瑶语族诸语言,藏缅语族的部分语言和境外东南亚地区属于南亚语系的越南语,属于侗台语族的老挝语、泰语等等,在语音、语法的结构类型方面十分类似,据研究这也是语言接触造成的语言联盟,被称作东亚/东南亚语言联盟。下面就以这些语言为例讨论语言联盟在语言上的具体表现。

二、系统感染

"系统感染"是指处于同一地区的若干语言在语音、语法系统的结构格局、结构规则方面逐渐趋同,但仍然保持了各自语言的本质——有相当数量继承于自己语言祖语的核心词根。另外,这些语言也会有较大数量的词语借贷。经济文化水平低的一方主要向高的一方借用文化政治方面的词汇,而经济文化水平高的一方主要向低的一方借用当地事物、风俗或观念的名称,但核心词根一定有相当数量还用各自语言原有的。

比如,东亚/东南亚语言联盟诸语言的共同特点是:有声调的单音节孤立语。也即,这些语言都有区别意义的声调,语素基本上是单音节的,基本上没有构词上的形态变化,语法意义主要用虚词和词序来表达,许多语言有量词。研究表明,这些语言的以上相似点并非来自共同的祖语,而是后来才产生于这一区域的。与巴尔干半岛诸语言的情况相同,东亚/东南亚地区的这些语言与跟自己亲缘关系更近的语言在语音语法结构上的差距较大,而它们彼此之间的不同却比较小。

先说声调。南亚语系的芒语与越南语亲缘关系更近,但芒语没有声调。有证据表明,越南语原本也没有声调,后来先是因韵尾的不同而产生出平、升、降三个声调,又在十二三世纪左右因声母清浊的不同使原来的三个调再分化为各有高低的六个声调[1]。侗台语族,从核心词根看与南岛语系(如台湾原住民的语言、马来语等)的亲缘关系更近,但南岛语系的其他

---

[1] 奥德里古尔(Haudricourt,A.G.):《越南语声调的起源》,1954年,译文载《民族语文情报资料集》第7辑,中国社会科学院民族研究所语言研究室,1986年。

语言都没有声调。侗台诸语言虽然现在都有声调,但有证据表明它们的声调是在大约四千年前黎语先民移居海南之后才产生的,也即它们的共同祖先语也是没有声调的①。藏缅语族更是如此,历史上常与汉语居住在同一区域的彝、缅等民族的语言有声调,而藏语却有许多方言至今仍没有声调。

再说单音节语。与侗台语族亲缘关系更近的南岛语系其他语言都是多音节语,与汉族同居或曾经同居一片地区的侗台诸语族语言却是单音节语。来自南岛语系祖语的多音节核心词根,在侗台诸语言中只保留了最后一个音节。比如"眼睛"在南岛语系的马来语中为 mata,而在壮语中为第一调的 t^{h}a^1。在南亚语系中,深受汉文化影响的越南语和位于中国境内的佤、德昂、布朗语是单音节语,其他南亚语言则是多音节语。

与单音节语相联的另一个语言类型特征是孤立型语言,即很少有构词上的形态变化,语法意义一般用虚词和词序来表达。

长期共存于同一地理区域、亲缘关系并不亲密的若干语言,在语言结构类型上却十分相似,这一定是语言长期密切接触的结果。在同一地区若干语言长期地密切接触,会造成区域内的双语(或多语)现象。双语或多语是指一群人既会讲自己的母语,也会讲其他语言。而地区双语或多语,则是指在一片地理区域内若干民族的人既会说自己的母语,也会说同居一地的其他民族的语言,他们会根据交际的需要、交际的对象而选择使用其中的一种语言。地区多语现象会使得各个语言都出现非母语者所说的、带有其他语言味道的语言变体,而各个语言就有可能在这些语言变体的影响下逐渐趋同。有学者详细研究了这一过程,并命名为"互协"②。

近代发生过的实例为东亚/东南亚语言联盟的形成提供了很有说服力的样本。在海南岛的三亚地区,有一支 10—15 世纪才从越南占城迁徙而来的信仰回教的居民,被称为"回辉人"。这支回辉人原来属于越南占城的占婆民族,所说的占婆话是一种属于马来语支的多音节无声调的语言。回辉人迁到海南岛后与单音节有声调的黎、汉等语言密切接触,不过几百年的时间,回辉语变成了与黎、汉等语言一样的单音节有声调的孤立语。回辉语的核心词汇中还保留了相当数量的占婆语词根,只是那些原来是多音节的词根在回辉语中只留下了最后的那个音节③。

---

① 梁敏、张均如:《侗台语族概论》,中国社会科学出版社,1996 年。
② 陈保亚:《论语言接触与语言联盟》,语文出版社,1996 年,第 45—74 页。
③ 倪大白:《海南岛三亚回族语言的系属》,《民族语文》,1988 年第 2 期。

在这一片区域内，还有一些更小的区域表现出更多的系统相似。比如，广东、广西两省的汉语和壮侗族语言不仅都有声调，而且声调都可追溯到平上去入各分阴阳的四声八调系统，韵尾大多都有-m、-n、-ŋ、-p、-t、-k，有长短元音，还有不少汉语方言像壮侗苗瑶语一样具有送气的鼻音和边音。而云南、四川省内交错分布的彝语支语言和汉语方言，则大多都没有辅音韵尾，声调为四个且调值也基本相同。可见，接触越密切，系统感染的程度就越加深刻。

20世纪50年代以后，随着经济的发展、文化的普及和大众媒体传播手段的不断更新，我国各民族的经济、政治和文化交流更加密切，语言系统的感染也进一步加深。与汉语接触密切地区的一些民族语或它们的方言，近几十年来或是增加了与汉语相同的新的音位和复元音韵母，或是原来的一些音位变体在汉语的影响下变成了独立的音位。例如侗语中[pʰ][tʰ][kʰ][tɕʰ][pʰj][kʰw]等送气音原来只是相应的非送气音的音位变体，现在已变成独立的音位。西部裕固语除增加[ʃ][f]这两个辅音外，还增加了[ai][au][ei][ie][uo][ye][ian][iən][uai][iu][ia][io][ua][uə][ue][ya]等16个复元音，其中后七个复元音除了在汉语借词里使用以外，还用于本族语言的语词。水语等语言在大多数情况下把原来的"主语—宾语—谓语"的结构次序改变为和汉语相同的结构规则"主语—谓语—宾语"。壮语的名词性短语规则原来是"中心语＋修饰语"，现在已广泛地使用和汉语相同的规则"修饰语＋中心语"。这种新的结构规则开始时只出现于汉语借词，但随着民族关系和语言间相互影响的进一步发展，逐步扩大到了民族语词。例如侗语，原来把"我的书"说成"le² jau²"（书我），自从借用了汉语的"的"[tji]之后，在词序上就变为与汉语一样，说成"jau² tji⁶ le²"。这在侗语的北部方言中已经代替旧形式而成为唯一的结构规则。凡此等等，语法规则的借用使得这一区域的语言结构类型变得更为相像。

总之，社会的接触带来语言的接触，语言的接触带来语言的趋同。社会接触程度有不同，语言趋同的程度也有不同：不同社会的浅度接触带来语言中文化层次上的借词，较深而相对平衡的接触则造成同一地理区域内不同语言的系统感染而在语言的结构类型上趋同，但各个语言仍然承继了自己相当数量的核心词根。

第四节 语言的替换和底层

一、语言替换

语言替换是更深程度的语言接触。语言替换是不同民族①深度但不平衡接触的结果。深度接触指在同一片区域内不同民族交错居住,属于同一个国家共同体或经济文化圈。不平衡接触是指所接触的诸民族中有一个民族在人口和文化上具有十分显著的优势,这一优势民族一直保持有聚居的人口而其他民族的聚居人口逐渐减少以至消失。语言深度但不平衡接触的一般结果是优势语言排挤和替换其他语言而成为不同民族的共同交际工具,弱势语言则因被替换而停止使用②。语言替换,斯大林称为"语言融合"。他指出:"在融合的时候,通常是其中某一种语言成为胜利者,保留自己的语法构造和基本词汇,并且按自己发展的内在规律继续发展,另一种语言则逐渐失去自己的本质而逐渐死亡。"③由于"语言融合"很容易误解为两种语言的成分有机地混合起来并产生出一种新的语言,所以这一术语已为学界废弃,而改称"语言替换"或"语言替代"。汉语在历史上曾替换了不少其他民族的语言,我们可以通过这些事实探讨语言替换的一般规律。

每个民族都有自己的语言。氏族合并为部落,部落合并为大的部落联盟,最后产生民族,根据对北美印第安部落联盟的人类学研究,文化上占优势的部落联盟不断扩张的过程就是其语言不断替换其他部落语言的过程。从春秋战国时期开始,我国历史上就有关于东夷、南蛮、西戎、北狄的记载。所谓夷、蛮、戎、狄,都是居住在汉族周围地区的一些兄弟民族,它们各有自己的语言。《左传·襄公十四年》记载戎子驹支的话说:"我诸戎饮食衣服,不与华同,贽币不通,言语不达。"据汉刘向《说苑·善说》的记载,楚国子晳泛舟湖上,越人拥楫而歌,表示欢迎,但子晳听不懂,要求随员翻译:"吾不知越歌,子试为我楚说之。"④从这些记载中我们可以看到,这些民族的语言

---

① 为了叙述方便,这里的"民族"一词兼指氏族、部落等社会共同体。
② 参考 Dixon, Robert: *The rise and fall of languages*。
③ 斯大林:《马克思主义和语言学问题》,《斯大林选集》下卷,第 520 页。
④ 根据写音,越人拥楫歌的歌辞是:"滥兮抃草滥予昌枑泽予昌州州鍖州焉乎秦胥胥缦予乎昭澶秦逾惨惶随河湖。"鄂君子晳听不懂,经过翻译,才知道是:"今夕何夕兮,搴中洲流;今日何日兮,得与王子同舟。蒙羞被好兮,不訾诟耻。心几顽而不绝兮,知得王子。山有木兮木有枝,心说君兮君不知。"

与汉语是不同的,相互之间不能通话。但经过春秋战国时期的会盟、战伐、兼并等,发生了民族的接触和语言的接触,因而后来史书上看不到各族人民往来时要求有翻译的记载。从这里我们可以推知,夷、蛮、戎、狄等许多民族的人已经会说汉语,甚至已经被汉语替换。春秋战国是我国历史上的一个混乱时期,但从民族关系和语言关系上来说,却是一个民族大融合、语言逐渐统一的时期。在这一时期中汉语成为胜利者,继续按照自己的发展规律发展。

两汉以后,居住在我国北方的匈奴、鲜卑、羯、氐等民族和汉族发生了密切的关系;隋唐以后,契丹、西夏、女真等民族也和汉族发生了密切的关系。随着同一片区域内民族关系的发展,汉语和这些民族的语言的接触程度也日益深化。汉语在这一片地区内的多语接触中继续成为了胜利者。

从历史上看,春秋战国时期的民族融合和语言统一,为秦统一全国、形成一个统一的汉民族奠定了坚实的基础。两汉以来的语言接触和语言替换也有沟通人民往来、巩固国家统一、促进民族融合等方面的积极作用。

二、语言替换的社会原因

两个或几个民族密切地接触,当然需要一种共同的交际工具。究竟哪一种语言能够替代其他语言而成为全社会的交际工具,这是由社会历史条件决定的。建立在生产资料私有制基础上的阶级社会,各民族在经济、政治、文化等方面的发展是不平衡的,有先进与落后、发达与不发达之分。当两个民族的关系日益密切而逐步发生融合的时候,生产力发展水平比较低、文化比较落后的民族,学习生产力发展水平比较高、文化比较发达的民族的经济、政治和文化,显然有利于自己的发展。政治上是否处于统治地位,并不是决定的因素。例如,汉民族在几千年的历史发展过程中曾数度被一些经济、文化上比较落后的民族所统治,但由于它在经济上、文化上处于先进的地位,汉语在语言接触中总是被其他民族所采用而成为胜利者。恩格斯在说明这种规律的时候说:"在长时期的征服中,比较野蛮的征服者,在绝大多数情况下,都不得不适应征服后存在的比较高的'经济情况';他们为被征服者所同化,而且大部分甚至还不得不采用被征服者的语言。"①

魏晋以后,原来居住在我国西北、东北的一些少数民族曾经相继入居

---

① 恩格斯:《反杜林论》,《马克思恩格斯选集》第3卷,第222页。

中原，建立国家，把汉族置于它们的统治之下。当时，这些民族基本上还处于游牧时代，人数也比较少。像匈奴"毋文书，以言语为约束"(《史记·匈奴列传》)，契丹"其俗旧随畜牧，素无邑屋，得燕人所教，乃为城郭宫室之制于漠北……"(《旧五代史》第一三七卷)。女真族到金世宗的时候(相当于南宋孝宗时)还留恋原始社会的遗风，例如金世宗告诫群臣"女直(即女真)旧风最为纯直，虽不知书，然其祭天地，敬亲戚，尊耆老，接宾客，信朋友，礼意款曲，皆出自然，其善与古书所载无异。汝辈当习学之，旧风不可忘也"(《金史·世宗本记》)。这些经济、政治、文化处于落后状态的民族，要建立并巩固其在汉民族地区的统治，都意识到要学习汉民族先进的经济和文化。正是这种客观的要求促使这些民族学习汉语。这样一种历史发展的趋势是不可抗拒的。列宁说过："本国的哪种语言有利于多数人的商业往来，经济流通的需要自然会作出决定的。"①正是这种"经济流通的需要"和文化学习的要求才使汉语替代其他民族的语言而成为各民族相互间的共同交际工具。一些比较高明的统治者就顺应这种历史潮流，采取相应的措施，促进民族融合和语言替换的过程。北魏孝文帝的汉化政策就是我国历史上这方面的一个有名的例子。

语言替换还需要一个客观条件，这就是各族人民必须生活在同一地区，形成杂居的局面。据《晋书·匈奴传》记载，"前汉末，匈奴大乱，五单于争立，而呼韩邪单于失其国，携率部落，入臣于汉。汉……割并州北界以安之。于是匈奴五千余落入居朔方诸郡，与汉人杂处……后复与晋人杂居。由是平阳、西河、太原、新兴、上党、乐平诸郡靡不有焉。"其他如氐、羌等族的情况与此大抵类似，都散居在数量上占优势的汉族人民中间。像少数民族出身的统治者刘渊、苻坚、姚兴等不仅能说汉语，而且都熟读汉语的经史，刘渊还讥笑汉初的名臣名将"隋陆无武，绛灌无文"(见《晋书·载记·刘元海传》)。鲜卑族的拓跋氏以及后来的契丹、女真(包括后来的满)等民族在入主中原以后也与汉族人民杂居，因而也逐步与汉族融合。只有蒙古族在建立政权之后继续保持它相对聚居的局面，而且对于在汉族地区居住和做官的蒙古人，统治者因害怕他们被汉族同化，经常"诏迁其久任者"(见《元史·世祖本纪》、《成宗本纪》等)，元顺帝还"遣使尽徙北还"(《元史·顺帝本纪》)。这些措施，加上元蒙王朝的统治时间不长，聚居的蒙古族就没有与汉族融合，也没有换用汉语，只有一部分和南方汉族人民杂居而没有

---

① 列宁：《关于民族问题的批评意见》，《列宁全集》第20卷，第3页。

北归的蒙古人融于汉族。所以,跟数量上占优势的民族的人民杂居,完全失去自己聚居的人口,也是造成语言换用的一个重要条件。

三、自愿替换和被迫替换

在汉语替换其他语言过程中,有些民族顺乎历史发展的规律,自觉地放弃使用自己的语言,选用汉语作为共同的交际工具;有些民族为保持本民族的语言进行了艰苦的斗争,但迫于经济、文化发展的需要,也不得不放弃自己的语言,学会汉语,实现语言的替换。我们把前一种情况叫做自愿替换,把后一种情况叫做被迫替换。在我国的历史中,自愿替换和被迫替换都有不少的例子。就总的趋势看,隋唐以前,以自愿替换占优势,而在隋唐以后,被迫替换的比重大一些。

从秦汉到隋唐,和汉民族发生融合关系的主要是所谓"五胡",即匈奴、鲜卑、羯、氐、羌等民族。这些民族在取得政权以前,多数已与汉族杂居,受汉民族的文化影响比较深。由于交际的需要,这些民族的人民大多已学会汉语,如氐族"语不与中国同",但"多知中国语,由与中国错居故也"(《魏略·西戎传》)。所以,这些民族在建立政权以后,把汉语作为相互间共同的交际工具,并没有多大的障碍。鲜卑族的拓跋氏在建立北魏王朝以前虽然没有与汉族杂居,但在中原地区建立政权之后,由于经济、文化发展的需要,也学会说汉语。为了加速语言的替换过程,魏孝文帝还制订了一系列政策,禁止讲本民族的鲜卑语,提倡说汉语。《魏书·咸阳王禧传》记载了孝文帝对咸阳王禧论述这个问题的一段话:

> 高祖曰:"……今欲断诸北语,一从正音。年三十以上,习性已久,容或不可卒革;三十以下,见在朝廷之人,语音不听仍旧。若有故为,当降爵黜官,各宜深戒,如此渐习,风化可新。若仍旧俗,恐数世之后,伊洛之下复成被发之人。王公卿士,咸以善不?"禧对曰:"实如圣旨,宜应改易。"高祖曰:"朕尝与李冲论此,冲言:'四方之语,竟知谁是?帝者言之,即为正矣,何必改旧从新。'冲之此言,应合死罪。"

鲜卑族为什么要学习汉语,实行汉化?目的很明确,就是为了避免"数世之后,伊洛之下复成被发之人",丧失拓跋氏的政权。因此魏孝文帝于太和十九年六月"诏不得以北俗之语言于朝廷,若有违者,免所居官"(《魏书·高祖孝文帝本纪》)。由于统治者的政策符合历史发展的规律,因而鲜卑族和汉族融合、鲜卑语被汉语替换的速度是相当快的。据《隋书·经籍志》记载:"后魏初定中原,军容号令,皆以夷语,后染华俗,多不能通。"我们可以从中窥见一斑。

魏晋南北朝是我国历史上的民族融合和民族语言替换为一的一个重要时期。及至隋唐,特别是唐,各民族顺着这一融合的势头融为一体。唐朝的很多王公将相,甚至连唐太宗的皇后长孙氏,都出身少数民族。这些情况都可以说明魏晋南北朝以来的民族融合已进入最后泯灭民族界限的时期,而语言的替换统一自然要早于这个时期。

唐以后与汉族融合并改为使用汉语的主要是契丹、女真(包括后来的满族)等民族。这些民族和魏晋南北朝时期的各个少数民族有所不同:一是在建立王朝以前没有与汉族杂居,二是在建立王朝以后反对学习汉语,总想采取一些相应的措施阻止语言的替换,最后的语言替换是被迫的。金世宗屡次告诫群臣,或发出诏谕,要求使用女真语,保持女真旧风。他命歌手唱女真词,以此告诫王子和诸王:

> 朕思先朝所行之事,未尝暂忘,故时听此词,亦欲令汝辈知之。汝辈自幼惟习汉人风俗,不知女直纯实之风,至于文字语言,或不通晓,是忘本也。汝辈当体朕意,至于子孙,亦当遵朕教诫也。(《金史·世宗本纪》)

金世宗还命令"应卫士有不闲女直语者,并勒习学,仍自后不得汉语"(同上)。

这几段话清楚地说明女真族的皇室成员、卫士已对女真的语言文字到了"或不通晓"、或不娴熟的程度,至于普通老百姓,大概多数只会说汉语了。金世宗在这种不可逆转的趋势面前想阻止融合的发展,规定"自后不得汉语","诸王小字未尝以女直语命之,今皆当更易","禁女直人不得改称汉姓,学南人衣装,犯者抵罪"(均见《金史·世宗本纪》)。他还设法改变女真人与汉人杂居的情况,免被融合:"(金)世宗虑种人(指女真人)为民害,乃令明安穆昆自为保聚,其土地与民犬牙相入者,互易之,使种人与汉人各有界址,意至深远也。"①这个"意至深远",自然也包含防止被汉人同化的意思。但这些措施只能起一时的作用,无法改变女真族融入汉族、女真语被汉语替换的结果。

建立中央王朝之后而与汉族融合的最后一个民族是满族。它总结了

---

① 赵翼:《廿二史札记·金末种人被害之惨》。

历代少数民族与汉族融合的教训,竭力避免被融合的结果。入关前,清太宗皇太极就告诫群臣:"昔金熙宗循汉俗,服汉衣冠,尽忘本国言语,太祖、太宗之业遂衰……诸王贝勒务转相告诫,使后世无变祖宗之制。"(《清史稿·太宗本纪》)但历史发展的规律是不以人们的意志为转移的,汉族的先进的经济和文化迫使满族学习汉语,所以入关后情况就发生了很大变化。顺治时已"渐习汉俗,于淳朴旧制,日有更张"(《清史稿·世祖本纪》),而到康、雍、乾三代则不能不进一步走上与汉族融合、换用汉语的道路。

上述的所谓"自愿替换"和"被迫替换",只是就统治者所采取的政策而言,而不是说"被迫"中没有客观经济、文化发展的基础,"自愿"中没有斗争。北魏孝文帝的汉化政策是民族自愿融合的典型,但也曾遭到以太子为代表的贵族保守集团的强烈反对,最后不得不废弃太子,甚至处以极刑。在这些语言换用中,汉族在政治上处于被统治地位,因而不可能给其他民族的语言施加任何特权。这种不以特权而进行语言替换的方式,是符合历史发展规律的。

四、语言替换的过程

语言替换的过程大体上是先出现双语或多语现象,然后是几种语言中的优势语言逐渐排挤、替代其他语言而完成语言的替换。双语现象或多语现象的出现是语言替换过程中重要的、富有特征性的现象,是两种或几种语言统一为一种语言的必经的过渡阶段。在这一过渡阶段中,一方面是弱势语言母语者所说的第二语言(优势语言)越来越好[1],另一方面是优势语言所使用的范围(官场、学堂、市场、与陌生人交谈、家庭中交谈,等等)越来越大,最终完全替换弱势语言。这是一个漫长的过程,不是在几年中就能得出结果的一次性行动。

双语现象形成后最后是否导致语言的替换,还要看社会历史的条件:如果两个民族向融合的方向发展,相互间的关系越来越密切,其中某一个民族完全失去了聚居人口,则这个民族就会逐渐放弃自己的语言,完成语言的换用,例如前述的鲜卑之与汉的关系;如果两个民族仍然保持相对平衡的状态或向分离的方向发展,各个民族都一直保持相当数量的聚居人口,那么他们就继续各说自己的语言,蒙元与汉的关系大体上属于这一种情形。但语言替换必须经过双语现象的阶段,这一点是没有疑义的。

---

[1] 陈保亚:《论语言接触与语言联盟》,第30—45页。

一般说来，当两个民族生活在同一地区的时候，由于交际的需要，都会互相学习对方的语言。这在史书的记载中可以看到不少线索。李冲反对魏孝文帝的"不得以北俗之语言于朝廷"而主张"帝者言之，即为正矣，何必改旧从新"，可以从反面印证做官的汉人必须会说"帝者"的语言。魏分裂后，北齐的高欢及其继承人虽然想提高鲜卑语的地位，免被汉语替换，但双语现象的存在是很清楚的。例如，《北齐书·高昂传》有这么一段记载："于时，鲜卑共轻中华朝士，唯惮服于昂。高祖每申令三军，常鲜卑语。昂若在列，则为华言。"可见北齐的鲜卑族统治者及其统辖的"三军"都同时掌握汉语和鲜卑语，因而既可以用鲜卑语讲话，也可以用汉语讲话。当时的汉人，也有很多人会说鲜卑语。例如刘昶"呵责童仆，音杂夷夏"（《北史·刘昶传》）；北齐的一个士大夫为了取悦于鲜卑统治者，教儿子说鲜卑语和弹琵琶，"以此伏事公卿，无不宠爱"（《颜氏家训·教子》）。由于汉族在经济、文化方面处于先进地位，汉族人学鲜卑语不是当时的主流，而且被人讥笑为"不得邯郸之步而有匍匐之嗤者，此犹其小者耳"（《抱朴子·讥惑》），而鲜卑等族学习汉语则是当时不可阻挡的历史潮流。

文字是记录语言的工具，双语现象时期语言间的相互影响也可以在文字中找到一些线索。顾炎武在《金石文字记·孝文皇帝吊殷比干墓文》中举了这么一条材料：

> 又考魏书，道武帝天兴四年十二月，集博士儒生，比众经文字，义类相从，凡四万余字，号曰众文经。太武帝始光二年三月，初造新字千余，颁之远近，以为楷式。天兴之所集者，经传之所有也；始光之所造者，时俗之所行，而众文经之不及收者也。则知《说文》所无，后人续添之字，大都出此。

天兴四年是公元401年，始光二年是公元425年，前后相隔24年，通用的新字就增加一千多个。这显然是因为在民族交融、社会大变动的时期出现了大量的新事物、新概念，相应的在语言中出现了大量的新词语，原来的文字不能满足记录语言的需要，因而新字就适应这种需要而产生。南北朝时期不仅大量创造"说文所无"的新字，魏太武帝拓跋焘还利用行政的力量使"时俗之所行"的新字规范化、合法化，加以推广，又使得这一时期大量产生异体字,书写形体也有明显改变。① 这些现象都可以在一定程度上说明双语社会中不同语言的相互影响。

满文源自蒙文,后来随着满汉两族关系的发展,满语与蒙语的关系逐渐疏远,而与汉语的关系日益密切,因而在改进满文的书写形式时就进一步考虑到和汉语的对音,以利于转写汉语的词语(见《清史稿·达海传》)。例如清初的满文,[s][z]不分,只用一个表示[s]的字母,就是说,表示[s]的字母既可以表示[s],也可以表示[z],而满语的[z]与汉语的[ts]相似,因而满文中多用[s]转写汉语借词的[ts]:"罪",满文作[sui],"蝎子",满文作[xiyese]。后来懂得汉语的满族人越来越多,知道[s]与[ts]不同,于是另造一个新的字母代表[ts],以转写汉语的借词。这种现象反映了语言替换过程中的一个步骤。

现代多语地区的语言调查也说明了这一点。在云南汉傣两族共同居住的地区,如果汉族居民的人口比例很高,则当地傣族人群所说的汉语就逐渐地向当地汉语靠拢。②

五、语言换用与底层遗留

在双语阶段,必然会产生语言间的相互影响,即使是被替代的语言,也会在胜利者的语言中留下自己的痕迹。由于汉字不是拼音文字,历史上的这种痕迹今天已不甚清楚,但《颜氏家训·音辞》篇概述当时的汉语已经"南染吴越,北杂夷虏",由此也可见其一斑。

被替代的语言在胜利者语言中留下的痕迹,被称作"底层"。底层最主要的表现有两点,一是被替代语言社团的一些特殊的发音习惯。发音习惯与音位系统和字音分合关系都不同,它只是具体音值、具体发音生理上的区别。比如,我国浙江、上海郊区、福建、广东、海南等地的一些汉语方言中有一种气流由口外吸向口内的浊塞音("浊内爆音")声母,出现这种特殊音值声母的汉语方言,刚好都处于壮侗族先民居住的区域,而壮侗语是具有成系统的浊内爆音声母的语言。因此不少学者认为汉语方言中所出现的浊内爆音是壮侗语留在汉语中的底层。失败者语言发音的保留可能是胜

---

① 顾炎武在《金石文字记·孝文皇帝吊殷比干墓文》中有这样一段话:"今观此碑,则知别体之兴,自是当时风气,而孝文之世,即已如此,不待丧乱之余也。江式表云:皇魏承百王之季,世易风移,文字改变,篆形错谬,隶体失真……文字之不同,人心之好异,莫甚于魏齐周隋之世。"这种现象的产生与融合过程中各少数民族学习汉文、汉字有关。

② 参看陈保亚:《论语言接触与语言联盟》,第30—40页。

利者语言分化为不同地域方言的一个重要因素。底层另一个常见的表现是地名,地名最容易留下被替代语言的痕迹。例如东北的"哈尔滨"、"齐齐哈尔"、"富拉尔基"等等是满语的残留,其中"哈尔"是满语"江"的意思,"哈尔滨"就是"江滨"。

总之,在语言替换的漫长过程中,双语时期语言之间的相互影响会对语言的变化产生很大的影响,甚至在文字中也可以找到这种影响的痕迹。随着一种语言的消亡,这种痕迹就成为两种语言历史上密切接触的历史见证。

可以看出,语言联盟和语言替换有一些相同的地方。它们都是社会或民族密切接触的结果,都是原来不同的语言因后起的密切接触而趋同,都要经历漫长的双语或多语并存的阶段。但两者也有重要的不同。社会条件的不同在于密切接触的各方力量是否相对均衡。这一重要不同带来接触结构的重要不同:各方力量相对均衡则密切接触的结果只是语言在结构类型上趋同,并不统一为同一个语言;各方力量失衡则力量强的一方的语言会替换其他语言而成为唯一的胜利者,几种语言将统一为一种语言,至多使同一种语言带有不同底层的地域变体——方言。

第五节 不同类型不同等级的通用语言进入方言或民族语的层次

一、通用书面语与地方语

语言接触还有一种重要的类型,这就是一个国家中通用书面语对各地方言或语言的影响。第六章第五节我们讨论过书面语的语体特点,着眼点在于书面语语体与口语语体的不同。本章的着眼点则在于书面语的地域通用性,它与只局限于一地的地方语的不同以及对它们的影响。

随着文字的产生,社会生活有了新的分化,语言也随之形成了新的变体。以文字为表达媒介的书面语,与文字学习、科举、政令制定和发布、外交、宗教、文化和科学技术的传承等社会的高层活动相联系,其使用的地域覆盖一个甚至若干个国家,所以有"官方语言"、"宗教语言"、"雅言"、"通语"等不同名称。通用书面语和地方语可以是同一民族语言的风格兼地域变体,如中国古代的"雅言"、"通语"与各地方言;也可以是完全不同的两种语言,如日本、朝鲜、越南和我国南方的不少少数民族都曾以汉语作为通用书面语。书面语具有高于地方语的地位,联系着不完全统一的社会。

书面语通过读书识字的特别途径传播，所及之地不一定地域相邻，这与语言替换和语言联盟在语言接触方式上有很大区别。书面语的地位和接触方式的特殊性，决定了书面语与地方语接触的结果也与语言替换和语言联盟有所不同。另外，书面语所联系的社会的分化程度，书面语与当地语是否是同一语言，也会造成接触的过程和结果有所不同。

二、文白异读与汉语方言中的通用语层次

我国地域广阔，很长时期是中央集权的封建社会。在这种社会条件下，一方面各地经济独立、风俗各异；另一方面有政治文化上的大一统：统一的政令和科举，统一的文字和通用书面语。通用书面语联系着各地政治和文化的统一，联系着各地人民的交际，有着高于方言的地位。

我国不少方言中有所谓"文白异读"的现象，特别是南方方言和山西的一些方言中文白异读非常丰富。文白异读指一个方言中不少汉字（记录的是一个语素）有两个或多个有文雅/俗白风格区别的语音形式，形成成系统的层次。比如山西闻喜方言中，"平坪病明鸣名命丁钉听锭宁零铃领岭清晴井静荆惊经镜庆轻迎影"诸字都有韵母文白不同的两种语音形式：文读韵母为有鼻尾的 iʌŋ 韵，白读韵母为没有鼻尾的 iɛ 韵。文白形式的使用有语用上的区别，也有词汇上的区别。比如，"井"用于指称现代机井（用机械化的方式打出、用较细的铁管插到深层地下水层中、用电动水泵汲水）时一定要用文读韵母，指称农村传统式的吃水井则在当地人交谈时用白读韵母，读书开会（特别是与外地人开会）时用文读韵母。有的字的韵母有三种异读。如闻喜方言中的"水"，在本地人交谈提到"水"时，如果是出现于一般的"水、河水、水萝卜"等词汇中说/fu^{44}/，韵母为 u；出现于"自来水、水管"等词汇中用/fi^{44}/，韵母为 i，出现于 20 世纪 60 年代才在当地出现的"汽水"一词中则说/suei^{44}/，韵母为 uei。而"社"则是在本地人交谈提到"社火"时说/sa^{213}/；"合作社"等词汇中用/siɛ^{213}/，"社会主义"一词中用/sə^{213}/。

为什么一个语素会出现不同的语音形式呢？从语言历时变化的角度看，这是通用书面语对当地方言影响的结果。在绝大多数的情况下，白读是当地语原有形式的继承和发展，文读是外来的、借助文字教育或戏曲传习而传承的通用书面语的形式。不同时期的通用书面语可能不同，所以文读也可能有多个层次。文读的风格身份不是一成不变的，当新的文读进入后，旧文读的风格色彩与之相比就相形而"土"了。所以，分析地方语与外来通用书面语的关系，也不能完全根据文白的风格色彩，特别是遇到有三

个或者更多层次的情况。

通过与历史文献资料和现代方言的对比可以知道,闻喜方言"井"的韵母为 iɛ 及其他一些白读的形式,与西夏重镇黑水城出土文献所反映的宋西北方音中的形式属于同一支方言;"水"的 fi⁴⁴ 形式,与中原官话的关中方言中的形式属于同一支方言,属于所谓"蓝青官话"的旧文读;最新的文读则是 20 世纪 50 年代后期推广普通话后新出现的层次[①]。

分析汉语方言的层次要特别注意我国历代通用书面语的更替。虽然,直至五四运动之前,我国的科举考试一直以先秦时代的文言文为语法规范,以在南北朝时期的韵书《切韵》的基础上精简而成的《平水韵》为语音规范。但是,宋元以来实际上已经出现另外一系贴近当时语言的新的通用书面语,在文化教习(如宋代的《朱子语类》)、政令和外交文书(如《三朝北盟汇编》的一些部分)、特别是新兴的小说戏曲等文学形式中广泛使用,当时叫做"天下通语"。元初周德清在《中原音韵·作词十法》中讲到编写曲文时说:"可作乐府语、经史语、天下通语","不可作俗语、蛮语、谑语、嗑语、市语、方语、书生语(按:指文言)"等。可见当时的"天下通语"已与文言分家,与乐府语、经史语并列,是一种以北方方言为基础的新的书面语。近人任中敏对这一点作过解释,说写文章、作词作曲时采用"天下通语,则天下尽通,后世易晓。若为市语方言,则虽便捷一时,称快一地,要无以明于天下后世……"[②]。后来产生的小说如《三国演义》、《水浒传》、《西游记》、《儒林外史》等都是用这种"天下通语"写的,而《红楼梦》、《儿女英雄传》则是进一步用北方方言的代表点——北京话来写作的作品。同时宋元以后也产生了一些贴近当时北方语音的新的韵书作为词曲戏曲的音韵标准。

还要注意汉字给通用书面语带来的特殊性。由于汉字是不表音的,所以汉语的通用书面语的语音标准只有韵书,只有反切,只能从中得到声韵调的字音归属而没有具体的音值标准,于是各地的人们就可以以各自的音值去读。由于有音类的对应,所以交际时可以通过类的对应而达到相互的理解。直至民国时期灌制"国语留声片"之前,我国的通用书面语都是只有字音声韵调的归类标准,而没有音值标准,各地说各地的蓝青官话。

一个方言是不是有文白异读现象,取决于方言与同时期通用书面语的字音分合关系的差距大小。如果差距不大,则方言往往通过地区内部的言

---

① 王洪君:《山西闻喜方言的白读层与宋西北方音》,《中国语文》,1987 年第 1 期。
② 任中敏:《作词十法疏证》,见《散曲丛刊》第十三种,中华书局,1930 年。

语社团的差异(如新老差异、读书人与文盲的差异)而向通用语靠拢。如果方言与通用书面语的差异很大,则会产生文白异读的现象。

文白异读与今天学习第二语言或普通话而出现的双语现象有所不同。不同在于,文读是在通用书面语没有音值标准的历史时期产生的,各地的文读都经过了各自方音系统的改造,带上了地方味儿,所以文读跟白读从音值看共用一套声韵调系统,都是当地的,听上去说的都是当地话,如闻喜话的上声(如"水、井"的声调)是44调而不是北京的214调。文白的差别则在于字音中声韵调的同音关系不同,如闻喜话"水"的三种读音中声母、韵母的归属各有不同。推广普通话以后,我国的书面语有了语音的标准,它与地域方言不再是同居一个系统之内的文白层次,而是声韵调各有自己体系的两个完整的系统了。

与其他类型的语言接触相比,文白异读一个重要特点是接触双方是源自同一语言的功能变体,亲缘关系比较接近,因此词汇相同的数量比较大,且音类上的对应关系较为明显。这样的接触,会不会有什么特殊的结果?现在发现的一个显著特点是,这种接触的结果会造成语音层次与词汇层次的不完全对应。一是文白异读是同一语素声韵调的文白层次可能杂配,二是一些世代常用的词汇,只要不是本地独用的,也有可能换用文读。比如,"平平的"的"平",闻喜郊区老年妇女说 /tʰiɛ²¹³/,但青年人或男性却说 /pʰiɛ²¹³/,后者的声母换用了文读①,韵母还是白读。

文白异读为我们研究古代方音的情况、古今各个方言在区域上的扩大与缩小、历代通用书面语语音的更迭及在地域上的覆盖范围,提供了宝贵的资料,也为研究书面语与地方语这一特殊的接触类型提供了宝贵的资料。这方面的研究目前正在逐渐深入。

三、外族书面语的层次

不少语言在历史上曾经以其他民族的语言作为通用书面语,这主要有三种情况。

一是同居一个国家共同体之中人口较少、没有自己文字的民族,往往借用文化上占优势的其他民族的文字和通用书面语。比如我国的壮族,历史上很长时期借用汉字并以汉语作为自己的书面语。

---

① 王洪君:《文白异读与叠置式音变》,《语言学论丛》第十七辑,商务印书馆,1992年,第122—154页。

二是借用其他国家的文字和书面语。比如日本、越南、朝鲜历史上曾长期以汉字、汉语作为自己的文字和书面语言。

三是因战争被其他民族征服，一段时期内以他民族的文字和语言作为自己国家和民族的官方语言。比如下面所讨论的英伦三岛曾以法语为官方语言的情况。

他民族书面语的借用会在借入方的语言中造成整齐的词汇－语音层次，同时也可能在历史的不同时期多次地借用。比如，日本借用的汉语书面语，从语音上看主要有两个层次，一是南北朝时期从我国东南沿海借入的"吴音"，一是唐朝从长安借入的"汉音"。英语借自罗曼语族的词汇约占整个词汇的70%，其中很大一部分是来自拉丁语，从罗马帝国到文艺复兴之前，拉丁语一直是整个欧洲的宗教和科技语言。迄今，医学、药学、动植物分类学等领域，学术界仍然统一使用拉丁学名。而另外一部分却是来自战争征服。公元1066年，法国诺曼王威廉在海斯汀之役中击溃了英吉利军队，在英国建立了王朝，法语成了国家、宫廷、教会的语言。在这一时期，英语从法语中借用了大量的词语，一直沿用到现在。例如，state（国家），people（人民），parliament（国会），nation（民族），honour（荣誉），glory（光荣），fine（美好的），army（军队），enemy（敌人），battle（战役），peace（和平），vessel（船），officer（军官），soldier（兵士），court（法庭），justice（审判、司法）等等都是从法语借入的词。有意思的是，英语中的牛（cow），羊（sheep），猪（pig）的名称未变，而牛肉（beef），羊肉（mutton），猪肉（pork）都改用法语词。宫廷中的统治者只关心吃的是什么，而不关心养的是什么，反映了借词涉及的范围限于统治者关心的事物。

书面语借用的社会条件不同，结果也会有差异。在第一种社会条件下，书面语借贷双方的民族同处于一个国家共同体中，除书面语外，两个民族还有地理上相邻、交错居住、通婚等密切的日常接触。于是，他民族书面语的借入，一方面会形成完整的书面语词和书面语音的层次，另一方面在两民族交错居住的区域，两民族的语言系统还会相互感染而形成语言联盟。在第二和第三种社会条件下，书面语借贷双方的民族没有地域上的接触，或是只在短暂征服期有地域上的接触，因此在词汇大量借贷的基础上，可能会发生结构因素的少量借用，比如日语中新生了只用在汉语借词中的鼻韵尾，英语中产生了"拉丁式重音"（英语本族词的重音在词首，而拉丁语名词的重音大多在词的倒数第二音节），但不会导致借入一方整个语言系统在结构类型上的变化，即不会发生整体性的结构类型的变化。比如大量法语词语渗入英语之后,都接受英语语法规则的支配,英语并没有因此而丧失其独立性。另外,由于地域上不相邻,所借书面语的影响只能是单向地施加到借入一方,反向的影响不会发生,因而不会发生彼此的系统感染,不会产生语言联盟。

四、民族通用语言和国家通用语言

民族通用语言①和国家通用语言是资本主义之后出现的更高形式的通用语,这是有具体音值标准的、涵盖书面语和口语两种变体的通用语言。民族通用语言和国家通用语言的区别在于,民族通用语言是一个民族基于本族语形成的通用交际语,而国家通用语言是一个国家各个民族共同的通用交际语。

先说说民族通用语言。

在封建社会,一个地域较大的国家经济上是各地相对封闭的。在这种社会条件下,如果政治上集权的力量强、文化上的统一程度高就会产生中国式没有具体音值标准的通用书面语。而在欧洲,从西罗马帝国灭亡到文艺复兴之前的整个"中世纪"(约公元 395 年—1500 年),一直没有一个强有力的政权,各地城邦林立,地方割据带来频繁的战争。再加上欧洲各地都使用表音文字,即使是使用同一套字母,同一国家中的不同方言写出来也各不相同。因此欧洲各国长期都是以罗马帝国所使用的拉丁文为通用书面语,没有各民族、各国家自己的通用语言。

文艺复兴之后,欧洲各地资本主义的因素逐渐发展,同一国家或同一个较大区域内部的经济文化联系逐渐加强,形成了内部远比封建时期更加统一的社会。与此相应,文艺复兴之后,欧洲各国(包括新统一的德意志共和国)陆续出现了自己的民族通用语言和国家通用语言。

我国则在 1923 年由"国音字典增修委员会"提出以北京语音为我国"国语"的语音标准并得到当时教育部的批准和支持。1956 年中华人民共和国正式发布文件,确定"普通话"为现代汉民族通用语言的口语形式,并指出"普通话以北京语音为标准音,以北方话为基础方言,以典范的现代白话文著作为语法规范"。

一个民族的民族通用语言是在本族语的某一个方言的基础上形成的。究竟哪一种方言成为基础方言,这并不决定于人们的主观愿望,而决定于

---

① "民族通用语言"在一些文献中表述为"民族共同语"。

客观的社会经济、政治、文化等各方面的条件。现代汉民族通用语言，即普通话，确定以北方话为基础方言、以北京语音为标准音，这主要是政治的原因。我国北方的黄河流域的中段，即所谓"中原地区"是汉民族的发源地，是夏商周以至秦汉的中心地区，汉民族从这一中心地区逐渐扩展到了南方，而"中原"一直是汉民族心目中国家的中心。再加上用北方口语写的文学作品（宋元话本、元曲、明清白话小说等）有很大影响，说北方方言的人口也最多，因而北方方言就成了汉民族通用语言的基础方言。北京则是辽、金、元、明、清五代的都城，近千年来一直是一个政治中心。随着千年时间的推移，北京音在全国的影响越来越大，最终被确定为现代汉民族通用语言的语音标准。

伦敦方言成为英吉利民族通用语言的基础方言是由于经济的原因。英国产业革命之后，首都伦敦成为工业的中心，需要大量的劳动力，各地居民纷纷迁入伦敦。操各种方言的人杂居在一个城市之中，使英吉利民族通用语言在伦敦方言的基础上吸收其他方言的一些成分而发展起来。

多斯岗方言成为意大利民族通用语言的基础方言主要是由于文化的原因。意大利在统一以前，著名的文豪如但丁、彼特拉克、薄伽丘等人已用这种方言写了许多脍炙人口的作品，人们要欣赏这些作品，就得依照多斯岗方言去阅读，就得学习这种方言。因此，文化的力量使多斯岗方言在全国的方言中取得了特殊的地位，成为民族通用语言的基础方言，而该方言区的首府佛罗伦萨的语音就成为意大利民族通用语言的标准音。

总之，政治的、经济的、文化的原因都可以使某一个方言取得一种特殊的地位而成为民族通用语言的基础方言。

再谈谈国家通用语言。

在一个多民族的国家中，各民族之间往往还需要一个共同的交际工具，这一共同的交际工具常称作"国家通用语言"。目前，我国的国家通用语言是汉语普通话。2000年10月31日全国人大会常务委员会通过，2001年1月1日起施行的《中华人民共和国国家通用语言文字法》正式确认了普通话作为国家通用语言的法定地位。有的国家的国家通用语言不止一种，例如加拿大的国家通用语言有英语和法语两种，瑞士的国家通用语言有德语、法语、意大利语和罗曼希（Romansch）语。不过在这种情况下多以一种语言为主，如加拿大以英语为主，瑞士以德语为主。与民族通用语言对基础方言的选择相同，一个国家选择哪一个民族的通用语言作为国家的通用语言，也是取决于经济、政治、文化等因素。

民族通用语言和国家通用语言可以加强一个民族或一个国家内部的统一和联系，对于民族和国家的经济文化发展起着重要作用，对于民族认同、国家认同也起着至关重要的作用。作为中华人民共和国的公民,我们有义务、有责任学好普通话,积极推广普通话。同时,实践证明,民族通用语言和国家通用语言不能、也不应该取代方言或其他民族语。方言和人口上占少数的民族的语言都是人类宝贵的非物质文化遗产。一个民族的内部共存有丰富的地域文化,一个国家的内部共存有多彩的民族文化,才能更好地提高民族和国家的经济文化水平。在推广民族通用语言和国家通用语言的基础上,鼓励多元文化的发展,对于民族和国家的认同将会更加有益。这方面的理论研究还亟须深入。

以上四节介绍的是语言接触的一般形式,也即在几种常见的不同社会条件下语言相互接触通常的结果。要说明的是,以上四种形式并不是截然划分的。比如,同一地区的若干民族可能在某一历史时期人口相对平衡,而另一时期因战争等其他因素使得其中一个民族的人口比例突增而打破平衡;一个民族可能部分人口聚居而另一部分人口与他民族混居,因而语言替换只在与他民族混居的部分人口、部分地区中发生,其他人口和其他地区则形成语言联盟。再如,形成语言联盟的各个民族在人口和经济文化上往往只是相对均衡,仍可能会有一个经济文化上相对先进的民族,其他民族向这个民族借用的词汇就比较多,也会形成借词的层次等等。语言接触会造成什么样的语言变化,语言变化与社会条件有什么关系、与语言自身有什么关系,是近几十年来历史语言学界研究的热点。许多问题还没有完全搞清楚。我国历史悠久、地域广阔、民族众多,又有独特的文字体系,是研究语言接触难得的田野基地,在这一领域,我们还大有可为。

第六节 语言接触的特殊形式——混合语

上述四节所介绍的语言接触的一般形式,其接触结果虽然都是在一种语言的系统中增加了一些外系统的要素,但都保持了原系统的本质,并没有因两个语言的接触而发生两种语言的混合并新生出一种新的语言。下面是一些不多见的情况,但对它们的研究为了解语言接触一般结果的产生过程提供了有益的参考。

一、"洋泾浜"

在旧中国,人们往往用"洋泾浜"这种说法来指非正规学会的不登大雅之堂的外语,特别是英语。洋泾浜是上海外滩的一段,位于叫做洋泾浜的河流(早已填没)和黄浦江的会合处。鸦片战争以后,上海辟为商埠,洋泾浜一带成了外国商人聚集的地方。他们和当地的平民接触,就用这种支离破碎的外语通话(官方的通译使用标准语),于是"洋泾浜"成了破碎外语的中国名称。来自洋泾浜英语的词像"康白渡"(comprador,买办)、"拉司卡"(last car,末班车,转指最后一个)、"何洛山姆"(all same,全部)、"温淘箩"(one dollar,一块大洋)等等,曾经在新中国成立前流行于上海,现在上了年纪的"老上海"大概还有印象。

"洋泾浜"是出现在世界好多通商口岸的一种常见的语言现象,不是中国所特有。可是国外语言学界对中国的"洋泾浜"发生了兴趣,根据中国人发英语 business 这个词的讹音,给这种语言现象起了一个学名,叫 pidgin。

"洋泾浜"是当地人在和外来的商人、水手、传教士等打交道的过程中学来的一种变了形的外语。这种变形首先起因于外来者:他们为了使当地人明白自己的意思,常常在语言上做出让步,简化自己的语言,夹入一些当地语言的成分,于是这种变了形的外语就成了当地人模仿的榜样。另一方面,当地人在掌握这种语言的时候,会受到自己语言中语音、语法规则和表达习惯的干扰,又对它进行相应的改变,而这些改变又被外来者所接受。最后,双方仿佛在语言上达成一种协议,产生了一种大家能够接受的交际工具。所以"洋泾浜"是当地人没有学好的外语,是外语在当地语言的影响下出现的变种。"洋泾浜"的共同特点是:语音经过当地语言音系的适当改造,语法规则减少到最低限度,词汇的项目比较少,往往要借助于迂回曲折的说法指称事物。

"洋泾浜"是一定社会条件下的产物,只有口头形式,用于和外国人交往的特殊场合,没有人把它作为母语或第一语言。中国的洋泾浜英语早在18世纪中叶就有记载。新中国成立后,中外交往都用标准语进行,洋泾浜英语失去交际工具的作用,不再被人们使用。在过去,这种语言是在中外人民的交往中随处形成的,没有统一的形式和规范,变体很多。我们根据前人的零散记载介绍它的一些特点。

语音方面,往往用 l 代替 r,比方 room 说成 loom,all right 说成 all light。以辅音收尾的词被加上元音,如 make 变成 makee,much 变成 muchee。汉语不少方言没有/r/,只有/l/,汉语的音节很少用辅音收尾,这些发音特点反映了汉语音系的影响。

洋泾浜英语可以说只用词干来造句,英语中数、格、人称、时、体、态等变化都消失了。另一方面,由于汉语有量词,piecee(=piece)这个词的使用很广，比方 two peicee book(＝two books)。用 side 和 time(读如 tim)表示空间和时间，例如 top-side(＝above), bottom-side(＝below), farside(＝beyond), allo-side(＝around); what-tim(＝when?), nother tim(＝again)。belong(或 belongey)的语法作用非常广泛，突出的是代替系词，例如：he belongey China-side now(＝he is in China), you belong clever in-side(＝you are intelligent), 买东西问价钱通常说 how much belong?

词汇成分基本来自英语。chin-chin(招呼，邀请，请求，尊重)和 chow chow(吃，食物)是两个常用的中国来源的词。此外还夹杂英国人从印度等地带来的词，如 chit(信，账单), godown(货栈)。有些动词性词语后面加-lo，可能就是汉语的"啦、啰"，例如 die-lo, buy-lo, say-lo, pay-lo; wailo(走开!)可能是 away 加 lo。常用词中的 numpa one(＝number one)表示"呱呱叫"，catchee(＝catch)表示"得到、具有"，plopa(＝proper)表示"对、好"(you belong plopa? ＝Are you well?),使用范围都比英语词大得多。由于词汇成分少，不少事物要用比喻或拐弯抹角的办法来指称。现在保存下来的一个典型的例子是把"双烟囱三桅汽船"描绘成 Thlee piecee bamboo, two piecee puff-puff, walk along inside, no can see(三根竹竿，两个吐烟管，走路的家伙在里面，看不见)。

世界上现存最有活力的"洋泾浜"是广泛使用于新几内亚的 Tok Pisin。它经过长期发展，已经成型，有自己的文字、文学、报纸、广播，并且曾经在联合国的大会上用它发言。它的主体是英语，在大约 1500 个词汇项目中，80%来自英语，有简单而明确的音位和语法规则。

Tok Pisin 的音位数目比较少，每一音位可有好些变体发音，比方/s/有[tʃ][ʃ][s]三种自由变体，machine 一词中的 ch 可以随便发成这三个音中的一个。实词的形态变化已大大简化，因而词序严格。及物动词须带后缀-m，例如：mi driman long kilim wanpela snek(＝I dreamed that I killed a snake; 我做梦杀了一条蛇), 其中的及物动词 kili(杀)就带着后缀-m。

和一般的洋泾浜一样，Tok Pisin 的词汇量比较小，不便于表达细微的意义差别，许多词的意义负担很重，要靠上下文来排除歧义。使用拐弯抹角的比喻说法的场合比较多，比方胡子叫 grass belong face(脸上的草), 口渴叫 him belly alla time burn(肚子里直发烧)。过去的材料里还有这样的例子：受惊叫 jump inside, 思考叫 inside tell him, 伤心叫 inside bad, 知道叫 feel inside, 改变主意叫 feel another kind inside, 失眠叫 he took daylight a long time。有些迂回说法确切生动，反映出创造者的机智和幽默感。

"洋泾浜"这种语言现象的产生与17世纪以后帝国主义的殖民扩张有联系,是语言接触中的一种畸形的语言现象。它的使用范围比较狭窄,发展的前途不外两个:一个是随着社会制度的改变而消亡,像我国的"洋泾浜"在新中国成立后便停止通行;一个是发展为混合语,成为某一地区人们通用的交际工具。

二、混合语

洋泾浜的特点之一在于它是一定场合下使用的特殊语言,没有人把它当作母语来学习使用。但是在一定条件下,它也可能被社会采用为主要的交际工具,由孩子们作为母语来学习。在这种情况下,洋泾浜就变成了混合语,又叫克里奥耳语(Créole,是混血儿的意思)。例如非洲某些地区的种植园,不但欧洲殖民者和非洲劳工之间没有共同的语言,就是非洲劳工,由于来自不同的部落,彼此也不能通话。在这样的社会共同体里,唯一通用的交际工具只能是经过洋泾浜化的殖民者的语言。随着不同种族、部落的人互相通婚,克里奥耳语就在家庭里扎根,被下一代的孩子作为母语来学习使用。在非洲以外的地区,像海地有以法语为基础的克里奥耳语,牙买加有以英语为基础的克里奥耳语。美国佐治亚、南卡罗来纳州沿海岛屿上非洲人后裔使用的 Gullah 语,也是一种克里奥耳语,它的基础是英语。洋泾浜一旦升格为克里奥耳,在一个社会的全体成员的口头中扎下根,就会扩大词汇,严密语法,迅速地丰富发展起来,最后也可能会变得和其他语言一样完备。

洋泾浜和克里奥耳都是语言接触的一些特殊形式。它们之间有共同的特点:一种语言远渡重洋,立足异域,或者作为特殊语言使用于有限的范围,或者在那里落户生根。在这个过程中,它必定和当地语言发生密切的关系,吸收对方的一些成分,放弃自身的一些特点,结果在基本保持原有素质的条件下使自己增加一种变体。语言接触的这种特殊的类型实际上也是遵照一胜一败的方式进行的,这同基础方言替代某些土语方言、经济文化上强且人口数量超多的民族语言替换其他民族语,大体上是同样的过程。所不同的是,方言的统一是一个民族语内部的问题,语言的替换是不同民族语之间的问题,但这两者又有共同点以区别于洋泾浜和克里奥耳。即它们都是在一个社会共同体,一片连续的地区里进行的,这过程牵动了整个的社会。洋泾浜和克里奥耳则是语言"远征"的结果,是语言随着殖民者深入异域的产物;使用这种语言的民族只是在老家以其经济、文化、技术上的优势遥为支持,使它在他乡有一临时的立足之地,或者在当地缺乏有效通用语的情况下逐步替代当地各语言。

三、我国境内的土汉语和混合语

与殖民远征无关,在现今我国境内,也发现了一些与洋泾浜或克里奥耳性质类似的语言。

先说类似洋泾浜的情况。

我国从宁夏经陇东、青海、川西到云南、贵州,是汉语和多种少数民族语言相互接触的一个集中地区,学界称之为"语言走廊"。在这一区域内流行着一种洋泾浜式的、未作为母语传递的"土汉语"。比如,川西北的阿坝藏族自治州是汉、藏、嘉戎、羌、回等民族的杂居地区,各族人民为了相互往来而采用汉语作为共同的交际工具。各族人民由于自己母语的干扰,他们所掌握的汉语与汉语的实际状况有很大的区别,形成一种"似汉非汉"的土汉语;而汉族的干部、工人、教师等为了让兄弟民族居民听懂自己的话,也跟着学说这种土汉语,自编自创,推波助澜,促进了这种土汉语的使用。

据调查,阿坝地区的土汉语在语音、语法、词汇等各个方面都有"似汉非汉"的特点。声调由于受到当地没有声调的藏、嘉戎等语言的干扰而在土汉语中消失了。例如,"老师"可以说成"老四",也可说成"老死","保卫"可以说成"包围"。这种现象在学生的学习中就以大量的错别字的形式反映出来,如"天华(花)板""高矮不异(一)"。在辅音的区别特征和音节结构方面,邻近的汉语没有浊塞音、浊塞擦音,也没有复辅音,当地的少数民族语言却具有这些成分,这些成分被带入了土汉语。例如把"成都"说成[tʃʰ ən ndu],"担保"说成[tən mpou]。另外,当地少数民族语言基本上只有单元音,没有复元音,因而韵母中的介音和韵尾在土汉语中不见了。例如"粉条""扁豆"中的"条""扁"由于失去介音 i 而说成"粉桃"和"板豆";"光了"中的"光"因失去介音 u 而说成"钢罗";"幼儿园"的"园"因失去介音 y 而说成"约日烟[jo rə jən]"。汉语的音节只有-n、-ŋ 两个鼻音韵尾,当地的民族语言却有更多类型的辅音韵尾,这些在土汉语中的词也都有出现。例如"萝卜"说成[lo pək],"桌子"说成[tʃok tsə],"帕子"说成[pʰɐ tsət],"灯盏"说成[tən ntʃər]等等。以上土汉语语词的音韵特点,既不是汉语的,也不完全是当地任何一种民族语言的,是一种"似汉非汉"的混合形式。

土汉语的语法结构也出现了混杂的形式。当地少数民族语言宾语在动词前面,能愿动词在主动词后面(如"能说"说成"说能"),修饰语在中心

语的后面(如"白马"为"马白")。这些结构特点也渗入土汉语,使当地土汉语的词序和汉语相去甚远。请比较:

> 头发剃没有。(没有理发。)
> 牙齿洗没有。(没有刷牙。)
> 张三同意常委的请举手。(同意张三为常委的请举手。)

在嘉戎语里,这第三句话的"张三"是宾语,出现在动词"同意"的前面,这符合嘉戎语的规则,但"举手"又按汉语的规则组合,把动词"举"放在"手"的前面,两种规则混杂。全句的主语应该是"你们",这在嘉戎语里由动词的形态变化表示出来,因而省略了;介词"为"的意思也由形态成分表示,这里也去掉了。类似这样的句法特点都是几种语言相互干扰的结果。

如果各族人民全用自己的语法规则来组织汉语的词语,那么土汉语的词序也应该是有规律的。但是使用语言的人往往是"兼收并蓄"不同语言的结构特点,因而使语言现象复杂化。比方说,当地的汉族人希望迁就兄弟民族的语言习惯,但实际却矫枉过正,连主语的位置也加以挪动,如把"我饭吃"(我吃饭),"我他打"(我打他)说成了"饭吃我""打我他"。这就把语言规律搞乱了。词汇的差异也会使语言现象复杂化。同样的意思甲语言用这几个词来表达,乙语言用那几个词来表达,结果使"似汉非汉"的土汉语又增加了一些洋泾浜的色彩。例如:

> 我心里不来。(我想不起了)
> 老乡饭吃一个没有?(老乡吃饭没有?)
> 尿动身。(想撒尿。)
> 他(的)耳朵里不去。(他听不进去。)

像这种混杂有不同语言的结构特点的土汉语,其他地区的汉族人是听不懂的,但在当地却有一定的生命力,少数民族居民乐于接受和使用。和少数民族居民生活在一起的汉族居民,特别是一些教师和干部,也使用这种土汉语。他们不仅用来跟当地的少数民族居民交谈,而且还在会上说,在上课时说,甚至到了大城市见了汉人也说。由于有很多人使用,这种土汉语在当地日常的交际中有一定的影响。但应该承认,这不是一种正常的现象,而是社会生活发生急剧的变化、各族居民交往日益频繁而产生的一种临时性的畸形语言现象,它虽一段时期内在学校教学中使用,但效果不好,不利于语言教学和文化科技知识的传播,也不利于更大区域的语言交际。从语言政策看,我们应当提倡多语并存而不应该提倡这样洋泾浜式的临时性的交际语。这种现象应该会随着民族地区经济文化的不断发展而逐渐改变。

除了做临时交际语的土汉语外,在我国多民族混居的地区,还发现了为数不多的混合语。说这些混合语的人口都很少,但的确已经作为母语来传递。根据 2007 年出版的《中国的语言》,中国境内研究较充分的混合语主要有四种[①]:(1)广西融水县的"五色话",又称"诶话",使用人口 5000 人左右,为壮侗—汉混合语;(2)青海同仁县的"五屯话",使用人口 2000 人左右,为藏—保安—汉混合语;(3)甘肃东乡县的"唐汪话",使用人口 20000 人左右,为汉—东乡混合语;(4)四川甘孜藏族自治州雅江县的"倒话",使用人口 2600 余人(共八个村寨),为汉—藏(康方言)混合语。从语言的特点看,这几种混合语都是语法结构主要取自一种语言,而词汇主要取自另一种或另几种语言。从社会环境的特点看,说这些话的人都是双语者,他们除了会说作母语传递的混合语外,还会说当时居民人口最多的另一种语言。下面简单介绍一下倒话的情况[②]。

将倒话作为母语使用的居民仅有甘孜地区的八个村寨,这些村寨周围的居民主要是藏族。据研究,说倒话的居民是 200 年前清朝的汉族军队、船夫进驻雅江河口镇并与当地藏族长期联姻的后代,有藏汉两个民族的血缘成分。

倒话的词汇几乎全是汉语的,包括核心词汇、基本词汇和绝大多数的一般词汇,只有某些反映当地社会环境特色的语词来自藏语。倒话的音节结构也与周边汉语类似:有依附于音节的四个声调;有 i、u、y 三个介音、i、u 两个元音韵尾;有鼻化韵没有鼻尾韵。但在音位成员和语法规则方面,倒话又具有明显的藏语特点,与汉语差距颇大。从音位成员看,倒话像当地藏语一样有成套的与清音对立的浊阻塞音声母和成套的鼻冠音声母。比如"青蛙"为 /be³³² bɛ⁵¹/,"小腿"为 /kɔ⁵⁵⁴ ndu⁵⁵⁴/。语法方面,倒话不仅像藏语一样是 SOV 型语序,而且在动词的体、态等多种语法范畴和名词的格标记等方面都与邻近的藏语康方言基本一致。比如,动词后加 /kʰe-ʂɿ³³²/ 表

[①] 《中国的语言》,意西微萨·阿错撰,商务印书馆,2007 年,第 2561—2636 页。该书列出了 5 种混合语,但第 5 种(西藏察隅县的扎话)的性质还不是很清楚,这里暂不讨论。

[②] 《中国的语言》,意西微萨·阿错撰,第 2621—2636 页。

示现在进行体、亲验情态①,加 /kʰɐ-se³³²/ 表示现在进行体、非亲验情态,加 /di-jiu⁵¹/ 表示持续体、亲验情态等;而名词后加轻声的格标记 /ki/ 则表示及物动词的施动者或工具。另外,形容词做定语要放在中心语之后,也是与汉语不同而与藏语相同的。

我国境内的土汉语和混合语,是研究语言接触的社会条件与语言变化之间关联性的珍贵案例。弄清它们所处社会条件的特殊性,更长期地跟踪其语言变化的全过程,不仅对于了解语言接触的特殊形式有直接意义,而且对于更好地了解语言接触一般规律的全过程,特别是其中的一些细节,也一定会有珍贵的价值。

四、世界语

随着世界各族人民的交往日益频繁,为了打破语言的隔阂,人们自然地产生一种理想,希望能有一种大家都接受的世界语,作为各族人民往来的工具。为了实现这种理想,从 17 世纪起,不断有人设计世界语的方案。这样的方案出现过几百种,由于深奥难学,或者矫揉造作,都没有获得成功,多数方案甚至只是设计者抽屉里的东西。

比较成功的是波兰医生柴门霍夫(L. L. Zamenhof)在 1887 年创造的"世界语"(Esperanto)。这种语言的词汇材料主要取自拉丁族语言,也有一部分取自日耳曼族语言和希腊语。语法规则十六条,没有例外。采用拉丁字母书写,一字母一音,多音节词的重音一律落在倒数第二个音节。词根可以自由地复合成词;派生词的构成可利用一套丰富的前后缀,方便灵活。实词有划一的形态:名词收-o,动词(不定式)收-i,形容词收-a,副词收-e。名词有单/复数和主/宾格的变化,复数的标志是-j,宾格的标志是-n;形容词必须和所修饰的名词同数同格,保持一致。动词有时的变化(现在时-as,过去时-is,未来时-os)和主动、被动的变化。整个方案备有词典、语法和范文。

世界语兼采欧洲各种语言的词汇材料和语法格局,加以简化划一,可以说是欧洲各大语言的一个合理化的公分母,也可以说是一种人造的洋泾浜。它模拟自然语言,没有枯燥乏味矫揉造作的味道;它简单易学,懂得欧洲语言的人都有一种似曾相识的感觉。比方下面两个句子,大家不难猜测

---

① 亲验情态是藏语的一种语法范畴,它的功能是区分句中所述是否为说话人熟知或亲身经历。

是什么意思：Ni（我们）estas studentoj de la Pekina universitato. Ni lernas Esperanton。① 世界语正因为有这些优点，所以问世以后受到广泛的欢迎，各国都有爱好者用它来互相交往，举行国际大会，翻译出版各种译著。现在，各国的爱好者有几百万人。我国也有世界语爱好者的组织，并出版了刊物和读物。

不过，世界语毕竟是一种人造的国际辅助语，它不能代替自然语言作为人们的母语或第一语言。前面谈过，语言一进入使用就会发生演变，演变的结果就会出现分歧而形成方言。世界语作为一种国际辅助语，更需要不时进行规范，统一口径，才能保持其通用性。就语言的基础来讲，世界语的国际性其实只限于印欧系语言区，对其他地区的人来说，它仍然是一种陌生的不易掌握的工具。这也不能不说是一个很大的局限。

经过百余年的实践，现在的情况已经比较清楚了，人工设计的世界语没有什么前途，反倒是经济、科学上占优势的民族的自然语言，会在各国交往中起到不同民族共同交际语的作用。

---

① 这两句话的意思是："我们是北京大学的学生。""我们学习世界语。"

第九章 语言系统的演变

前两章我们从语言变化的外部动因出发,分别讨论了语言的分化和语言的接触。在"语言的接触"这一章中还比较详细地讨论了语言接触引发的语言变化会有什么样的过程和结果。本章则从语言系统内部,语音、语法、词汇三个子系统分别来观察语言内的变化有什么规律和结果。特别要讨论在不考虑外来影响(语言接触)的条件下,语言系统自身各个分系统的演变会有什么样的结果,演变的方式和途径又是怎样的。语音、语法、词汇三个子系统各自相对独立,自成系统,但三者之间也有密切的联系。一个子系统的变化可能会引发其他子系统的调整,有关现象我们在分别讨论三个子系统时都会提到。

第一节 语音的演变

一、何以知道语音的演变

在留声机和录音机发明以前,语音一发即逝,无影无踪,但是我们还是有办法知道语音在变,而且还能在一定程度上知道它是怎样变化的。我们的凭借主要有三个,一是方言和亲属语言,一是记录了语言的过去状态的文字,一是古代借词。

语言演变的不平衡性使同一语言在不同的地区表现出差异。这些差异往往代表某一语言现象的不同发展阶段,我们正可以从地域的差别中去探索有关现象的发展过程。例如,汉语有些方言的声母分尖、团,有些方言不分,这种歧异的现象为研究语音的发展提供了一条重要的线索。尖音和团音是汉语音韵学、方言学经常运用的两个术语。通俗地说[①],舌面前塞擦音、擦音与齐、撮二呼的组合叫做团音,京剧里的"基"念/tɕi/就是团音。这是中古汉语的舌根音在/i//y/前发生腭化的结果(参看第七章"语言演变与语言分化")。舌尖前塞擦音、擦音与齐、撮二呼的组合叫做尖音,京剧里的

---

① 更严格的定义请参看唐作藩:《音韵学教程》,北京大学出版社,2002年。

"祭"念/tsi/就是尖音。如果齐、撮二呼前的舌尖前塞擦音、擦音也因腭化而变成舌面前塞擦音、擦音,那就说明尖、团合流,在语言中不分尖、团。我们只要把方言的有关差别稍加排列,就可以看到这种尖、团合流的轨迹。请看吴方言尖、团分合的一些情况:

例字	苏州	上海	宁波
基	tɕi	tɕi	tɕi
祭	tsi	tɕi	tɕi
旗	dʑi	dʑi	dʑi
齐	zi	zi 老,ʑi 新	dʑi, ʑi
权	dʑø	dʑyø	dʑy
全	ziI	ziI 老,ʑiI 新	dʑiɣ, dzø(少数人)

从这个表中可以看到,苏州、上海、宁波三地的尖、团分合各不相同:苏州话不论清浊都分尖、团,说明尖、团没有合流。宁波话不论清浊都不分尖、团,说明尖、团已经合流,但从一些两读的字(如"全"可读[dʑiɣ],[dzø])中可以看到,某些/ts/组字还可读它本来的舌尖前音,说明它变成/tɕ/组音,即尖、团合流的时间还不太久远。① 上海话的清音不分尖、团,而老派的浊擦音还分尖、团,说明它还没有完成最后的合流过程。② 这些差别向我们提供了吴方言尖、团合流的一些线索:从地域分布看,从南往北,宁波话先合流,上海话次之,现在还没有完成合流的全过程,而苏州话还分尖、团两套。从合流的时间看,还不太久远。一部分上海人的语音情况还为上海话尖、团合流的发展顺序提供了一个重要的消息:合流的先后与发音方法有关,清音和浊塞擦音先合流,浊擦音晚合流。这些情况说明,一种语言在地域上的差别可以反映语音在时间上的发展序列,在同一地点上不同人群中的差别也可以反映语音在时间上发展的不同阶段,只是后者反映的时间跨度更小,阶段更细密。如果我们把全国方言的差别作一个系统的比较,几乎可以整理出一部活的汉语语音史来。总之,研究方言或亲属语言的差别是探索语言发展史的一条重要的途径。

文字是记录语言的书写符号,文字的读音和拼写规则要适应语言的状

---

① 根据德国 P. C. von Möllendorff 编写的 *Ningpo Colloquial Handbook*(《宁波方言手册》,1910 年)所提供的材料,19 世纪末 20 世纪初的宁波话还分尖、团。

② 根据《江苏省和上海市方言概况》的材料,上海话一律分尖、团。我们这里举出的是一部分上海人的语音情况,它比较清楚地反映出尖、团合流的过程。

况。文字具有保守性,语言起了变化,文字往往还是老样子,或者虽然作了调整,但过了一些时候又会落在语言的后面。我们正可以利用文字的保守性去探索过去的语言面貌和它的演变线索。这在一些采用拼音文字的语言中是一种行之有效的方法。英语"fight""light""height"等字中的"-gh-"不发音,根据拼法并参照现代方言的读音,我们可以知道它过去念[x],后来消失了。又如 a, e, i 这三个字母在现代英语中每一个都至少有两个读音,一长一短,比较拼写法和现代读音,可以发现长元音经历了很大的变化。原来字母 a 代表低元音[aː],e 代表半高元音[eː],i 代表前高元音[iː]。15—17 世纪的时候,长元音[iː]变成复合元音[ai],留下[iː]这个空格,吸引[eː]高化成[iː],同样,[aː]也就高化成[eː]。大概到了 18 世纪的时候,长音[eː]又变成复合元音[ei]。经过这些变化,现代英语里字母 a, e, i 的长音发成了[ei],[iː],[ai]。例如"name"[neim](名字),"play"[plei](游戏);"geese"[giːs](鹅,复数),"detail"[diːteil](详情),"fleet"[fliːt](舰队),"mediate"[miːdieit](调解);"wine"[wain](酒),"mice"[mais](小老鼠,复数),"nine"[nain](九)等。从这种读音和字母的比较中,我们就可以知道英语元音的实际发音已经经历了一个很大的变化。

阅读拼音的古代文献,如果不知道词的古音,就没法读懂。汉字不是拼音文字,阅读用汉字书写的古书不会发生这种问题。比方"人"字的读音已几经变化,但书上的字的书写形体并没有随语音的变化而改变,不管历代读什么音,方音如何分歧,它都代表着汉语中那同一个词。汉字的跨时代、跨地区的特点显然给考察语音的变化带来了困难,因此要探索汉语语音的变化,必须通过别的途径。古人喜欢做诗,做诗讲究押韵,我们可以从诗文的用韵中看到古音的痕迹。《诗经》代表先秦时代的上古音,唐诗代表中古音。我们这里举几首唐诗的例子。如李白的《静夜思》:

  床前明月光,疑是地上霜。
  举头望明月,低头思故乡。

"光""霜""乡"押韵,今天在多数方言中也还押韵,说明它们从唐代到现代经历了基本相同的变化。崔颢的《长干曲》情况就不同了:

  家临九江水,来去九江侧。
  同是长干人,生小不相识。

"侧""识"押韵,而这两个字在今天的普通话里,一个读[tsʰə],去声,一个读[ʂʅ],阳平,二者不押韵,说明"侧"和"识"各自都发生了相当大的变化。如果我们参照"侧""识"在现代方言中的读音,还可以进一步发现这种变化的痕迹。在上海话里"侧"读[tsɐʔ],"识"读[sɐʔ],韵母和声调都相同,仍旧押韵。我们可以顺着这个线索去寻找语音变化的轨迹。

汉字的意音文字体系以形声字为主,声符代表音,形符代表义。在造字的时候,同声符的字读音相同或相近。现在"舅"字的读音与声符"臼"(jiù)相同,"杞"字的读音与声符"己"相近。但很多汉字的声符已经不再代表汉字的实际读音了,例如"通"从"甬"得声,"移"从"多"得声,"橘"从"矞"得声,"潘"从"番"得声,它们现在的读音和声符相去甚远,这是语音演变的结果。按照谐声造字的原则,它们在古代的读音应该是相同或相近的。根据有些语言学家的推测,"甬""移""矞"原来也有声母("甬""移"丢了一个与[d]相近的边音[*ʎ]或[*l],"矞"丢了一个[*g]);"番"原来的声母也是双唇音,和"潘"的声母的发音部位相同,这还可以在广东的地名"番[pʰan]禺"的读音中找到印证。对汉语语音史的研究来说,形声字是一项重要的资料,不过研究中应该以古文字为准。

古音还可以从古代的借词去探索。东汉以后,随着佛教的传入,翻译了大量经文。很多词语都用当时的汉音去对译梵音。这些译名的读法在汉语里虽然发生了很大的变化,但原文是梵语的拼音,我们可以从拼写中知道相应汉字的古代读音。例如佛经中"佛陀"是梵语 buddha 的译音,这就清楚地告诉我们,在当初翻译的时候,"佛"大致念"bud","陀"大致念"dha"。其他的字也可以用同样的方法知道它们古代的大致读音。把这些读音和今天的语音进行比较,我们就可以找到音变的线索。这是古汉语从外语借入的词所提供的线索。另一方面,外语从古汉语借去的词同样也能提供音变的线索。隋唐时期,汉民族的文化对日、朝、越等国有很大的影响,它们从汉语借去大量词语,这些词语的读音仍在不同程度上保留着当时汉语的语音特点,有重要的参考价值。例如"鸡""饥"两字:

	日译吴音	日译汉音	朝鲜译音	越南译音
鸡	kai	kei	kiei	ke
饥	ki	ki	kɯi	ki

这说明"鸡""饥"两字在隋唐时韵母不同,不是同音词,它们的声母是[k],还没有腭化成现在的[tɕ]。

古代借词,不论借入借出,都要考虑到年代和地域的因素。比方日语从汉语借去的"吴音",在年代上早于汉音;吴音是从东南沿海一带的方言借去的,汉音是从华北借去的,所以同一个汉字,吴音和汉音就不一样。其次,借用的时候,为了迁就自己的音系,对原来的音可能会作不同程度的变更,这就要求我们在使用借音材料的时候要谨慎小心,不能粗枝大叶。总的说来,对音的材料愈丰富,可用来印证和比较分析的价值就愈大,可以为古代某个时代的语音面貌提供可靠的线索。

综上所述,通过对社会方言、地域方言或亲属语言、文字、诗词、借词等材料的分析,我们可以知道一种语言语音演变的轮廓和线索。

二、语音演变的规律性和演变机制

不受外系统接触影响的语音演变,其结果通常是很齐整的,可以用"规律"的形式表达出来。为什么语音系统自身演变的结果通常是很齐整的呢,是什么样的演变方式导致了这样的演变结果呢?研究表明,这是由于每个音位都处于系统之中,是音系平行对称性制约(参见第三章第五节)了音系演变的方式和结果。

音位是一束区别特征。有共同区别特征的音位构成一个聚合群。辅音音位的聚合一般按照发音部位和发音方法来安排。例如,语言学家推测汉语在隋唐时代的辅音音位系统大致如下:

p	p^h	b	m				
t	t^h	d	n				l
ṭ	$ṭ^h$	ḍ					
ts	ts^h	dz		s		z	
tʂ	$tʂ^h$	dʐ		ʂ		ʐ	
tɕ	$tɕ^h$	dʑ	ɲ	ɕ		ʑ	
k	k^h	g	ŋ	x		ɣ	

横行的辅音音位发音部位相同,纵行的辅音音位发音方法相同(其中[ts tʂ tɕ]三行的头三个音为塞擦音)。音位的演变以区别特征为单位,某一区别特征的变化不只涉及一个音位,而且会涉及同一聚合群中具备这一区别特征的其他音位。比方说,"清—浊"是中古汉语的一对区别特征,后来浊音这个区别特征在很多方言中消失了,影响所及,涉及全部浊音,上表中

划方框的音位全部消失。①

"浊音"这一区别特征的消失使原来的浊音与同部位、同方法的清音合并。清擦音没有送气与否的区别,浊擦音的来归,不发生送气的问题;清的塞音和塞擦音都有送气与不送气两种,浊音来归,从理论上说有:(1)全归送气,(2)全归不送气,(3)仄声归送气、平声归不送气,(4)平声归送气、仄声归不送气四种可能。汉语北方话选择的是第四种办法,即把原先浊音中的仄声特征同不送气特征结合起来,平声特征同送气的特征结合起来。这样,原来的浊音就发生了如下的分化:

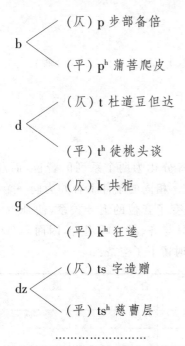

这一演变的规律可表述为:
(1) 浊擦音和同部位、同方法的清音合并;
(2) 浊塞音和浊塞擦音在与相应的清音合并时又依声调的平仄而分为:
  ① 平声的浊塞音、浊塞擦音和相应的送气清音合并;
  ② 仄声的浊塞音、浊塞擦音和相应的不送气清音合并。
聚合群中的音位的一个演变过程一般只涉及其中一个区别特征的变

---

① 北京话声母中的[ɻ],(如"日""人"的声母),是从上表中的[ȵ]变来的。

化,不会同时影响该音位的其他的区别特征。我们前面讲到过的/i//y/前的/k//ts/在不少方言中都发生了变化,变成/tɕ/,除了由发音部位所构成的区别特征以外,其他特征并没有发生变化。根据某一区别特征的变化必定涉及同一聚合群中所有具备该特征的音位的原理,/i//y/前的/k/由舌面后(舌根)变成舌面前,那么和/k/处于同一聚合群中的所有舌面后音/k kʰ g x ɣ/①都会发生同样的变化;同理,/i//y/前的/ts/由舌尖前变成舌面前的时候,同样也会涉及同一聚合群中的/ts tsʰ dz s z/,结果引起了一系列音位的分化和合并。例如北京话里:

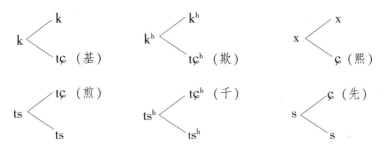

这样,/k/音位系列和/ts/音位系列各分化为两个系列的音位,而/k//ts/这两个系列的音位则又在/i//y/前这一相同的条件下合并为同一个系列的音位/tɕ//tɕʰ//ɕ/。这一个变化也改变了音位的组合关系,使/k//ts/两组音位只与开、合二呼配合,而/tɕ/组只与齐、撮二呼组合,因而/k//ts//tɕ/三组声母在与开、齐、合、撮四呼组合时留下了空格:

韵母组合 声　母	开	齐	合	撮
k	＋		＋	
ts	＋		＋	
tɕ		＋		＋

这种空格对探索语音的历史变化往往有启发作用,能使人去推测变化前的情况。

总之,语音的变化有很强的规律性。这种演变的规律性有几个明显的特点。第一,变化有一定条件的限制。比方/ts//k/两组腭化为/tɕ/组的条件就是在齐、撮二呼的前面。浊音清化的条件限于辅音中的口音,不涉及

---

① 这里发音部位的变化只涉及口音,鼻音的变化自成一类,所以没有/ŋ/。

鼻音和边音,更与元音无关;其中浊塞音和浊塞擦音清化时还按声调的平仄而有送气与不送气的区别。凡符合条件的一律都变,没有例外。如果出现例外,那也可以找出产生这种例外的原因。比方宁波话,古代的/k/在相当于上述齐、撮二呼的条件下也和北京话一样腭化而成/tɕ/(如"基""鸡"等),所以在语音系统中应该不再有像/ki//kʰi/这样的音位组合。但是,我们在实际的语言中却发现有/ki/(甘、干、敢)、/kʰi/(看,"让我看看看"中的头两个"看")等的音位组合。这些音为什么没有在同样的条件下如同"基"那样也腭化成/tɕ/ /tɕʰ/呢?这就涉及语音演变规律的第二个特点:时间性。语音演变规律只在一段时期中起作用,过了这一时期,即使处于同样的条件下也不会遵循原来的规律发生语音变化。现代宁波方言的/ki/(甘)、/kʰi/(看)等音位组合是在腭化规律起作用的时期以后产生的语音现象,所以不受这一规律的支配。语音演变规律的第三个特点是地区性。前面讲过,语言的演变是像波浪一样从一个中心向外扩散的,而且扩散有地域的限制,所以音变只在一定的地域中进行。浊音清化的规律在北方话系统中是普遍起作用的,而在吴语区和湘语区则仍保留原来的浊音,并没有发生清化的现象。语音演变的规律性及其所具有的特点,为我们研究语音演变的历史提供了广泛的基础。

三、语音对应关系和历史比较法

从一种语言分化而来的方言或亲属语言,虽然由于语言发展的不平衡性而使各方言或亲属语言的语音呈现出种种差异,但是语音的发展有严整的规律性,这就使得差异之中存在着有规律的对应关系。晚清白话小说《二十年目睹之怪现状》第三十四回有这样一段叙述:

> 端甫道:"其实广东话我句句都懂,只是说不上来;像你便好,不拘那里话都能说。"我道:"学两句话还不容易么。我是凭着一卷《诗韵》①学说话,倒可以有'举一反三'的效验。"端甫道:"奇极了!学说话怎么用起《诗韵》来?"我道:"并不奇怪。各省的方音,虽然不同,然而读到有韵之文,却总不能脱韵的。比如此地上海的口音,把歌舞的歌字读成'孤'音,凡五歌韵里的字,都可以类推起来:'搓'字便一定读成'粗'

---

① 《诗韵》指平水韵,它是供作诗查韵的书。同韵的字选择一个字做代表,叫做韵目,置于韵首。这里谈到的"四豪""五歌""六鱼""七虞"中四、五、六、七是韵目的排列次序,豪、歌、鱼、虞是韵目。

音,'磨'字一定读成'模'音的了。所以我学说话,只要得了一个字音,便这一韵的音都可以贯通起来,学着似乎比别人快点。"端甫道:"这个可谓神乎其用了!不知广东话又是怎样?"我道:"上海音是五歌韵混了六鱼、七虞,广东音却是六鱼、七虞混了四豪,那'都''刀'两个字是同音的,这就可以类推了。"端甫道:"那么'到''妒'也同音了?"我道:"自然。"端甫道:"'道''度'如何?"我道:"也同音。"端甫喜道:"我可得了这个学话求音的捷径了。"

这说明不同方言之间存在着对应规律,有些人还自觉地在运用这种对应规律。"豪""歌"两韵在今天的北京、上海、广州三地的对应大体如下表所示("鱼""虞"两韵的对应比较复杂,这里从略)。

韵母	方言读音条件	北京	上海	广州	例字
豪		au	ɔ	ou①	操刀袍 毛高遨
歌	双唇	o	u	ɔ	波磨
	舌尖	uo			多罗陀 梭搓
	舌根 零声母	ɣ			歌和俄②

① 广州话的"补""捕""布""步""部"等的韵母也读(ou),所以说"六鱼、七虞混了四豪"。
② 关于诗韵的例字可参看王力主编的《古代汉语》(1981年第二版)1661页。

汉语方言间的语音对应关系是由语音演变的规律以及它所具有的特点(条件性、时间性和地区性)决定的。这种对应不仅存在于韵母中,也存在于声母和声调中。前面讲到浊音这一区别特征的消失曾引起汉语语音系统的巨大变化,由于这种变化规律是在一定的地区、时间和条件下进行的,因而尽管时过境迁,我们却可以找到浊声母在各地的有规律的对应关系。例如上海话和北京话的双唇塞音有如下对应:

(1)上海话的 p 相当于北京话的 p;

(2)上海话的 p^h 相当于北京话的 p^h;

(3)上海话的 b 相当于北京话的 p 或 p^h;条件是:仄声字相当于 p,平声字相当于 p^h。

这种对应规律可用图表示：

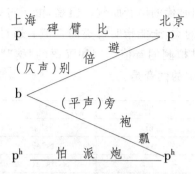

凡是上海的浊塞音和浊塞擦音都可以通过这样的规律去寻找它和北京话的对应关系。掌握了这种对应关系，方言区的人在学习普通话的时候，可以成批地类推，不必一个一个字地死记。语音对应规律是推广普通话中经常使用的有效工具。

有的方言随着社会的分化可以变成亲属语言。亲属语言之间也一定存在着语音对应关系。像法、西、意、葡、罗这些拉丁系语言，英、德这些日耳曼系语言之间，都分别存在着有规律的语音对应关系。

总之，语音演变有高度的齐整性，如果处在某种条件下的甲音变成乙音，那么所有处在同样条件下的甲音都会变成乙音。正因为这样，语音的演变可以用规律的形式表述出来。我们正是根据这种有规律的语音对应关系来确定语言的亲属关系的。

方言之间或亲属语言之间的语音对应关系为研究语言的历史发展提供了广泛的可能性。我们现在只能看到方言或亲属语言的现状，看不到它们所从出的原始"母语"的面貌。但是，如果把方言或亲属语言的基本词汇里面的词加以比较，从中归纳出语音对应关系，我们也就可以推知原始"祖语"的许多事实。根据语音对应关系，比较方言或亲属语言之间的差别来拟测原始"祖语"的方法，叫做历史比较法。历史比较法以今证古，推测一群方言或亲属语言的原始面貌。有了这个起点，整群方言或亲属语言的分化、发展的过程也就能得到说明。所以历史比较法是推溯方言或亲属语言的演变过程的有效方法。这种方法曾经系统地应用于印欧系语言的研究，拟测出各个语族乃至整个语系的原始母语，使印欧系语言的演变过程大致得到了说明。

这种方法同样也可以用来研究其他语系的语言。应用这种方法研究汉语的中古音系已经取得了丰硕的成果。我国自从魏晋南北朝以来就有好多韵书记录了不同时代的语音面貌。但是，由于古人缺少有效的标音工具，韵书只能反映音的类，未能指明每类的音值。通过方言的比较，我们就能为古代的音类提供拟测的音值。例如汉语的"纳""擦""百"三字是入声字，它们在下列方言中的读音是：

	纳	擦	百
北京	na	tsʰa	pai
苏州	nɤʔ	tsʰaʔ	pɒʔ
梅县	nap	tsʰat	pak
广州	naːp	tsʰat	pak
厦门	lap	tsʰat	pɪk, paʔ

比较这些字的韵尾，有的方言有[p][t][k]三种，有的方言只[ʔ]一种，有的方言失去辅音韵尾。这三种共存的状态可以构成历史演变的三个阶段：最早是[p][t][k]，它们后来合并成[ʔ]，这个[ʔ]后来又脱落，变成北京话的开音节。正像根据事故的现场推断肇事的经过一样，按照音理，这是唯一可能的推断。如果说北京话代表最初的状态，就无法说明像苏州话的[ʔ]是怎么来的，广州话的[p][t][k]又是怎么出现的。如果说苏州话代表最初的状态，同样无法解释广州话[p][t][k]的出现条件。上述的这个结论正好和记录中古音系统的韵书的分类一致。我们可以推断，汉语在中古时期存在这三个韵尾，而且还可以说，汉语中有一类辅音韵尾经过了从[p][t][k]合并为[ʔ]到最后脱落的发展过程。显然，这是在材料所及的范围内得出的结论。要是今天的广州话变得和苏州话一样，而古人又没有给我们留下韵书，那么我们就很难知道在[ʔ]之前还有[p][t][k]的阶段；要是既没有古代的韵书，而今天所有的方言又都失去了辅音韵尾，那么我们就压根儿不知道汉语中曾经有过这类韵尾。能够揭示的历史演变情况的详细程度是和用来比较的方言和亲属语言的材料的丰富程度成正比的。

第二节 语法的演变

语法的演变可以从演变结果和演变方式与途径两个方面来考察。从演变结果看，语法演变可以分为组合规则的演变、聚合类的演变这两个互相有联系的方面。从演变方式和途径看，则主要有类推、结构的重新分析与语法化等。

一、组合规则的演变

　　语法的组合规则表现为一套结构格式，这些格式可以互相套合，格式中的成分可以由有关聚合中的成员自由替换，这样，无数的句子就在少数语法规则的支配下造出来。语法规则具有高度的抽象性，因此也具有巨大的稳固性。尽管这样，它们还是在表达的要求、语音的演变、语法的类推等各种因素的作用下，处在逐渐的演变之中；而且组合规则和聚合规则互有联系，一类的演变可能引起另一类的演变。

　　组合规则的演变主要表现为词序的改变。印欧语最早的词序，从古印度的文献《梨俱吠陀》中可以看出，宾语在动词的前面。"宾—动"的次序是当初句法的主要特点。与此相联系，关系从句在主词之前，修饰语在中心语之前。随着语言的发展，印欧系语言大多由"宾—动"型变成"动—宾"型，与此相联系，关系从句从主词之前移到主词之后，修饰语移到中心语后面。这个变化经历了漫长的过程，到现在，英语修饰语的位置还没有完全变过来，还处在两可之间，例如"学生的书"既可以是"the student's book"，也可以是"the book of the student"。用"of"表示原来属格所表示的意义，使修饰语后置，是后起的格式。据统计，公元10世纪的时候，用"of"的结构只占领属结构的1%，到14世纪，增加到85%，现代英语的百分比还要高。属格意义的前置、后置两种形式同时并存的情况，说明英语还没有完全实现上述词序的改变，而在法语中，这些变化已经完成了。

　　汉语缺少形态，词序特别重要。从文献材料看，汉语的词序从古到今有一些改变。我们不妨引一段古书来看看古今语法的异同。下面是从《战国策》的"邹忌讽齐王纳谏"中引来的一段文字：

　　　　邹忌修八尺有余，而形貌昳丽。朝服衣冠，窥镜，谓其妻曰："我孰与城北徐公美？"其妻曰："君美甚，徐公何能及君也？"城北徐公，齐国之美丽者也，忌不自信，……旦日，客从外来，与坐谈，问之："吾与徐公孰美？"客曰："徐公不若君之美也"。

　　这段文字里的词序和现代基本相同，重要的差别有：

　　第一，"我孰与城北徐公美？""孰"是疑问代词，可以放在介词词组的前面，这是古代特有的句法格式，而下面一句"吾与徐公孰美？"则跟现代的词序一致。

　　第二，"君美甚"，副词"甚"可以直接跟在形容词之后，而现代汉语必须在形容词之后加"得",说成"漂亮得很。"

第三,"忌不自信",代词"自"作宾语放在动词之前,这也是古代汉语特有的句法格式,现代的说法应该是"邹忌不相信自己(比徐公美)"。今天的"自救""自治""自杀""自肥""自封""自夸""自卫""自问""自信"等中的"自"既是动作的对象,又与动作的主体所指相同,是古代句法结构遗留在现代汉语复合词中的痕迹。

词序在汉语语法中占有特殊的地位。从先秦的古代汉语发展到现代汉语,词序方面有几处发生了重大的变化。"忌不自信"中作宾语的代词放在动词之前变为放在动词之后,这是最引人注目的一种变化。参照古代的文献资料还可以看到这种演变的轨迹。例如代词"是"在西周、春秋的金文和该时期的作品如《诗经》中,作宾语的时候都是前置的:陈逆簋的"子孙是保"("是"指这件簋),毛公鼎的"是用寿老",以及"君子是识"(《诗·大雅·瞻卬》),"是刈是濩"(《诗·周南·葛覃》),"他人是保"(《诗·唐风·山有枢》)。《论语》《左传》大部分是在战国初期或中期编成的,宾语"是"在这些作品中已以后置为常,不过用作"以"和"用"的宾语时仍都前置。《左传》是根据古代史料编成的,因而还保留不少用作宾语的"是"前置的例子,如"寡人是问"(《左传·僖公四年》)、"小国是惧"(《左传·襄公二十八年》)等。疑问代词作宾语或人称代词在否定句中作宾语,应该放在动词之前,这也是先秦时的正常的词序,例如"吾谁欺?欺天乎?"(《论语·子罕》),"不吾知也"(《论语·先进》)"倓句不余欺也"(《左传·昭公二十五年》),"莫余毒也已"(《左传·僖公二十八年》),等等。自汉魏以后,特别是南北朝以后,代词宾语的位置逐步移到动词后面,和"动—宾"的基本格式取得一致。

现代汉语的偏正结构里有一种"小名+大名"的类型,小名在前,限定后面的大名,例如"桑树""北京市","桑""北京"为小名,"树""市"为大名。但是在上古汉语中却有一种与此相反的词序,这可能反映史前汉语的一些特点。在甲骨卜辞里可以找到不少大名冠小名的地名,如"丘商""丘雷""自喜"(自,fù,土山)、"自荥"等,联系《左传》中的"丘舆"(成公二年)、"丘获"(昭公四年)、"城颍"(隐公元年)、"城濮"(僖公二十八年)、"城隶"(襄公五年)等地名来看,大概在更早的汉语里表示地名是以大名在前,小名在后的词序为常。清人俞樾在概括这类现象时说:"古人之文,则有举大名而合之于小名,使二字成文者,如《礼记》言'鱼鲔',鱼其大名,鲔其小名也。《左传》言'鸟乌',鸟其大名,乌其小名也。《孟子》言'草芥',草其大名,芥其小名也。《荀子》言'禽犊',禽其大名,犊其小名也。"(《古书疑义举例》卷三)。

王引之在《经义述闻》中还令人信服地证明了《礼记·月令》中两见的"蝗虫"实为"虫蝗"之误。这种"正—偏"词序可能是更古的汉语语法规则的遗留。另外,上述情况还可以说明,汉语的偏正结构在完全定型以前,经历了一个"偏正""正偏"并存的阶段。

"五四"以后,汉语由于受到西方语言的影响,在句法结构方面出现了一些新的特点。例如汉语中的主从复合句一般都是从句在前,主句在后,而在英语等西方语言里,从句前置、后置都可以。"五四"以后,汉语中的从句也出现了后置的情况。例如,"可是我得省些钱,万一妈妈叫我去……我可以跑,假如我手中有钱。"(老舍《月牙儿》)在对话中,甚至在复合句的中间还可以用"××说"之类的语句隔开。例如,"'根据我过去的经验,'他抢口回答道,'也只有往多处报呵!'"(茅盾《腐蚀》)。这些所谓的"欧化"格式都是在汉语句法结构许可的范围内作了一些调整,不涉及结构规则本身的改变。

总的看来,汉语的词序从古以来变动不算很大。

二、聚合类的演变

语法聚合类的演变主要表现为形态的改变,语法范畴的消长、词类的增减。

聚合方面的变化最引人注目的是形态的改变,以及由此而引起的语法范畴的变化。原始印欧语富于形态变化,据拟测,名词有三个性、三个数、八个格的变化,因而有性、数、格的语法范畴。这些形态变化在现代英语中基本上消失了,只有一些留存的遗迹。名词的性范畴已经消失;数的范畴剩下单复数的对立,双数已经消失;格只在表示有生物的名词中还剩下一个属格的形式 -'s(如 people's, student's)。代词中还保存着三个格(如 he, him, his)。至于第三人称单数的性的区别(he, she, it)已和自然性别一致,不起语法作用。俄语的形态变化比较完整,但与古俄语比较,也发生了一些重大的变化。以名词为例,原来有五种类型的变格法,现在已合并为只有第一、第二两种变格法;双数已经消失,只剩下单数、复数两种形式;名词的性已从不稳定状态变为明确的阳、中、阴三个性。

汉语缺少形态,它的语法聚合规则的变化和许多欧洲语言有不同的趋势。拿现代汉语和古代比较,主要表现在两方面:一是实词的句法功能比古代确定,词类的界限比古代清楚,特别是在历史发展中出现了特有的量词;一是开始出现构词词缀(-子,-儿,-头等等)和表示类似体的意义的专用语素(-了,-着,-过)。

量词是汉语中后起的词类。先秦汉语中还很少有这一类词。它们在两汉开始兴起,到南北朝时期就大量使用了。例如:

> 奋不受药,叩头千下。(《三国志·孙奋传》)
> 但读千遍,自得其意。(《抱朴子·祛惑篇》)
> 白雉三只,又集于平阳。(《魏书·世祖记》)
> 华阳洞亦有五种夜光芒。(《真诰·稽神枢》)
> 支道林常养数匹马。(《世说新语·言语篇》)

量词分动量词和名量词两种,以上头两例是动量词,其余是名量词。量词产生以后,数词和名词结合,就要通过量词的中介,先秦时那种"一苇""二矛""三人"的用法逐步消失了。数量结构是汉语语法的一个特点,也是外国人学习汉语的一个难点。

在汉语语法的演变中还产生了黏附在词末表示语法意义的专用动态助词:"了"表示行为动作的完成,"着"表示行为动作的持续,"过"表示行为动作的曾经发生。它们黏附在动词或形容词后,成为这两个词类的明显的标志。这种意义的"了""着""过"是隋唐以后逐步发展出来的,如王力先生指出,这是"近代汉语语法史上划时代的一件大事"[①]。

如前所述,汉语在发展中为了补偿语音的简化,双音节词逐渐占了优势。双音词的两个语素在意义上往往发生畸轻畸重的变化,其中有些"畸轻"的语素,意义逐渐虚化而成为构词词缀,例如"老""阿""第"和"子""儿""头"等都是出现得比较早的前缀和后缀。词缀的产生和发展使汉语的构词法除了采用词根复合的办法以外还增加了一种派生构词法,人们可以根据这种派生构词的模式创造新词。鸦片战争以后,为了吸收西方的科学技术成就,仿译西方语言用派生法构成的术语,汉语中陆续增加了好些能产的构词词缀,比方相当于英语的-ize,-ization 的"化",相当于英语的-ty,-ness 等等的"性"就参与了好多新词的构成,下面只是一小部分:

Europeanize 欧化　　　possibility 可能性
generalize 普通化　　　probability 或然性
standardize 标准化　　　potentiality 可能性
materialize 物质化　　　importance 重要性
militarize 军事化　　　clearness 明显性

[①] 王力:《汉语史稿》中册,中华书局,1980 年新 1 版,第 311 页。

mechanize 机械化 exactness 确切性
idealize 理想化 seriousness 严重性

"化""性"等等的仿译大多经过日语的中介。这些语素一经变成词缀，就不限于仿译外语词，也可以不断地创造本族语的新词。这类构词后缀的产生进一步丰富了汉语的构词手段。

语法中的聚合规则和组合规则有密切的联系，一方面的变化往往引起另一方面的变化。例如拉丁语有丰富的形态变化，词与词的关系可以通过词形变化表现出来，词序不占重要地位。比方"女孩儿爱母亲"这样一句话可以有各种词序（matrem——母亲，宾格；puella——女孩儿，主格；amat——爱）：

(1) Matrem puella amat.
(2) Matrem amat puella.
(3) Amat puella matrem.
(4) Amat matrem puella.
(5) Puella matrem amat.
(6) Puella amat matrem.

由于音变的结果，拉丁语中原来表示格的变化的词尾在法语里由弱化而脱落，原来由聚合规则表示的词与词之间的语法关系改由词序、虚词等组合手段来表示。上面这句话的意思在现代法语中的词序只有一种：

La fille aime la mère.

这是语音变化引起聚合类与组合规则变化的一个典型例子。

三、类推

语法是语言中的一般规则，应该有无上的权威，但是语法规则的效能常常因交际的特殊需要、因语音等其他子系统的制约、因借用外语成分而受到限制，不能到处贯彻。西方好多语言里，名词、动词、形容词的变化，几乎没有一条规则没有例外。难怪世界语的设计者首先关心的是语法规则的划一性，他定出十六条规则，任何规则都不允许有例外。如果自然语言的语法规则也像世界语那样齐整划一，那么语言的学习、研究都会方便很多。可惜语言是自古沿用下来的交际工具，传统的习惯有很大的权威。语言当初既不是按照设计图纸创造出来的，它的演变也不遵循什么"大修计划"，专向布局中不合理的环节开刀。语言有巨大的保守性，语言中的系词、助动词、强式动词、代词都是些桀骜不驯的"豪强巨室",使人奈何不得。这是语言必须一刻不停地充当全社会的交际工具的基本职能所决定的。

以上强调了语言中不规则的一面。其实,语言的规则和条理是主导的方面。要不是这样,每个词有自己的变化,每句话有自己的格式,语言就会复杂到让人无法学习、使用的地步。规则性、条理性更是语言的基本职能所要求的。总之,语言是既有规则、有条理,又到处存在着强式和例外的系统。因此语法中有齐整划一的趋势和抗拒这种趋势的矛盾。前者是语法演变中经常起作用的力量,叫做"类推作用"。类推作用铲平语法中的坎坷,推广新规则的适用范围,起着调整整顿的作用,给语言带来更大的条理性。很多语法演变的事实可以从类推中得到解释。但是类推作用的效能有一定限度,一则它推不倒根基深厚的旧山头,二则语言中的演变到处都在发生,一波未平,一波又起,所以语言总是达不到井然有序的境界,而类推作用也总是有它的用武之地。

语法演变中类推作用的例子是很多的。古英语的名词原来有三个数:单数,双数,复数。后来双数的形式消失,只分单数和复数,-s 成为复数的标记,单复数的对立就看-s 的有无。这样,有些原来收-s 的名词也被解释为复数,为了取得一致,只能另外创造单数的形式。例如来自古英语 byrgels 的 buriels(埋葬)原来是单数,后来仿照 funeral(丧事),重新创造了单数形式 burial。这种新形式的创造就是类推作用的结果。

类推作用可以使一些不规则的形式规则化。英语 swell(膨胀)的过去分词原先是 swollen。由于绝大多数过去分词的形式是在词干后加-ed,这就形成了一股力量,把不规则的 swollen 也拉到合规则的行列里来。情况很像数学中的比例式:

比例式:fell :felled = shell :shelled = swell :x

解:x = swelled

类推作用铲除了这个例外,让 swelled 代替了 swollen。

英语形容词比较级的形式是在词干后面加-er,最高级加-est。现在有人运用这条规则去改变一些不规则的强式,比方出现了 littler,littlest,以代替原来的 less,least。但是这个类推还没有被大家接受,因为 less,least 使用频繁,抗拒类推的力量比 swollen 强得多。

前面讲过的汉语代词宾语从前置变到后置,也有类推在起作用。许多学者认为,在尚未有文字记录的原始汉语时期,汉语应该是像藏语一样的

SOV 型语言,但后来逐渐向 SVO 型结构演变。根据甲骨金文和其他上古文献,到了上古汉语时期,"动—宾"已经成为占优势的结构格式,但代词宾语和否定成分后的宾语还是"宾—动"结构。随着时间的流逝,已占主流的"动—宾"结构最后完全推平了残余的"宾—动",成为中古以后汉语口语的唯一格式。

  类推和不规则形式的斗争仿佛一场拔河赛,哪方取胜,要看力量对比,这个力量表现在使用频率上。印欧系各种语言里的系词(如英 be,法 être,德 sein)和表示完成体的助动词(如英 have,法 avoir,德 haben)都是变化最不规则的词,它们的使用频率极高,类推难以触动。但类推也在把一些抗拒力量不很强的例外形式拉到规则形式的方面来。在《新英汉词典》所列的英语 340 个不规则动词中,只有 54 个出现强式和弱式并存的局面,上面说的 swell 就是其中之一。

  有时,类推作用和抗拒类推的力量势均力敌,处于胶着状态,英语的 who(whom)就是一个例子。现代英语中只有六个词还保留着主格和宾格的对立;I—me, he—him, she—her, we—us, they—them, who—whom。who(whom)是其中之一,它本身的使用频率很高,跟它同样情况的五个人称代词的使用频率也很高,所以它抗拒类推的力量是相当强大的。另一方面,who(whom)是疑问代词兼关系代词,和它性质、作用相同的 which, what, that 等词,使用频率也很高,但它们都已失去格的变化。who(whom)作为疑问代词,在句法上还跟高频率的疑问副词 where, when, how 有很多的相似之处。这两组词联合起来,形成一股类推的力量,促使 who(whom)向它们看齐,放弃宾格形式。现在在好些人的口头,这种类推已经奏效,例如把"Whom did you see?"说成"Who did you see?"。但是在大多数的书面语和一部分知识界的口头,who 和 whom 的格的差别还继续保持着。这是当前正在进行中的一种类推和反类推的拉锯现象,不少人估计将以 whom 的消失而告终,但是谁也无法预料什么时候会出现这样的结局。

四、结构的重新分析

  语法演变中另一种常见的方式是结构的重新分析。它是指不同历史时期的两个结构,从表层看,所出现的语词和词序完全一致,但语词之间的结构层次或/和关系却变化了。

  结构的重新分析在语法演变中比较常见,它往往造成前面提到的语法范畴的消长或新的词类、新的虚词、新的结构的出现。比如,介词"把"、"被",动态助词"了"、"着"、"过"、结构助词"得"在上古汉语的句子中身份都是动词,中古以后才成为虚词。再比如,上古的一些连动结构到中古变成了述补结构。

结构的重新分析,一定会经过三个历史阶段:第一阶段,所有实例都是结构 a;第二阶段,有些实例只能是结构 a,有些实例只能是结构 b,还有一些实例既可以做结构 a 理解也可以做结构 b 理解;第三阶段,只有结构 b。以"把"为例[①]。

(1a) 无把铫推耨之劳,而有积粟之实。(《战国策·秦策》)
禹亲把天之瑞令以征有苗。(《墨子·非攻下》)
(2a) 诗句无人识,应须把剑看(唐 姚合《送杜观罢举东游》)
(2a/b) 明年此会知谁健,醉把茱萸仔细看。(唐 杜甫《九日蓝田崔氏庄》)
莫愁寒族无人荐,但愿春官把卷看。(唐 杜荀鹤《入关因别舍弟》)
(2b) 莫言鲁国书生懦,莫把杭州刺史欺。(唐 白居易《戏醉客》)
(3b) 便把手绢子打开,把钱倒出来交给小红。(清 曹雪芹《红楼梦》第 26 回)

结构的重新分析涉及结构中某些语词的搭配范围在使用中逐渐扩大,当搭配范围扩大到原词义不再能够涵盖,它的意义和语法身份就会发生变化,句子就只能重新分析为新的结构。比如,上例中(1a)中的"把"都是"用手拿着"的意思,所搭配的"铫""瑞令"都是可以用手拿的东西;(2a)、(2a/b)中,"剑""茱萸""卷"也都是可以手拿之物,但是从上下文看,"把剑"时看的不是"剑"而是前一句中的"诗句","把剑"只能做"拿着剑"理解;而"把茱萸"和"把卷"时看的就是"把"后的名词,所以"把茱萸看"和"把卷"既可以理解为"拿着茱萸看茱萸""拿着卷看卷",也可以理解为只是"看茱萸"、"看卷","把"只是引进处置对象的介词(尽管"把茱萸看"做第一种理解的可能性更大而"把卷看"做第二种理解的可能性更大)。但(2b)"莫把杭州刺史欺"一句,无论如何不能理解为"拿着刺史欺负刺史",只能理解为"把"是处置式中的介词了,因为"刺史"是无法用手拿着的。有了这样的实

[①] 例句摘自王力:《汉语史稿》中册,中华书局,1980 年新 1 版,第 410—418 页。

例,就可以证明新的 b 结构已经产生了。

五、语法化

语法演变的一种反复出现的常见途径是语法化。"语法化"大致相当于我国传统语言学所说的"实词虚化",它们都是指语言系统中一些原来有实在意义的实词(或叫"词汇词")在语法的演变中变为只表示语法意义的成分。但是语法化还明确提出了语法化(虚化)是个有等级的序列,是由语法化程度较低的那一端向语法化较高的一端的逐级演化的过程[①]。

语法化的等级序列为:

　　实词＞语法词＞黏附成分＞屈折成分

语法化的这一序列包含了词汇义、语用义、词法句法、语音等多个方面的变化,比如说,词汇义方面由具体渐至抽象;由表达词汇义变为表达语用义,如表示篇章连接、说话人的语气感情、对听话人的关照;在词法句法方面由自由渐至黏着,由可用可不用到必须使用(如英语的动词必须有时体态的变化);在语音上由正常形式变为弱化形式、合音形式,甚至音质成分完全消失。

以上演变序列在许多语言的材料中得到证实。研究还发现,哪些实义词容易发生语法化,语法化后表示什么样的语法意义,常常有普遍性。比如,表示"手拿"的动词演变为引介工具、动作对象的标记,表示"给予"的动词演变为引进间接宾语("给他一本书")、受益者("给他打了件毛衣")、使役者("给他骗了")的标记,表示"在后面"或"在对面"的词演变成引进伴随者的标记,表示"结束、终了"的动词演变为表示过去时或完成体的标记,等等,在许多语言中都发生过,甚至在同一语言的不同时期多次发生。比如汉语中表示"手拿"的动词"将"、"把"都曾先后变为引介工具、引介动作处置对象的虚词。

汉语是孤立型语言,所以在语法化的虚化等级序列上也体现出一些特点。比如,汉语的语法化主要体现于动词虚化为副词、介词、助词、语气词、连词,名词虚化为派生性词缀,极少有虚化为屈折成分的。有一些虚化后

[①] 有学者认为只有实词虚化这一种方向的演变,另外一些学者认为实词虚化只是常见的倾向,反方向的虚词实化也是有的,但不常见。参看吴福祥《关于语法化的单向性问题》,《当代语言学》,2003 年第 4 期。

的形式单从表面语音看有些像西方语言的屈折,比如北京的派生性词缀"一儿"的语音表现是变韵。但是,从所表达的意义看,儿化表示的只是与"儿"的本义直接相关的"小称"义;从语法上看,"一儿"有较强的词汇选择性;从语音来看,变韵仍可以用"一儿"弱化后与前一音节合音规则来描写。所以,儿化韵中所包含的仍是属于派生性的"一儿"后缀,而不是屈折成分。

汉语的实词虚化,比如由动词虚化为副词、连词、介词、助词,我们在聚合类的变化、结构的重新分析两个小节中都有过具体讨论。但是,关于聚合类变化的讨论着眼于变化的结果;关于结构重新分析的讨论着眼于变化过程跟系统中其他结构规则及其与语词搭配范围的关系;本小节对语法化的讨论则着眼于不同语言中的"实词虚化"遵循了哪些普遍性的途径,这与人类认知的共同规律又是什么关系。语法化的这一观察角度,为研究语法演变提出了许多新的课题,使得一些语法演变的结果可以提前预测,成为近年来历史语法学研究的热点。

第三节 词汇和词义的演变

词汇和词义的演变也可以从演变结果、演变原因和演变方式与途径等方面来考察。从演变结果看,词汇无非是新词产生、旧词消亡和词语替换,词义无非是扩大、缩小和转移。从演变原因看,词汇和词义的演变都与社会的变化有关,与系统内的聚合或组合关系有关,也与一个语言内部语音、语法等其他子系统有关系。比如,下面第二小节将介绍的汉语史上创制新词的方法曾经历了由单音节的词族孳生法为主到以双音节的复合构词法为主的演变,就跟语音系统中音节结构的简化有关。系统内的原因还会决定创制新词的方式和途径。词义演变的方式和途径则主要与人类的认知规律有关,具体说主要就是隐喻和转喻。

一、新词产生、旧词消亡和词语替换

词汇和社会的发展、人们对现实现象的认识的联系最为紧密。新事物的出现、旧事物的消亡和认识的深化,都必然会在词汇中打上自己的印记。这具体地表现在下列三个方面:新词的产生和旧词的消亡、词语的替换。

新词的产生与现实中出现新的事物有联系。随着工农业生产和科学技术的发展,新事物层出不穷,语言为表达这些新事物的需要而产生新词。例如"导弹""核弹""登月""污染""集装箱""气垫船""纳米""克隆""课件"

"博客"等等都是语言中新出现的词语。汉语中构成新词的材料，少数从外语借来(参看第八章第一节)，多数是利用语言中原有的语素按照固有的构词规则构成的。完全新创的词，如英语中的 gas(瓦斯)，kodak(柯达，指小型照相机)，bleep(电子仪器的哔卜声)，zap(炮弹的飞过声)等是很少见的，这就保证了新词作为表达新义的工具，容易被社会接受。

旧词的消亡也是语言中经常出现的现象。旧事物的消失是引起旧词消亡的一个原因。例如汉语中"马褂""顶戴""朝珠""黄包车""杠房"等词语都随着旧事物的消失而基本不用了。词汇系统的变动，认识的变化也可以引起旧词的消亡。在汉语的发展中，先秦是词汇系统发生变动的一个重要时期。在上古，汉族人对某些现实现象的划分很细，同类的事物或现象稍有不同就给以不同的名称。例如马这种牲畜，只要肤色、年龄、公母不同就有不同的称呼：公马叫"骘"(zhì)，母马叫"骒"(shè)，后左脚白的叫"馵"(zhù)，四条腿膝下都白的叫"騱"(zēng)，四只蹄子都白的叫"騚"(qián)，前两脚都白的叫"騱"(xī)，后两脚都白的叫"翑"(qú)，前右脚白的叫"启"，前左脚白的叫"踦"(qī)，后右脚白的叫"骧"，身子黑而胯下白的叫"駼"(yù)，黄白相间的叫"皇"，纯黑色的叫"骊"，红黄色的叫"骍"(xīng)，白毛黑鬃的叫"骆"(luò)(根据《尔雅·释畜第十九》)……马在词汇系统中作这样的区分不是孤立的，其他牛、羊、猪……也有跟马相应的区分。同样，表示"行走"的意义，只要走的场合和方式稍有不同，也各有不同的说法：在室中慢步走叫"跱"，在堂上小步走叫"行"，堂下举足徐行叫"步"，在门外快走叫"趋"，在中庭快走叫"走"，在大路上疾行叫"奔"，在草丛、山林中走叫"跋"，在水中走叫"涉"，等等。表示事物性质的词语也是如此，例如表示白的颜色也因所表示的事物的不同而有不同的说法：月白为"皎"，人白为"晳"，鸟白为"皬"(hé)，霜雪白为"皑"，草花白为"皅"(pā)，玉石白为"皦"(jiǎo)，等等。后来这种种不同的名称和说法都消失了，只要是同类的事物或现象就用同一个词语去表达：各种不同的马都是"马"，在各种场合或用各种方式走都是"走"，各种事物的白都是"白"。这样，在语言词汇系统中只留下"马""走""白"三个词，其他的词或者消亡了，或者作为构词语素保留在现代汉语的复合词或成语中(例如"奔跑""跋山涉水"等)。由于词汇系统的这种变动，先秦时期大量的旧词消失了。词汇的这种发展，过去人们都归之于从具体到抽象。如果从语言的交际功能来看，它也符合经济、简易、明确的要求。随着社会生活的变化(例如以畜牧业为主的社会过渡到以农业为主的社会)和认识的发展，舍弃对现实现象的一些不必要的区分,精简词语,这自然会减轻人们记忆的负担,使语言工具更经济、简易、便于运用;如要表达同类事物或现象的不同的小类,可以用词语的组合来实现,如三岁的马不叫"駣"(táo),可叫"三龄马"。这样,语言这种交际工具既经济、简易,又丝毫不影响表达的明确性。

新词的产生和旧词的消亡是语言词汇演变结果的两个重要方面。总的看来,基本词汇是稳固的,变动小,一般词汇则处于经常的变动之中。词汇演变的总的趋势是随着社会的发展而日益丰富。至于那些消亡了的旧词语,在无文字的语言里可能消失得无影无踪,而在有文字的语言里则一直保存在文献里,如有需要还可以随时让它复活。比如2007年值得特别关注的是在气象预报中开始大量使用现代汉语中久已不用的语素"霾",组成"阴霾(旧已有之)、雾霾(新造)、尘霾(新造)"等词来表示因污染造成空气中微粒很多的情况。

词语的替换也是词汇演变中的一种常见的现象,这种现象的特点是只改变某类现实现象的名称,而现实现象本身并没有发生变化或没有发生大的变化。核心词汇相对比较稳定,一般词汇的词语替换则比较频繁,它与社会的变化密切相关。例如,我国古代称三十年为一世,唐初时因避唐太宗李世民的讳,用"代"替换"世"。我国封建社会的官吏有朝廷发的"俸禄",包括"俸米"和"俸银",随着封建社会的消亡,人们的社会关系和获取工作报酬的方式起了变化,这些词语就弃之不用了,代之而起的是"薪水"一词,而"薪水"后来又被"工资"所替换。社会生活的急剧改变、社会观念的改变都会引发语言出现相当数量的词语的替换。新中国成立以后,汉语中好多词语被认为是反映了旧社会的等级观念而改变了说法,例如:司令官—司令员,百姓—人民,厨子—炊事员,车夫—司机,信差—邮递员,手民—排字员,等等。每种语言都有社会因素所促成的词语替换。比如,美国白人原来称美国黑人为Negro,后来改称the American-Blacks或Afro-American了。这是因为,Negro是专门用来指从非洲大陆贩卖来的黑奴的语词,是一种蔑称;所以当反对种族歧视的观点在美国日益被接受并用法律的形式确定下来之后,原来的蔑称就逐渐被废弃了,新的替代词语产生了,只有那些顽固的白人种族优越论者还在使用旧的蔑称。再比如,女权运动是20世纪六七十年代以来英美社会变革中的一个突出方面,它导致了sexism(性别歧视)、feminist(男女平等主义者)、househusband(家庭妇男)等新词语的出现。

基本词汇里面的词表示生活中最经常碰到的事物,是稳固而不易起变化的,但是有些词也在缓慢地更新。有人甚至算出适用于各种语言的每千年的更新百分比,拿来推算语言的年代。用来替换的新词大多是原先意义相近的词,例如:脚—足,脸—面,眼—目,嘴—口,红—赤,走—行,闻—嗅,房—舍(横线后面的都是被替换的词,下同);或者是语音上有联系的词,例如:顶—颠,晚—莫(暮),踢—蹵;少数是借词,例如:站—驿,等等。被替换下来的成分大都成了构词语素,出现在例如"面目""颠倒""口齿""手足"等词里面。

二、词汇演变与语言系统

词语的替换要受到词汇聚合关系的制约。如何创制新词,则还与语音、句法等其他子系统有关系。

先看词语替换与词语聚合群的关系。词语的替换往往不是孤立地发生的,有不少的替换相互之间有紧密的联系。我国古代关于人的某些肢体、器官的名称与其他动物的有关名称是不同的,例如"口""肤""肌"只用于人,"嘴""皮""肉"只用于兽,"毛"可兼用于人、兽,而"羽"只指鸟毛,区分很严,不能混淆。后来在词汇演变中,在这些相关的语词之间发生了有的扩大使用范围、有的废弃不用的变化:"嘴""皮""肉"这些词不再专门用于兽类,也可以用于人,"嘴""皮""肉""毛"替换了"口""肤""肌""羽",被替换下来的成了构词语素。

词语的替换有时在很短的时间内完成,有时却是一个长期的过程。以"嘴"代替"口"为例,前后差不多经历两千多年,直到不很久以前才最后完成替换的过程。秦以前,"兽虫之口曰喙,鸟曰咮"(见朱骏声:《说文通训定声》),到了汉代,"嘴"代替了"喙""咮",指鸟兽的嘴。人的"口"和禽兽的"嘴"分得很清楚,后来人们在斥骂、挖苦、讽刺的时候,用"嘴"来指人的"口",就是说,"嘴"指人的口只用于贬义。像《水浒》《西游记》等小说还保持着这种用法。例如:

> 柴进一来要看林冲本事,二来要林冲赢他,灭那厮嘴。(《水浒》第九回)
>
> 武松道:"我却不是说嘴,凭着我胸中本事,平生只是打天下硬汉,不明道德的人。"(同上,第二十九回)

这里的"说嘴"相当于今天的"吹牛"。

> 宋江便道:"兄弟(指李逵)休要论口,坏了义气。"(同上,第三十八

回)

这里的"论口"正好和上例的"说嘴"相对,没有任何的贬义色彩。在《西游记》里,一般人的嘴唇称"口唇",说到孙悟空、猪八戒则用"嘴""嘴唇",还保持"嘴"的本来的意义和用法。请比较:

(大圣)噙着那国王口唇,呼地一口气,吹入咽喉。(第三十九回)
模样与大圣无异……也是这等毛脸雷公嘴。(第五十八回)
那八戒……正睡着哩,被他照嘴唇上揸的一下。(第三十二回)

从这两本小说的用法中,我们还可以看到"口"与"嘴"的分别;"嘴"已开始用于人的"嘴",但用于贬义。直到《红楼梦》等比较晚近的小说,"嘴"才失去了贬义色彩,完全代替了"口",连许多金陵裙钗的"口"也都说成"嘴"了。例如"尤氏等用手帕握住嘴,笑得前仰后合。"(第五十四回)可见"嘴"代替"口"的时间还不长。

创制新词的方式,则与语音、句法等其他子系统以及不同子系统之间的关联也有关系。

汉语词汇-语音两个子系统的关联在"一音节一义"的语素,汉语创制新词的方法主要有两个阶段:南北朝之前,以词形内部交替的单音孳生法为主;南北朝开始,两个单音词根的复合法逐渐占优。

内部交替的单音孳生法在远古、上古汉语中很常用,它是在原有单音词意义引申的基础上,替换其音节内部的某个成分,比如声母辅音、韵尾辅音、元音或声调,专门用来表达后起的引申义,从而孳生出一个与原词词义相近的另一个单音词。由于时代久远,现在我们很难搞清楚哪个词是最早的源头,哪个词是后来孳生的,但由同一个词孳生而来同族词具有古音相近古义相关的关系。从这点出发,有希望确定古汉语中不少的词族,不少学者已经在这一方面做出了很好的贡献。另外,汉语的同族词还往往在汉字形体上使用同一声符,更为判定同族关系提供了方便。比如我们在第六章中已经提到过的"贱钱浅笺栈溅",都有表小的意义,声母有小的差别但古韵相同。判定同族关系主要看音义两个方面是否相近或相关,文字的声符只是重要的参考,不是最后的根据。比如,"半班判别辨片"的声符并不都相同,但它们或者只有声母清浊或送气的不同,或者只有韵尾 n/t 的不同,语音上相近,意义上都有"中分"的意思("半","物中分也";"班","分瑞玉也";"判","分也";"别","分解也";"辨","判也";"片","判木也"),所以它们也是同族词。

现代人最容易注意到的是所谓"四声别义"的同族词,也即用替换声调的方法来表示相关意义的一组词。四声别义的手段可能出现稍晚,这些词有的有了字形的分化,有的至今用同一个汉字表达。由"张"派生出"帐""账""胀""涨"是四声别义型词族的一个典型例子。"张"本来是一个动词,本义是"施弓弦"(《说文》),就是把弓弦张开。在这个意义的基础上产生"打开""展开"的意思,如"予口张而不能嗋"(《庄子·天运》)。"张"的"打开""展开"的宾语常是营帐帷幕之类需要"张开""打开"之物。在先秦时,凡是可以"打开""张开"之物已以"张"计,如"子产、子大叔相郑伯以会,子产以帷幕九张行,子大叔以四十……"(《左传·昭公十三年》)。大概在汉代已可用"张"来指可张之"帐",即指帷幕、营帐、蚊帐等:"帐,张也,张施于床也。"(刘熙《释名》),"上尝坐武帐,黯前奏事。"(《汉书·汲黯传》)。记"账"的"账"大概是从"帐"派生来的,但详细情况还有待考查。物体在体积上的扩大也可以说"张",例如:

将食,张(指腹胀),如厕,陷而卒。(《左传·成公十年》)

到了汉代,这个"张"改写为"胀"。"张"的"物体体积上的扩大"这个意思后来又派生出"涨",开始多用于水之弥漫,后来逐渐用于其他事物的充满。由"张"引申出来的几个意义后来在声调上发生变化,字形上发生分化:"张",是平声,"帐""账""胀""涨"是去声(现在"涨"在涨水、涨价中读上声)。这样,一个词就分化成五个词。

声调的改变巩固了词义引申的结果,标志着一个词由于词义的引申衍生而正式分化成几个词。例如:

例字	A	B
间	平声 名词 间距 田间	去声 动词 间隔
空	平声 形容词 空虚	去声 动词 使空
传	平声 动词 传递	去声 名词 传记
妻	平声 名词 男子的配偶	去声 动词 以女嫁人
好	上声 形容词	去声 动词 爱好

类似的例子很多,有一些和"张"一样,还在字形上作了区分,例如"知"与"智","旁"与"傍"等。类似的构造新词的方法在古印欧语言里也较常用,表现为词根元辅音的交替,如英语的 sit(坐)—set(安放),long(长)—length(长度),give(给)—gift(礼物)。

汉代开始,用复合法构造的双音词开始增多,南北朝以后新词中复合双音词已占绝对优势,单音孳生法已基本不再使用。复合双音词占据优势的一个原因是,魏晋之后汉语的语音系统大大简化,许多原来不同音的词魏晋之后变得同音了。人们在运用语言表达思想、进行交际的时候,用词总是力求经济、明确,避免可能的混淆。语言中同音词过多会给交际带来一些麻烦,例如《现代汉语词典》中读 jiàn 这个音的词(包括语素)有 30 个,读 yì 的竟多达 85 个,光说一个音节 jiàn,就不知道是"见"还是"建""剑""箭""践""渐"……为了使语言能有效地表达思想,避免同音混淆带来的歧义,汉语在发展过程中就用复音词来替换单音词,如用"看见"替换"见",用"践踏"替换"践",用"宝剑"替换"剑",用"逐渐""渐渐"替换"渐"等等。语言表达的精密化也会引起大量双音词的产生:同一个动词"保",古代可以表达很多意思,不易区分,现在分别说成"保护""保卫""保存""保养""保持""担保"等。

值得注意的是,南北朝之后的许多双音组合形式,其实在更早的时期就已出现,只是身份上原来是短语而后来变成了词了。比如,"堕落"在《诗·召南·摽有梅》毛传中就已经出现:"盛极则堕落者,梅也",但那时的"堕落"还是由表示"向下掉落"的两个近义单音词构成的并列词组;后来两词根的搭配逐渐凝固,表示意义逐渐抽象化为"道德品行变坏","堕落"也就从词组变成了词[①]。

复合双音词的大量出现使得汉语的词汇系统发生了重大的变化,单音词占优势的汉语因此而变成了双音词占优势。

三、词义的演变

词义的演变是指词的形式不变,而意义发生了变化。词义演变可以从演变结果、演变的原因、演变的方式和途径等方面来讨论。

从词义演变的结果看,新义不外是旧义的扩大、缩小或转移。

一个词的词义,如果演变后所概括反映的现实现象的范围比原来的大,这是词义的扩大。汉语的"江""河",原来只指"长江"和"黄河",现在泛指一切河流。"菜"原来指蔬菜,后来连肉类也包括进去,到菜市场买菜,或者在饭馆里叫菜,都是荤素全在内,否则得特别声明要"素菜"。"墨水"原来只指作为书写工具的黑色液体,现在则指各种颜色的这种液体,人们可

[①] 更多的例子、更详细的讨论请参看董秀芳《词汇化:汉语双音词的衍生和发展》,四川民族出版社,2002 年。

以说"红墨水""蓝墨水""蓝黑墨水"等等。英语的"to arrive"原来是"靠岸"的意思,现在泛指"到达",不管是经由水道、陆路还是经由航空路线的到达。"place"原来只指"大街""广场",现在泛指一切"地方"。这些都是词义扩大的一些例子。

如果演变后的词义所反映的现实现象的范围比原来的小,这就是词义的缩小。例如汉语的"瓦"原来指一切烧过的土器(旧社会称生女儿为"弄瓦",还保存着这个意思),现在只指屋顶上盖的那种烧过的片状土器。"丈人"原来是年长的人的通称,现在专指"岳父"。"臭"原指一切气味,包括香味和臭味,因此古人可以说"其臭如兰"(《易经》),现在只指臭味。"谷"原来是谷类的总名,现在北方只指粟(去皮后为小米),南方专指稻谷。俄语的"ruž'ë"本来是各种武器的总称,现在只指枪这种武器。英语的"meat"原来指"食品",现在只指"肉"。"deer"最初的意义是动物,现在只指鹿。这些例子说明演变后的词义比演变前狭窄,都是词义的缩小。

如果原来的词义表示某类现实现象,后来改变为表示另一类现实现象,这种演变就是词义的转移。例如汉语中的"步"原来指"行走",今天的"徒步""安步当车"中还保存这个意义,后来指"脚步"(原先是跨出一脚再跨出一脚的距离叫"步",现在指只跨出一脚的距离)。"听"原来指用耳闻声,现在有些方言指用鼻闻味儿。"涕"原指眼泪,如"哭泣无涕,中心不戚。"(《庄子》)西汉已转指鼻涕:"目泪下,鼻涕长一尺。"(王褒:《僮约》)。俄语的 glaz 本来指鹅卵石,后来指发亮的圆珠,现在指眼睛。英语的 book 原来是一种树木的名称,即山毛榉,它的皮在古代曾经用作书写的材料,现在就用来表示写成的书了。英语的 pen,俄语的 pero,法语的 plume,德语的 Feder 原指"羽毛",因为人们用它来作为书写工具,因而后来就用来指钢笔。这些都是用指称甲的词来指称乙,都是属于词义演变中转移的例子。

词义转移后如果原来的意义仍然保留,则形成多义词。如"快"原来指"迅速",后来由迅速而转移到指刀锋锋利,但迅速的意义并没有废弃,这样"快"就有了"迅速"和"锋利"两个义项,成了多义词。

词义变化的因素很复杂,难以一一列举,不过总的说来,现实现象的变化、词义聚合和组合关系的影响都可以引起词义的变化。

词义是和词的语音形式结合在一起的人们对现实现象的反映,现实现象的变化自然会引起词义的变化。我国古代人"坐"的姿态和现在不同,是"席地而坐",两膝着席,跟跪着差不多。后来出现了椅子、凳子之类的坐具,坐的姿态发生了变化,是臀部着地或接触坐具,因而"坐"这个词的意义也就随之改变。古书说伍子胥"坐行蒲服,乞食于吴市"(《战国策》),"坐行"就是"膝行"("蒲服"就是"匍匐")。如果按照"坐"的现在的意义来读古书,这句话就不好理解了。"钟"原来指古代的一种乐器,后来指早晚用来报时的器具(钟鼓)。西洋的时钟传入我国以后,指能打点报时的时钟。现在不打点的报时工具也叫"钟"。"皂"本来是一种树,从前人们把它的荚果捣烂,用来洗濯。现在的肥皂是用油脂和碱制成的,和皂树毫不相干,由于用油脂制成,所以叫"肥皂"。"钟""肥皂"等词的词义的变化也是由现实现象本身的变化引起的。

新词义产生的方式和途径与人们对现实现象的认识有关系,只有认识到两类现象之间的联系才能用称呼甲类事物的词去称呼乙类事物(参看第五章第二节)。两类现象之间的联系,既可以从词义系统内部考察,也可以从语言外现实现象之间的关系和人类的认知方式来考察。

从词义系统内部来看,词的意义之间是相互联系的。一个词的意义的变化也可以引起和它有联系的词的意义的变化。"快"本来指迅速,后来产生出"(刀、斧、剪等)锋利"的意思,于是和"快"处于反义关系中的"慢"在北方话的一些地区中也逐步产生出和"锋利"对立的"钝"的意思,出现了"刀慢"之类的说法。下面的一些相互对称的意义都是由这种词义之间的相互影响引起的:

熟(食物熟)——植物成熟——熟习——熟悉
生(食物生)——植物不成熟——不熟习——陌生
清(水清)——(声音)清脆——清高
浊(水混浊)——(声音)重浊——恶浊
冷(温度)——冷静(较早就有此义)
热(温度)——头脑发热(出现较晚)

另一方面,一个词的意义在反映现实现象的时候都有自己的大致范围,如果词汇中增加了表示同一范围的现实现象的词,那就会引起这个词的意义发生变化。英语的"meat"原指任何种类的菜肴,后来由于"food"(食物)、dish(盘菜)的介入,就缩小了意义范围,只指肉类荤菜。我们在第五章第三节分析过的汉语"吃"的意义与此类似。"吃"的对象原来不限于固体食物,液体饮料、流体食物都可以吃,在《水浒》等小说中,"吃酒"之类的说法比比皆是。后来由于"喝"分担了"吃"的一部分意义,"吃"的对象才限于固体食物。

词义大多是在语义组合中获得自己明确的意义的。组合关系的变化也会引起词义的改变。例如"赴"的古代的基本意义是"奔赴"或"趋向"(凶险之地),如"赴汤蹈火""舍身赴国难"等。后来和"赴"组合的不限于表示凶险之地的词语,因而扩大了"赴"这个词所指的实际意义的范围。到现在,"赴京""赴宴"都可以说了,说明"赴"的意义从古到今由于词义组合关系的改变而发生了变化。"美"表示"美丽"(外表好看)的基本意义古今相同。但在古代,它的组合关系比较宽,既可用于人,也可以用于物,如"有良田美池桑竹之属""嘉木立,美竹露,奇石显";在用于人的时候,既可用于女性,也可用于男性(参阅本章第二节中所引《邹忌讽齐王纳谏》)。在现代汉语中,用于物,只能说风景美,不大说"很美的池塘"或"很美的竹子";用于人,一般只能说女性美,不能用于男性。"美男子"是个固定说法,不能是成分能够随便替换的自由组合。比如"＊美男人"、"＊那个男人很美"都是不能说的。组合关系的这种变化使"美"的意义也随之变化。可见语义的组合关系对词义的变化也有重要的影响。

从现实现象之间的关系和人类的认知模式来看,词义的转移、多义词中新义项的产生是在原有意义的基础上通过隐喻、转喻等方式引申出来的,这属于意义的增加和分化的范畴。

隐喻是指两现象之间有"相似"的关系。相似可以是外形的相似、某种性质的相似、整体部分关系的相似,等等。比如,"耳"本来指"人的耳朵",而"木耳"的"耳"指的是"形状像人的耳朵的东西","罐耳、帽耳"的"耳"指部分与整体的关系是和人耳相同的"位置在两旁的东西"。前面举过的"俄语的 глаз 本来指鹅卵石,后来指发亮的圆珠,现在指眼睛"、"熟:食物烹熟→植物成熟→熟习→熟悉"、"清:水清→声音清脆→品格清高"、"冷:温度低→态度沉着"等都属于隐喻式引申。

转喻,也叫"换喻",它是指两现象之间有"相关"关系。这有些像索引关系,由现象 A 总是可以找到现象 B,因此在人的认知中两者关系密切,以致可以用其中一种来指称另一种。比如,"兵"最早的意思是一种兵器,由于兵器总是要由持兵器的人来使用,两者有相关关系,所以后来"兵"变成了指持兵器的人——士兵,原来的意思反而消失了。"笔"原来指书写的工具,现在也仍然是"笔"的基本义项,后来也用来指写字画画或作文的笔法(如"伏笔、工笔、败笔")、用笔写(如"代笔")、书写下来的作品(如"遗笔、绝笔")等等。多音词这样的现象也很多。比如商标成为商品的名称,"飞鸽""凤凰"指有这些商标的自行车,"宝马、桑塔纳"指有这些商标的汽车,等等。Xerox 是发明并最早生产复印机的公司为他们的产品起的商标名称，由于很长时间内只有这一个品牌的复印机，结果美国英语中就用 xerox 来指"复印"这个行为。前面举过的"俄语的 pero，法语的 plume，德语的 Feder 原指羽毛，因为人们用它来作为书写工具，因而后来就用来指钢笔"也属于转喻式引申。

另外，转喻还有一个小类来自"词义吞并"。"词义吞并"是词义变化中比较常见的现象，它是指一些复合词或固定词组，其中一个成分的意义吞并了其他成分的意义而成为整个语言单位的意义。这又可以分为两种情况。如果复合词或固定词组是偏正结构，失去意义的成分是中心语并因此后来被省略，则词义吞并会使留下来的成分产生新义。例如，英语中每天出版的报纸原本叫做"daily paper"，这两个词经常一起出现，但报头出现的报名不宜太长，而表示"日报""晚报""周报"彼此区别的修饰语又不能省略，后来"日报"就简称为了"daily"，中心词"paper"反倒省略了。许多日报都如此处理，"daily"也就成了"日报"的正式名称，"daily"也就增加了"日报"的义项。比如，"人民日报"译成英语，说成"The People's Daily"就可以了，后面不必加"paper"。现代汉语中"邮编"的"编"是偏正式复合词"编码"的省略，但由于"编"用作"编码"义尚不广泛，词典里尚未正式收做义项。如果词义吞并前的复合词或凝固词组是并列结构，则词义吞并只会使得原形式中某个成分的意义失去作用，不会造成新的词义产生。这种情况在汉语词汇的演变中比较常见。古代汉语以单音词占优势，而现代汉语则以双音词占优势，古代经常连用的词到现代往往凝固成复合词，有时其中一个成分（语素）的意义代替了整个词的意义，或者扩大为整个词的意思，另一个成分（语素）简直成了不起作用的音节上的陪衬。例如，"世界"一词源出佛经，其中"世"指时间，"界"指空间，"世界"的意义包括时间和空间。后来"世"的意义逐渐消失，"界"的意义代替了"世界"的意义。"市井"的"市"是买卖的场所，"井"是"水井"，"市井"就是买卖的场所，"井"的意义在这里已经消失，如"男女弃其旧业，亟会于道路，歌舞于市井"（毛诗序）。现代汉语中不少复合词的两个语素的意义也已开始出现一轻一重的变化，例如"治疗""士兵""考试""牙齿""气味""眼睛""皮肤""羽毛""诗歌"等，加着重号的语素在整个词的意义中的作用有的已很轻微，有的已近于消失。

总之，词义的演变与社会生活的变化有关，与人的认知方式有关，也与语言内部词语的聚合组合关系有关，我们应该从多方面、多角度去研究词义的演变。

修订版各章主要修订说明

导言部分,在"语言学的研究对象和性质"一节,对于语言学的历史发展过程稍加扩展说明,以从历史发展的角度说明学科研究对象的确定和学科基本性质的形成。在"语言学在科学体系中的地位"一节,对语言学和人文科学的密切关系稍加说明,旨在通过介绍语言现象的特殊性和语言学发展过程中与其他学科的相关性说明语言学学科的地位和发展趋势。

第一章原版题目为"语言的社会功能",考虑到思维功能并不是社会功能,现改为"语言的功能",以涵盖社会功能和思维功能两节。因本章介绍语言的功能方面的属性,尚未涉及语言的形式结构研究,所以把"语言和说话"一小节挪至第二章第一节。

第二章"语言是符号系统",主要的改动是根据认知语言学的研究成果对语言符号性质的示意图做了部分改动,把现实现象分为心理现实和客观现实,对于心理现实和客观现实的相互关系、心理现实和符号意义的相互关系重新做了阐述。

第三章原版题目"语音",现改为"语音和音系",以强调本章涉及语音学和音系学两个部分。本章的主要改动,一是根据国际语音学会近年来颁布的国际音标表和音系学近二十年来关于区别特征的研究成果,调整了原版的部分音标和发音学术语;二是增加介绍了汉语层级性韵律单位及其与语法语义的关系。

第四章"语法",主要的改动有四处。一是增加了各级语法单位的定义和说明,其中对句子的定义采用了基于语言人际交流功能的句法范畴表达这一新的角度;二是更加强调了词法与句法的区分和词法中屈折与派生的区分,并调整了部分术语以期与当前国际学界的通行术语一致;三是根据近年来类型学研究的新成果,在"语法范畴"一节新增了许多介绍;四是递归性一节中删除了无限加合式扩展的内容。

第五章原版题目"词义",现改为"语义和语用"。该章是本次修订增补最多的一章。除了在"词义的各种关系"一节,增加"词义上下位关系"和

"语义特征和语义场"两小节外,最主要的补充是增加了两节,分别介绍句子这一层级的语义——"句义"与涉及言语交际和语篇的"语用"。"句义"一节包括句义与语法形式的关系(第一小节"词语的搭配和词义在句义中的实现")、句义与人类经验的关系(第二小节"句子的语义结构和人类经验的映像")句义与说话人和交际现场的关系(第三小节"句法语义范畴和属于说话者的人类经验映像"),并在第四小节简单梳理了"句子真值"、"蕴涵"、"预设"等语义学、语用学中的重要概念。新增的"语用"一节,采用了原版第三节第二小节"词义和环境"和第三小节"言内意外"的部分内容,但从语用学的视角进行了重新说明。该节的主要的特点,是跳出词汇和句子的局限,从篇章出发,从说话人的交际目的和对听话人的关照出发观察语言现象。除语境义和言内意外两小节外,还比较详细地介绍了"话题与说明"(第二小节)、"焦点和预设"(第三小节)和"言语行为"(第五小节)等重要概念。

第六章"文字和书面语",对文字的定义有所修订,主要强调文字是"用书写/视觉形式对语言进行再编码的符号系统"。作为语言的再编码系统,文字的层级单位与语言的层级单位并不一一对应。但文字系统必有一级单位对应语言系统的一级音义结合的符号单位,以达到二者的接换。而该级文字单位一定由最小的文字单位"字符"组合而成。从文字的这一基本性质出发,本章对于文字的共时分类和历时发展,对于不同文字共时和历时发展的比较,对于汉字的特点和人类文字的共性,给予了贯通一致的分析。

第七章"语言演变与语言分化",更明确地把该章作为修订版历史语言学部分(七、八、九三章)的总论。修订基本保持了原版内容,但更加强调了历史语言学部分的总线索是区分语言系统自身的演变(第九章)和不同语言系统的接触(第八章)两个方面。历史语言学近几十年的研究表明,通用语等高层语言对地方土语的影响属于"语言接触"的范畴,因此本次修订把原版第三节"语言的统一"中的相关内容挪到了"语言的接触"一章。

第八章"语言的接触",增加第一节"社会接触与语言接触",以总论语言接触的原因、性质和主要类型。之后的章节基本保留了原书本章中有关借词、语言融合(为避免误解,术语改用更加明确的"语言替换")、洋泾浜、克里奥耳和上一章"语言的统一"一节中的部分内容。主要的修订一是补充专节介绍了语言联盟及系统感染、通用语影响造成的方言层次等重要的接触类型,二是以接触方式、接触密切程度为线索,以接触结果为纲调整了有关论述。

第九章"语言系统的演变",除增加了对结构重新分析和语法化两种语法演变方式的介绍外,基本保持了原版的内容。

王洪君　李娟

2009 年 9 月 13 日

《语言学纲要》数字课程(精华版)内容

绪论
- 绪论-2　语言的功能
- 绪论-4　儿童语言习得与思维的发展
- 绪论-6　聋哑人的语言和思维
- 绪论-7　语言的多样性和差异
- 绪论-9　语言学研究的内容

第二章　语言是符号系统
- 2-3　语言符号的任意性
- 2-4　语言符号的线条性
- 2-5　语言的二层性
- 2-7　组合关系和聚合关系

第三章　语音和音系
- 3-1-1　概论:语音的单位
- 3-1-2　概论:记录语音的符号(1)
- 3-1-3　概论:记录语音的符号(2)

- 3-3-1　发音:发音器官
- 3-3-2　发音:元音
- 3-3-3　发音:辅音(1)
- 3-3-4　发音:辅音(2)
- 3-3-5　发音:辅音(3)

- 3-4-1　音位与音系:音位
- 3-4-2　音位与音系:音位和音素
- 3-4-3　音位与音系:音位和音位变体
- 3-4-4　音位与音系:发现音位

3-4-5　音位与音系:音位归纳练习

3-6-2　语音单位的组合:语流音变(1)

3-6-3　语音单位的组合:语流音变(2)

第四章　语法

4-1-1　语法单位:语素(1)

4-1-2　语法单位:语素(2)

4-1-3　语法单位:词(1)

4-1-4　语法单位:词(2)

4-2-1　组合规则:词法(1)

4-2-2　组合规则:词法(2)

4-2-4　组合规则:句法(1)

4-2-5　组合规则:句法(2)

4-2-6　组合规则:句法(3)

4-2-9　组合规则:组合的递归性

4-3-1　聚合规则:词类

4-3-3　聚合规则:语法范畴(1)

4-3-4　聚合规则:语法范畴(2)

4-5-1　语言的结构类型和普遍特征:语言的语法结构类型(1)

4-5-2　语言的结构类型和普遍特征:语言的语法结构类型(2)

第五章　词汇和词义

5-2-1　词义的各种关系(1)

5-2-2　词义的各种关系(2)

5-2-3　词义的各种关系(3)

5-2-4　词义的各种关系(4)

5-2-5　语义场

5-4-1　语用:语境

5-4-2　语用:话题和说明

5-4-5　语用:言语行为

第六章　文字
6-2　文字的起源

第七章　语言演变与语言分化
7-4　语言随社会的分化而分化
7-7　亲属语言和语言的谱系分类
7-9　共同语的规范

第八章　语言的接触
8-1　不成系统的词汇借用(1)
8-2　不成系统的词汇借用(2)

第九章 语言系统的演变
9-1-1　语音的演变:语音演变的判断(1)
9-1-2　语音的演变:语音演变的判断(2)
9-1-3　语音的演变:语音演变的规律性

9-2-1　语法的变化:组合规则的变化
9-2-2　语法的变化:聚合规则的发展
9-2-4　语法的变化:语法化(1)
9-2-5　语法的变化:语法化(2)

9-3-2　词汇和语义的演变:词语的替换
9-3-3　词汇和语义的演变:词义的演变